作者简介

柴立立（1982—），女，山西大同人，讲师，2006年毕业于四川外国语大学法语语言文学专业，现任河北地质大学语言文化学院法语专业教师，主要从事法国文学、跨文化和法语教学研究。先后主持省级和校级项目三项，参与国家级项目两项，省厅局级项目四项，发表《<巴黎土包子>中多变易逝的世界》《<乌拉尼亚>中体现的“文明”与“落后”的冲突》等各类期刊文章五篇。2017年暑期受学校公派，赴法国贝桑松大学的CLA进行为期一个月的法语教学法学习，并进行文化考察。

跨文化交际视阈下的外语教学与文化意识培养

柴立立　著

·北京·

内 容 提 要

在全球化的今天，国际合作与交流日益频繁。外语能力以及外语交际能力在跨文化交际中的作用也越来越明显。因此，跨文化能力的培养势必成为外语教学中的重中之重。然而，传统的外语教学更倾向于语言技能的发展，在跨文化意识培养等层面重视不够。如何有效地培养学生的跨文化意识成为当前外语教学实践中一个亟待解决的问题。文化身份强调的是人或群体所具有的内在文化属性，而人们的内在文化属性必然会外显在他们的言行之中，本书首先从语言、文化和交际三方面关系入手，着重阐述了中西方语言及文化异同、跨文化交际、跨文化交际视阈下的外语教学和文化教学，在此基础上对跨文化交际中的文化意识培养进行了详细阐述。

本书适合跨文化及外语专业的师生使用，也可作为高校外语教学研究或相关人员的参考资料。

图书在版编目（CIP）数据

跨文化交际视阈下的外语教学与文化意识培养 / 柴立立著. -- 北京 : 中国水利水电出版社, 2021.11
ISBN 978-7-5226-0166-3

Ⅰ. ①跨… Ⅱ. ①柴… Ⅲ. ①外语教学－教学研究－高等学校 Ⅳ. ①H09

中国版本图书馆CIP数据核字(2021)第211146号

责任编辑：陈艳蕊　　封面设计：王　伟

书　名	跨文化交际视阈下的外语教学与文化意识培养 KUAWENHUA JIAOJI SHIYU XIA DE WAIYU JIAOXUE YU WENHUA YISHI PEIYANG
作　者	柴立立　著
出版发行	中国水利水电出版社 （北京市海淀区玉渊潭南路1号D座　100038） 网址：www. waterpub. com. cn E-mail：mchannel@263. net（万水） sales@waterpub. com. cn 电话：（010）68367658（营销中心）、82562819（万水）
经　售	全国各地新华书店和相关出版物销售网点
排　版	北京万水电子信息有限公司
印　刷	三河市元兴印务有限公司
规　格	170mm×240mm　16 开本　12.75 印张　278 千字
版　次	2021 年 11 月第 1 版　2021 年 11 月第 1 次印刷
定　价	78. 00元

前　言

当今世界，任何一种语言文化要想在其他国家传播，需要具备很多前提条件，主要包括源语国的综合国力和人口，源语国和传播对象国语言、文化政策的支持，语言、文化自身的特点和价值，语言人口等。事实证明，语言、文化的国际传播受制于传播对象国的语言和文化政策，政策决定了语言、文化传播的盛衰荣枯。一国语言、文化政策的出台，与该国的独立历史、对世界一体化的认知和接受程度密切相关。语言、文化政策越开放、包容的国家，政治上越不孤立，经济上越能快速发展，文化上越能兼容并包，价值观多元共生的可能性越大。在世界一体化的今天，狭隘的民族主义语言、文化政策将会造成国家的孤立和闭塞，也会阻滞本民族和国家融入国际大家庭，也就难以汲取到发展的能量。

文化是国之根基，是国家安全战略的组成部分，这是世界上所有国家的共识。我国在近代被侵略的苦难经历，使“一带一路”沿线很多国家充满着强烈的民族危机意识和精神独立意识，因而他们无比重视维护国家统一，传承民族文化，并对外来文化的影响持敏感态度。中华文化要在这些国家顺利传播，就必须正视这一历史事实，采取有效的应对策略，若处理不好与所在国传统文化和价值观的关系，则可能会引发新的民族问题。只有正视曾经的苦难经历给民族情感造成的伤害，消除“中国威胁论”，让国外人民发自内心地认识到：中华文化在各国的传播不是文化入侵，而是为了让世界更客观真实地了解中国，让中国的发展惠及更多的国家。

本书在撰写的过程中，参阅了大量有关外语教学、跨文化交际的资料或文献，同时为了保证论述的全面性与合理性，本书也引用了许多专家、学者的观点。在此，谨向以上相关作者表示最诚挚的谢意，并将相关参考文献列于书后，如有遗漏，敬请谅解。由于作者写作水平有限，书中难免存在疏漏之处，恳请广大读者不吝指正。

作　者

2021年10月

目　录

第一章

语言、文化和交际

语言、文化、交际的关系是十分密切的。在交际过程中，人们使用语言来传达自己的思想观念，但思想观念往往是一种文化价值观的体现。相应地，不同文化所形成的价值观是不同的，这就为交际的顺利进行带来了障碍。本章主要介绍语言、文化和交际这三个层面的相关知识。

第一节　语言知识

一、语言的定义

说起语言、语言学，首先必须要提到一个人，即瑞士语言学家费尔迪南·德·索绪尔（Ferdinand de Saussure，1857—1913）。因为索绪尔对语言研究做出的贡献具有里程碑式的意义。

在索绪尔之前，语言研究一直都隶属于哲学学科，其主要工作是追踪个别语言和语言群落的历史（历史性）发展。索绪尔彻底改变了语言研究，使语言研究成为一个独立的学科，致力于在给定的时间上描述语言系统的状况（共时研究法）。同时，他还对语言和言语进行了区分：语言是作为一个整体的语言系统，言语是特定的言说。

"语言是一种符号系统"这一观念是由索绪尔提出来的。索绪尔在《普通语言学教程》一书中提出了"语言是一种表达思想的符号系统"的观点。为了更准确、更好地理解索绪尔的这一观点，我们在此附上英文版的原文："Language is a system of signs that express ideas，and is therefore comparable to a system of wrting，the alphabet of deaf-mutes，symbolize rites，polite formulas，military signals，else. But it is the most important of all these systems"。

译文如下：

"语言是一个表达思想的符号系统，因此可以和文字、聋哑人的字母、象征仪式、礼貌规则和军事信号等系统相比较。但它是所有系统中最重要的。"

对照英文原文，高名凯、刘丽翻译的索绪尔《普通语言学教程》一书的两个版本把英文的ideas分别译为："观念""概念"。

我们认为，在此，把ideas翻译为"思想"更容易理解。英文中的ideas用的是复数，包括诸多想法、观点、主意、思想、观念、概念等。索绪尔的这一观点作为语言的经典定义被学界广泛接受和引用。"人们对语言所能下的最一般的定义是一种符号系统。”

语言的符号性，被认为是语言的本质。当然，在探讨语言的本质时，美国语言学家乔姆斯基（ Noam Chomsky）的理论也值得一提。他认为，人类语言的语法虽然各不相同，但是其深层隐含着相同的结构，他把这种结构称为“普遍语法”（universal grammar）。人先天就具备了理解这种普遍语法的能力，所以能很容易就学习其他的语法。人类通过后天学习而掌握的语法，他称之为“生成语法”（generative grammar），并提出“转换生成语法”（trans-formational-generative grammar）的理论。总之，他认为语言是说本族语的人理解和构成合乎语法句子的先天能力，是在某一时期内说出的实际话语。

著名的语言学家、人类学家萨丕尔在其著作《语言》中对宏观的语言做了概括性的论述，如“语言主要是一种语音符号系统，用来表达可交流的思想和情感”，“所有语言不仅都具有语音特征，而且都具有‘音位’特性”“语言含有某些心理特征”“语言具有强大的社会化力量，也许是所有社会化力量中最强大的一种”“语言是社会化和一体化的巨大力量，它同时也是影响个体成长的最有效的已知因素”等。

Claire Kramsch在《语言与文化》（*Language and Culture*）一书中写道：“语言是一个符号系统，它被认为具有文化价值”。

在“语言是一个符号系统”这个基本定义之下，语言的定义在不断拓展。《中国大百科全书辞典·语言文字卷》对语言的解释是：“语言是人类特有的一种符号系统。当作用于人与人之间的关系的时候，它是表达相互反应的中介；当作用于人和客观世界的关系的时候，它是认知事物的工具；当作用于文化的时候，它是文化信息的载体。”

马学良主编的《普通语言学》指出：“概括起来说，语言具有工具性、符号性和信息性，具体来说，语言是一种以人类的大脑为物质前提、发出的声音为物质载体、作为思维和交际工具的符号信息系统。”

陆俭明在《谈谈言语学》一文中写道：“语言是人类借以思维和互相交际的一个音义结合的符号系统，是一个变动的音义结合的结构系统。可见，语言本身有两个方面，一方面是实体，另一方面是功用。语言的实体，是一整套抽象的音义结合的符号系统；语言的功用就是人的言语行为在交际中的实际使用。语言的实体要研究，语言的功用也要研究。这二者正好起着互补的作用。因此彼此不应互相排斥，而应互相吸取，取长补短。”

胡明扬在《语言与语言学》中给语言下的定义为：语言是一种作为社会交际工具的符号系统。吕必松在《对外汉语教学概论》第一章“语言”中列出了六个要点来说明“什么是语言”：语言的表现形式是言语、语言是一种音义结合体、语言的组织方式是形式结构与语义结构的统一、语言用于交际的方式是通过言语进行表达和理解、语言是一种系统、语言是客观世界与人的主观条件相结合的产物。

叶蜚声、徐通锵合著的《语言学纲要》阐述了“语言是人类最重要的交际工具”“语言是说话和表达思想的工具，而说出来的话则是人们运用这种工具表达思想所产生的结果”“语言是思维的工具”“语言是符号系统”“语言是随着社会的发展而发展的”等观点。

威廉. A. 哈维兰等著的《文化人类学：人类的挑战》指出：“语言（language）是一个根据一系列特定规则用声音和/或手势交流的系统，它产生了对于所有使用它的人来说都可以理解的意义。”

邢福义主编的《文化语言学》一书认为语言有广义和狭义之分，其详细论述如下：

狭义语言包括口头语言、书面语言和书面语言的物质载体——文字。在狭义语言中，又可以分出最狭义语言，最狭义语言不包括文字。广义语言不仅包括狭义语言，而且还包括准语言。准语言又称为副语言或类语言，根据诉诸感官的不同，准语言又可以分为听觉的、视觉的、触觉的三类。听觉的准语言主要包括说话时有符号意义的伴随声音，如咂苦声、啊啊声、“这个那个”之类的口头禅等；音乐语言；其他具有符号意义的声响，如号角声、锣鼓声、拍手声等。视觉的准语言包括：①各种表情、体态、动作，聋哑人手语。②各种图表公式等。③绘画语言。④舞蹈语言。⑤电影电视广泛应用的蒙太奇语言。⑥各种符号、标识等，如道路符号、商品医药用符号、旗帜袖标等。⑦其他视觉符号，如古代的烽火、令牌，抗日战争时期的消息树等。触觉的准语言较少，典型的是盲文。

总的来说，关于语言的定义，举不胜举。我们仅列举了国内外较权威的、具有代表性的名家名著中的定义。概括而言，语言是一套用来交际的符号系统。语言是人类社会最重要的一种交际工具。语言作为一种社会现象，其最重要的特征就是它是人类社会最重要的一种社会交际工具，因为脱离了语言，人们就无法准确地交流思想感情、协调各种社会活动。因此，语言也能够反映人类社会生活等状况。

二、语言的属性

马学良主编的《普通语言学》一书对语言的属性做出了较全面的阐述，我们基本上引用、参考其观点及论述，来介绍语言的本质属性和其他基本属性。

1. 语言的传承性

语言是一种世代相传、生生不息的精神产物及重要的社会交际工具。语言的传承具有全民性、强制性的特点。

2. 语言的约定俗成性

语言的约定俗成指的是语言的产生和发展变化都不以个体的意志为转移，是社会集体意志的产物。也就是说，语言是集体的自然约定，是集体创造的成果，是集体共享的交际工具，是一种客观性存在。

3. 语言的文化性

语言的文化性可以从三个方面来理解：首先，语言是一种文化现象，是一种文化产物（人类精神活动的产物），受到文化的影响和制约；其次，语言的使用，即语言的发送、传播和接收要以文化为背景；最后，语言是运用、巩固和传达文化的手段。

4. 语言的开放性

语言自身整体上是保持稳定的，开放性只具有相对性，是与稳定性这一特性相比较来说的，意思是语言要迅速、及时和准确地反映和表现社会及其发展变化，就需要扩展和调整——这是语言开放性的两个基本内容，主要通过内部创新和外部渗透的途径实现。

5. 语言的模糊性

语言既是思维的材料，又是表达思维的记号或代码。语言的模糊性是思维模糊性的产物。例如：语言中的“大”和“小”、“高”和“低”、“早”和“晚”这些词具有模糊的意义，是因为人在对客观事物进行概括和分类的过程中，没有对这些属性进行明确地规定，或者没有确立明确的“度”作为界限，从而使得这些属性也没有明确的界限。客观事物无所谓大小高低，“大小高低”不过是人在认知过程中对事物的一种主观概括和分类。当然，这种主观的分类是以客观事物为基础的。对于语言的准确性特征来说，模糊性只具有相对性，是与准确性特性相辅相成的附属特性。

6. 语言的表象性

语言除了表达抽象思维外，还有表达形象思维和感觉、知觉、感情、意志等的属性。语言是抽象思维的必然介质，却不是形象思维的必然介质，因为形象思维还可以通过音乐、舞蹈、美术、建筑等其他手段来实现、体现和表达。语言的表象性只具有相对性，是与实现、体现和表达抽象思维的抽象性和概括性相辅相成的附属特性。

根据上文关于语言的定义，我们知道符号性、社会交际性是语言的本质特性，此外，语言还有系统性、统一性、稳定性、封闭性等基本属性。限于篇幅，我们不在此一一展开论述。

三、语言的主要功能

语言在人类的生活中发挥着极其重要的功能。难以想象，如果没有语言，人类的生活将会如何。因此，我们来梳理一下语言的主要功能。

（一）语言的交际功能

语言作为人类社会最重要的交际工具，交际功能是其最重要的社会功能。人类社会的交际手段大致可分为三类，即听觉的交际手段、视觉的交际手段和触觉的交际手段。听觉的交际手段，如语言、音乐、机动车的喇叭声、自行车的铃声、上下课的铃声等；视觉的交际手段，如文字、图画、手势、交通指挥灯、旗语等；触觉的交际手段，如盲文、握手、拥抱等。语言作为一种表达观念的符号系统，是信息最重要的载体，因此，语言所发挥的交际功能是最大的。

（二）语言的记录、保存和传播功能

有人把语言称为“古代文化的活化石”。人类运用语言进行交际，就必须把所创造并共享的一切融入语言当中，再加以口耳相传、口传心授、文字记载等，用语言（含文字）记录、保存并传播、传承。事实上，语言也只有记录、承载人类所创造并共享的一切，才能发挥其作为最重要的交际工具的作用。

（三）语言具有标志/认同功能

通常，不同民族、族群有不同的语言。语言具有民族性，语言是民族的重要标志之一。语言同时具有认同功能。有个很有意思的真实案例：有个美国籍留学生到大理学习汉语，普通话说得非常好，而且因为在大理生活了好多年，会说大理话。金发碧眼的他总说自己是大理人。每次去到火车站，总会有很多拉客的司机很热情地问他要不要坐车，他们有的还会说外语。他每次都用外语或普通话回答，或者摇头，可他们依然很执着地跟在他身后，于是，后来他就用大理话说：“不克，不克（意思是不去，不去），我坐8路车。”有时候，遇到特别热情的，说了大理话还追着他问要不要坐车时，他就用白族话回答不坐、不去。于是，拉客的人就说：“哦，他是大理的。”当然，语言主要的功能还可列举很多，此处不再赘述。

第二节　文化知识

一、文化的出现

“文化”一词是随着人类历史的发展而不断丰富起来的。

在中国的古籍中，“文化”一词来源于“文”和“化”两个字。“文”即指文字、文章、文采。《说文》曰：“文，错画也。象交文。”《左传·昭公二十五年》注：“青与赤谓之文，赤与白谓之章，白与黑谓之黼，黑与青谓之黻。”后又指礼乐制度、法律条文等。“化”是“教化”“教行”的意思。教行于上，则化成于下。《老子·第五十七章》曰：“我无为而民自化。”

至近代，社会学、人类学、哲学、社会心理学等从各自学科的视角来给“文化”一词下定义。文化在文化学或人类学中的定义通常是指人类社会区别于其他动物的全部活动方式以及活动的产品。但在实际的文化研究领域，由于文化要素复杂，内涵广泛，专家给出的定义不胜枚举。到现在为止，专家学者下的定义已有300多种。

西方近现代人类学家、社会学家和社会心理学家对文化的认识呈现出多角度、动态性的特点。1952年，美国文化学家克鲁伯（Afred Kroeber）和克拉克洪（Clyde Kluckhohn）发表《文化：概念和定义的批评考察》一文，历时考察了1871—1951年的关于文化的160多种定义，并作了评析。在此基础上，他给文化下了一个较为全面、科学的定义：①文化由外显的和内隐的行为模式构成。②这种行为模式通过象征符号而获致和传递。③文化代表了人类群体的显著成就，包括他们在人造器物中的体现。④文化的核心部分是传统的（即历史的获得和选择的）观念，尤其是他们所带来的价值。⑤文化体系一方面可以看作活动的产物，另一方面，则是进一步活动的决定因素。

这一文化的综合定义基本为现代东西方的学术界所认可，有着广泛的影响。

综上所述，我们可以得出这样的结论：“文化”作为一个概念，可以有广义和狭义的理解。狭义的文化，一是指社会意识形态层面上，人类一定范围的社会群体中所具有共性的价值观、行为准则和行为方式，即个人行为能力为集体所接受的共同标准；二是指在此基础上建立起来的社会组织结构和社会制度。广义的文化还包括社会意识形态借以形成的物质基础——社会生产力和生产方式的直接产品。人类在生存实践中不断地认识自然、改造自然及改造自身以适应自然，从这个意义上来说，人类在社会实践中形成的一切物质遗产都是文化的组成部分。因此，我们对文化取其广义的理解——包括精神和物质两个方面。

二、文化的界定

“文化是什么？”这是文化研究、文化比较、语言人类学及文化人类学等研究领域都需要面对的元命题。然而，长期以来，人们对“文化”这个似乎时常挂在嘴边、运用自如的普通术语的定义、阐释却是众说纷纭，难以给出定论。正如美国人类学家阿尔弗雷德·克鲁伯（Afred Kroeber）和克莱德·克拉克洪（Clyde Kluckhohn）在《文化：概念和定义的批评考察》中所说：“在这个世界上，没有别的东西比文化更难以捉摸。我们不能分析它，因为其成分无穷无尽；我们不能描述它，因为其形态千变万化。当我们要寻找文化时，它仿佛是空气，除了不在我们手中以外，它无所不在。”那么，“文化”的定义有多少种呢？

美国人类学家克鲁伯和克莱德·克拉克洪对文化概念进行了专门探讨，于1952年出版了《文化：概念和定义的批评考察》一书，书中梳理了从泰勒提出文化定义的1871—1951年这80年间西方学者关于文化定义的诸多文献资料，共收集到文化的定义164个。从那以后直至今天，各种新的定义有增无减、不计其数。这一方面说明人们对文化内涵的认识与研究尚在不断深入，另一个重要原因则是人类的文化现象本身的涵盖太广，它似乎无所不在，无穷无尽，人们常常只能从某一特定的层面或角度来对它加以把握和研究，不然将由于对象过于宽泛而难以着手。因此，为了便于表述，我们把“文化”的定义分为狭义和广义两种。我们先从语义分析入手，对文化的多重含义与特征进行梳理，借此寻找一个切入点来理解狭义的“文化”定义，继而阐释广义的“文化”。

（一）“文化”的狭义定义

汉语中的“文化”一词，由“文”和“化”组成。

“文”是象形字，“化”是会意字。《说文·文部》说：“文，错画也。象交文。凡文之属皆从文。”意思是：文，交错刻画（以成花纹）。像交错的花纹的样子。大凡文部属都从文。可见，“文”的本义是各色交错的纹理。《周易·系辞下》里的记载：“物相陈，故曰文。”

我们再看“化”，《说文·七部》曰：“化，教行也。从七，从人，七亦声。”意思是：化，教化实行。由七、人会意，七表声。“化”的本义为变化，如《庄子·逍遥游》曰：“化而为鸟，其名为鹏。”又如《周易·系辞下》曰：“男女构精，万物化生。”后来，引申为教化之意，如王充的《论衡·佚文》曰：“无益于国，无补于化。”《文选·补亡诗》中所记载的“文化内辑、武功外悠”中的“文化”一词也是这个意思。

通过以上对“文化”的词义分析，我们逐渐接近了“文化”一词所指的狭义的定义。

苏联哲学家罗森塔尔·尤金在其编写的《哲学小词典》中指出：“从比较狭隘的意义来看，文化就是在历史上一定的物质材料生产方式的基础上发生和发展的社会精神生活形式的总和。”

我国1979年出版的《辞海》基本上采用了该说法。2015年出版的《现代汉语词典》（第6版）在解释“文化”的定义时指出：“特指精神财富，如文学、艺术、教育、科学等。”查阅《中国大百科全书》，其指出：“狭义的文化专指语言、文学、艺术及一切意识形态在内的精神产品。”

1871年，英国人类学家爱德华·泰勒（Edward B. Tylor）在《原始文化》一书中指出：“（文化是）包括知识、信仰、艺术、道德、法律、风俗及作为社会人员的人所习得的任何其他能力和习惯在内的复合整体。”这是狭义的“文化”的经典定义，是一个里程碑，具有深远的影响力。

学者们对文化的定义还有很多。例如，文化是由人类的反思性思维发展出来的积累性结构。实施这种思维的机制是每个人的内在素质的一部分；文化因素的积累主要是这类反思性行为在语言和客观性物质操作中的表达。

综上所述，狭义的“文化”指的是人精神层面的东西，如人的精神、思想、信仰、道德、观念、情感等。然而，表面上，这些精神层面的东西是看不见、摸不着的，它们需要一定的外在的载体、媒介来体现，如某种（某些）具体的物质、语言、音乐等。换言之，语言是一种特殊的文化。

（二）“文化”的广义定义

大致理顺了“文化”的狭义定义以后，我们接着来看看广义的“文化”。我们先从西方词源上来梳理“文化”一词的词义。“文化”一词，德语为kultur，英语为culture，源自拉丁语词culura，原意为耕作、培养、教育发展、尊重。而拉丁语culura又是由拉丁语culus演化而来的。cultus含有为敬神而耕作与为生计而耕作两个意思，因而该词具有物质活动和精神修养两个方面的含义。

可见，“文化”的词义既包括物质生产活动，又包括精神方面的内涵。梁漱溟先生指出：“文化，就是吾人生活所依靠的一切。”

culture一词有多重含义，既包括精神活动领域，又包括人类物质生产活动。2004年出版的《牛津高阶英汉双解词典》（第6版）对“文化”一词相对应的culture的解释有所变化，在每一项释义前单独列出了概括式的解释，并用大写、蓝色字体标明，如下：

WAY OF LIFE生活方式

the customs and beliefs，art，way of life and social organization of a particular country or group 文化，文明（指国家或群体的风俗、信仰、艺术、生活方式及社会组织）

a country，group，etc. with its own beliefs，etc. 文化（指拥有特定信仰等的国家、群体等）

ART/MUSIC/LTTERATURE 艺术；音乐；文学

art，music，literature，ete.，thought of as a group 文化（艺术、音乐、文学等的统称）

BELIEFS/ATTTUTDES 看法；态度

the beliefs and attitudes about sth. that people in a particular group or organization share 文化（某群体或组织的一致看法和态度）

GROWING/BREEDING 种植；养殖

（echnical术语）the growing of plants or breeding of particular animals in order to get a particular substance or come from them 种植；栽培；养殖；培育

值得注意的是，以上英汉双解释义除了包括狭义的“文化”，即精神活动领域，也包括种植、栽培等人类物质生产活动，还增添了一个释义“文明”，在解释英文时，用汉语写了“文化”“文明”这两个词，言下之意是，culture指的是汉语中广义的“文化”，与汉语中的“文明”词义更为接近。

要全面把握“文化”这一术语的定义及其在运用中的变化，我们还需理解一个与它关系极其密切的概念——“文明”。从词源学上追溯“文明”一词的来龙去脉，可参考徐行言在《中西文化比较》中的论述：汉语中文明一词早在《尚书》和《易经》中即已出现。《尚书·舜典》称舜帝“浚哲文明，温恭允塞，玄德升闻，乃命以位”。其疏曰：“经天纬地曰文，照临四方曰明。”《周易·乾·文言》中有“潜龙勿用，阳气潜藏。见龙在田，天下文明”之句，孔颖达解释为“天下文明者，阳气在田，始生万物，故天下有文章而光明也”。另《周易·大有·象》有“其德刚健而文明，应乎天而时行，是以元亨”。《周易·贫·象》曰：“刚柔交错，天文也。文明以止，人文也。”其含义均近于文采光明，文德辉耀。至清初李渔《闲情偶记》中“求辟草昧而致文明，不可得也”之句始，隐含与蒙昧相对的有文化状态的意味。

通过以上梳理，我们大致了解“文明”一词囊括了对物质方面和精神方面都进行创造的双重意义，接近于今天人们通常理解的广义的“文化”。借此我们也就理解了为什么中国、古埃及、古巴比伦、古印度被称为四大“文明古国”，而不被称为“文化古国”。

需要指出的是，“文化”一词在现当代的广泛运用，尤其是在学术研究如文化研究、人类学研究（特别是语言人类学、文化人类学等）、比较研究等方面，与西方的文化理论、人类学理论等相关思潮紧密相连。前文提到的1871年出版的《原始文化》中的“文化”定义被视为具有里程碑意义的经典，其作者即英国人类学家爱德华·泰勒，他被称为“英国人类学之父”。自人类学诞生之日起，文化的概念一直都是人类学的基础。马林诺夫斯基认为文化是具有满足人类某种生存生活需要功能的“社会制度”，是人们推行的一套有组织的风俗与活动的体系。他认为文化主要包括：物质文化、精神方面之文化、语言、社会组织。文化的功能就是满足人民生产生活各个方面的诸多需要。

著名的语言学家萨丕尔（Sapir），同时也是人类学家，他对“文化”的概念做了如下论述。

“文化”这个词似乎有三个主要的意义或意群。文化的第一种用法“文化”被文化人类学家和文化历史学家专门用来涵盖人民生活中的所有社会继承元素，包括物质的和精神的。“文化”的第二种用法流行更为广泛，它指的是一个相当传统的个人修养的理想。这种理想建立在少量被吸收的知识和经验之上，主要由一组典型反应构成，这组反应须被某一阶层、某一长期存在的传统所认可。文化的第三个用法最不容易定义，也最难给出令人满意的阐释。这可能是因为就连那些使用它的人也很少能够解释清楚他们所说的文化到底是什么意思。第三种意义上的文化与第一种专门意义上的概念相似，强调群体而非个人所拥有的精神财富。

可见，萨丕尔更偏向从人类学学科角度来理解“文化”的定义，同时，他既讲了广义的文化，也说了狭义的文化，他所指出的“文化”的三种定义都具有社会属性。

综上所述，广义的“文化”涵盖面非常广泛，指的是人类社会发展过程中创造的物质财富和精神财富的总和。我们可以概括为：人所创造并共享的一切活动及其结果都是文化。需要说明的是，我们在此梳理、划分“文化”的狭义和广义定义，仅是为了行文表达的方便，二者是相对的，不能把它们割裂开来。在逻辑上，狭义的文化从属于广义的文化，与后者存在着不可分割的联系。在具体研究人的精神层面的东西时，不能忽略物质创造活动的决定作用和基础意义。这是历史唯物主义文化观及方法论的一个基本要求。

三、文化的层面

语言学者莉奈尔·戴维斯（Linell Davis）认为："文化是价值、信仰、文化模式、行为等的集合，在这一集合中，人们可以进行相互的学习与分享。"

美国学者拉里·A. 萨姆瓦（Larry A. Samovar）等人认为："文化是人们经过不断努力而积累下来的价值观、信念、知识、经验等的结合体。"

学者威廉姆斯（Williams）指出，目前文化主要用于如下三个层面。

（1）用于对精神、知识、美学等加以描述。

（2）用于表达一种生活方式，可能是一个时期，可能是一个民族或者可能是整个人类的生活方式。

（3）用于对智力加以描述。

四、文化的分类

同文化的含义一样，文化的分类也是一个颇有争论的问题。最常见的是"两分法"和"三分法"。即使是"两分法"或"三分法"，其类别名称仍有很大的不同。

（一）两分法

影响最大的有三种归类名称。

（1）广义的文化和狭义的文化。

（2）物质文化和精神文化。

（3）社会文化和精神文化。

（二）三分法

三分法的归类名称更复杂，最有影响的亦有三种。

（1）物质文化、制度文化、精神文化。

（2）物质文化、精神文化、艺术文化。

（3）认识文化、价值文化、审美文化。

认识文化的基本范畴为"知"，其价值体现于一个"真"字；价值文化的基本范畴为"意"，其价值体现于"善"；审美文化的基本范畴为"情"，其价值体现于"美"。三种文化分别以"知、意、情"为基本范畴，以"真、善、美"为最高的价值体现。

以上的分类，从理论上说虽然都能自成体系，并各有理由，但运用到对具体文化现象的分析时，则就显得捉襟见肘，难得自圆其说。

我们以为，从实用性方面讲，不妨把文化分为精神文化和风俗文化。精神文化即是人们通常所说的意识形态，如哲学、科学、文学艺术之类，这些都是人的脑力劳动的结晶。风俗文化则是流动于人们日常生活中的，它有物质方面的，也有观念、习惯方面的，但不管包含多少广泛的内容，均与人们的衣、食、住、行相联系，而恰好是衣、食、住、行的物质资料与衣、食、住、行的观念习惯相结合，体现出一时一地的风俗面貌，反映出生活的全景。

五、文化的特性

无论“文化”有多少种定义，无论是“文化”狭义的还是广义的定义，都不影响文化的特性。

（一）文化的核心是人

文化的核心是人。是人创造了文化，也只有人才能创造文化。文化是人类特有的。文化是人类智慧和创造力的体现。人（作为社会成员的人）创造、形成并运用、共享文化，同时也受约束于文化，被文化形塑，最终又要不断地改造发展文化。如果没有人的主动创造和改变，文化便会失去生命、活力和光彩。因此，我们在讨论语言与文化时，一定要通过语言看到语言背后的人——语言的使用者，包括说者和听者，双方的文化对语言交流有一定的影响。

（二）文化是后天习得的

1871年，泰勒在《原始文化》一书里给出的文化定义中，最关键的一点是文化“作为社会成员的人所习得”。习得，指的是通过后天学习而获得，而非通过先天遗传，这样的习得是在特定的社会成长中获得各种文化传统、文化属性。文化人类学把孩子学习文化的过程称为“濡化”。可以习得的文化经过濡化过程而代代相传。有时候，文化被直接传授。例如，父母教育小孩子要懂礼貌，见到认识的人，要懂得恰当地称呼对方“爷爷/奶奶”“叔叔/阿姨”“哥哥/姐姐”等。

（三）文化是共享的

文化并不是个体自身的属性，而是个体作为群体成员的属性，文化只有在社会中才得以传递、共享。《人类学——人类多样性的探索》一书第13章有专门讲“文化”属性的内容，讲解精辟而通俗易懂：“分享共同的信仰、价值观、回忆和期望，把成长在同一文化中的人们联系起来。通过为我们提供了共同的经验，濡化过程把人们统一起来。”

今天的父母都是昨天的子女。从父母那里接受濡化过程的子女们当了父母之后，他们就变成了下一代子女濡化的媒介（传播者、传授者）。虽然文化并非一成不变，但是，这种基本的信仰、价值观、世界观及子女教育实践却是长久保持不变的。而且，共享的文化背景是非常有影响力的。我们看到，在异国他乡，人们都更愿意、也更容易与跟自己来自同一国家、地区的人交往。正如美国人类学家康拉德·菲利普·科塔克所言：“长着同样羽毛的鸟儿常常聚集在一起，对于人来说，文化就是人类自己的羽毛。”

（四）文化是象征的

象征，对文化及人类其他方面的习得都是非常独特而重要的。“象征是某种口头或非口头的事物，在特定语言或文化中，用来表示另外的某个事物。象征及其指代物之间没有明显的、天然的或者是必然的联系”。例如，有一种动物，在汉语里我们称为“狗”，英语里称为“dog”，其他语言里又有其他的叫法，这些叫法之间没有天然的关联。象征通常是基于符号的，文化中最重要的符号就是语言，即用词语代替具体指代的对象。不使用语言，人们无法让一个不在场的人较为清楚地了解事件、情感及其他经历。

当然，除了语言，象征也有非语言形式的符号体系，例如，五星红旗代表我们中华人民共和国；交通路口设置的红绿灯，红灯停，绿灯行；商场里商品的价格只需标示数字就可以了，而不是真的拿现金摆在商品旁边来体现等。以象征的方式思考、运用语言并使用工具和其他文化形式，以组织、适应自己的生活并协调周围的环境，这是人类生活的常态，其中，象征的重要性非同一般。美国人类学家格尔茨就将文化视为一种象征体系。

（五）文化是整合的

文化是整合在一起的模式化的系统。如果这一系统的某部分发生了变化（如经济、社会方面），其他部分也会相应发生变化。以前我们有句俗话说“早发财不如早生子”，在民间，特别是农村，女性多会在二十多岁结婚、生子。今天，我们也会在婚礼上祝福新婚夫妇“早生贵子”。但是，晚婚晚育已经变得越来越普遍了，尤其是在大城市。人们对婚姻、家庭的态度和行为的变化与社会发展、经济变迁等是分不开的。因此，文化并非孤立的，而是整合的。

六、文化的功能

文化具有重大的功能，进步的文化对社会发展有积极的推动作用，这叫正功能作用；腐朽没落的文化对社会进步起阻碍作用，这叫负功能作用。就正功能来说，主要有如下几点。

（一）认识功能

文化在认识社会、认识人生价值上有重大作用。进步的文化能帮助人们正确地认识社会，或对社会采取批判、革命、改造的态度，或采取扶植、建设、完善的态度。文化越发展，就越能提高人民的素质，充分发挥个人的主动性和积极性，努力为社会进步做出贡献。

（二）整合功能

文化的发展帮助人们在思想上、行为上趋于一致。生活在同一社会制度下的人们，在认识上能趋于一致，文化起了一定的作用。对某一社会问题，大多数成员能取得一致看法，采取一致行动，并努力去解决它，正是这种功能的表现。例如，文明礼貌活动、优质服务、提高职业道德水平等，都与文化的整合作用有关。

（三）改造功能

文化在改造客观世界和人的主观世界方面起了很大作用。自然规律的发现和利用从而达到改造自然的目的，均与文化的传播有关。对社会而言，当某一社会制度正逐渐显露其腐朽性时，新的文化运动就成为批判旧社会、呼唤新社会诞生的先导；当一个新社会诞生后，先进的文化则能帮助这个新社会巩固、发展和完善。

（四）发展功能

文化不仅帮助人们认识社会，而且文化也能对社会结构和社会生活提供蓝图，使社会行为系统化。人一生下来，就踏进了社会化过程。这个过程也就是学习和继承文化的过程，是在前人创造的文化基础上，以此作为起点向前迈步的。新的一代人，根据时代的需要，对原有文化采取“扬弃”的态度，继承其先进合理的积极因素，批判其过时的消极因素，向前推进文化的发展并因此而促进社会的进步。

当然，对落后文化的腐蚀作用也决不能轻视，而要真正消除落后文化的消极影响，仍然必须是利用先进文化的改造功能。

七、文化全球化

文化全球化指的是文化在全球范围内传播的过程，是“人与人以及人与文化、彼此的思想、价值观和生活方式的相互接触以前所未有的方式不断增加和深化的过程”。来自远方的文化形象竟然也能在家里的电视屏幕上或是在附近的电影院里活灵活现地展现，世界更像是个“地球村”。外国的文化也不再像以前那样陌生，当地的社区也不再是一个小小的文化孤岛。于是，全世界人民都面临着一个空前的能让本族文化大发展的机会，同时本族文化也面临着一个空前的挑战。

（一）文化同质化

斯蒂格（Steger，2003）把第一派学者称为“全球化狂热者”，他们把冉冉升起的“全球文化”描绘成一幅绚烂画卷，认为“全球文化”正在迅速改变着世界文化的面貌。其中一些人狂热而自信地认为文化全球化就是西方文化必然的、全面的胜利，西方价值观和生活方式将一统天下。他们容易得出一个简单而直接公式：全球化=西化=美国化=麦当劳化。也就是说，他们认为全球化就是全盘西化的过程，而西化实质上就是美国化，美国化又可以简单概括为“麦当劳化”。“麦当劳化”这个提法是美国社会学家乔治·里兹（George Ritzer）1993年创造的，用来描述当代社会文化所遵循的快餐工业基本原则——创建统一的商品，执行统一的标准，这种文化在美国和其他地区形成了其文化的轮廓。

为了支持其观点，“全球化狂热者”指出，世界各地的年轻人穿着利维斯的牛仔裤和耐克运动鞋，戴着德士古棒球帽，身着芝加哥公牛队的长袖运动衫，经常看音乐电视，看电影就要看好莱坞大片，吃饭经常去的就是麦当劳和必胜客，这一现象证明美国的个人主义和消费主义通过全球化得以更自由地传播，被更广泛地接受。他们强调，主要由美国利益集团控制的全球通信工业为形成此种文化同质化提供了便利。据报道，2000年，仅美国电话电报公司、索尼公司、美国在线/时代华纳公司、贝塔斯曼、自由媒体、威望迪环球公司、维亚康姆集团、通用电气、迪士尼公司、新闻集团这十家大型综合性企业的营业收入就占据了世界通信工业全年2500亿～2750亿美元的三分之二还多。

全球化狂热者还特别强调了美国娱乐工业在传播美国流行文化时发挥的重要作用。正如1999年联合国《人类发展报告》所述，美国最大的单一出口工业不是飞机，不是汽车，不是计算机，而是娱乐。尽管印度的宝莱坞每年出产的电影数量世界第一，但美国好莱坞电影却能覆盖到世界市场每个角落，它的营业收入50%以上来自海外。到20世纪90年代末，好莱坞宣称占据了拉丁美洲83%的电影市场，占据了欧洲72%的电影市场和50%的日本电影市场。而美国的电影院却鲜见放映外国电影，外国电影在美国市场的占有率还不足3%。全球化狂热者强调，美国流行文化的传播是无法停止的，也是无可争议的，因为美国和其他国家之间，在文化传播能力方面存在弗莱德里克·詹姆逊（Fredric Jameson，1998）提出的“根本的不均衡性”，他自信地认为在这个领域这种“不平等性”会永远存在，因为“其他地区的娱乐产业几无可能通过建立全球性的成功模式来排挤掉好莱坞”。

詹姆逊希望我们记住，“好莱坞不仅仅是一个赚得盆满钵满的商业名字，更代表着晚期资本主义根本的文化革命，在这一革命进程中，旧的生活方式被打破，新的生活方式正在建立”。换言之，好莱坞输出的不仅仅是娱乐，还有美国的文化工人精心构建的文化价值观。这在无形中对民族本土文化形成了潜在威胁。这就是为什么连一些西方国家，如加拿大、法国都立法保护本国文化多样性和国家特质，限制美国文化产品的进入的原因。人们可能还没注意到，一场博弈正在上演，巨大的美国文化利益正试图打开各国大门，让美国的电影、电视、音乐等涌入他国，而某些单一民族国家正把保护和发展本国语言和文化放在首要位置，以减少美国大众文化校准力对本国的从物质层面到社会精神层面的影响。

一份联合国教科文组织（UNESCO）大会决议可以很好地证明这场博弈正在上演，大会决议采用一项新的协定“来保存和保护文化表达的多样性”，这项协定授权各国采取行动保护本国文化产品和服务的特殊性。这项协定以148票通过、2票反对、4票弃权通过。美国就是这两个投反对票的国家之一，因为美国担心这项协定将被用来阻碍好莱坞电影和其他文化产品的出口。根据英国广播公司的在线调查，法国文化部长雷诺·多内迪厄·德瓦布雷提出：“一个国家有权力设定自己国家节目来源的配额，因为这个世界已经把85%的电影票房贡献给了好莱坞”。

国家间的良性文化冲突能在诸如“北美自由贸易协定”（NAFTA）等双边或地区贸易协定中“文化条款”部分找到相应表述，但是也有一种“不那么良性的”冲突形式是让人无法忍受的，有时会带来让人难以想象的后果。

（二）文化异质化

如果以全球化狂热者为代表的第一派学者凸显文化全球化中的“全球性”，那么第二派学者——我们称他们为“本土主义者”，则把本土化特质放在首位。对本土主义者来说，文化全球化的最显著特征不是文化同质化，而是文化异质化，即由于全球化进程带来或真实或假想的威胁，门类众多的本土文化身份更应复兴，焕发出各自的魅力。他们拒绝西方文化统治世界这个命题，也拒绝承认只有西方文化才是最杰出的文化这个命题。他们看到了逐渐涌现的几个充满生机的文化中心，而不是全球只有一个至关重要的文化中心。著名的爱尔兰诗人威廉·巴特勒·叶芝（William Butler Yeats）的诗句可以贴切地描绘出他们的世界：“中心已不在，世界上弥漫着一片混乱。”他在不同的时间不同的场合都有这样的表述。英国社会学的领军人物安东尼·吉登斯（Anthony Giddens，2000）也表达了类似的观点，他说：“我们的世界看起来已经不由我们掌控了，现在是个失控的世界。”

吉登斯认为，之所以说“失控的世界”是因为全球化正在日益变得“去中心化”。他甚至更富争议地提出了“反向殖民”。对他而言，反向殖民意味着非西方国家的影响力正在西方国家蔓延。这样的事例俯首皆是：美国城市洛杉矶拉丁氛围浓重，印度成为全球高科技领跑板块，巴西的电视节目卖到了葡萄牙。如果他今天要重写这一部分，他一定会把最近崛起的卡塔尔半岛电视台和宝莱坞的例子也加进去。

卡塔尔半岛电视台是属于卡塔尔的阿拉伯语电视网络。在2002年阿富汗战争和2003年伊拉克战争期间，卡塔尔半岛电视台与美国有线电视新闻网分庭抗礼，他们就战争发表自己的观点，为观众提供了更多的选择，成为美国有线电视新闻网一个不可小觑的对手。他们的工作颇具成效，以致有人试图劝说卡塔尔政府要对其严格管控。根据斯蒂格（Steger，2003）的记述，这个阿拉伯语电视网络“为中东观众提供了异彩纷呈的电视节目，电视信号是由功率强大的卫星24小时不间断传送，而卫星是由欧洲的火箭和美国的宇宙飞船发射升空的”。在短短3年里，卡塔尔半岛电视台迅速成长，五大洲都能24小时观看到该台播放的节目。不仅如此，它的网站也通过巨大吸引力吸引着全世界的网民，日点击量超过700万。无疑在美国主导的全球时事传播领域，卡塔尔半岛电视台的作用不容小觑。半岛电视台甚至在2006年开启了用外语播报的国际卫星电视频道，这标志着它的影响力进一步扩大。

正如半岛电视台成功占据了新闻媒体，宝莱坞的兴起也令美国电影工业的钢铁盔甲上裂了一道缝。《时代》杂志2003年10月27日的封面故事“宝莱坞”写道：“印度的电影工业规模庞大，平均每年出产1000部电影，而好莱坞年均产量740部；宝莱坞的观众遍及世界各地，从吉隆坡到开普敦，每年约有3. 6亿观众，而好莱坞的观众只有2. 6亿，这形势看起来西方已被远远赶超了。”杂志还指出，20世纪福克斯电影公司决定向世界播放宝莱坞电影，其他美国电影公司诸如华纳兄弟、哥伦比亚三星电影公司也纷纷效仿。希瑟·泰洛尔（Heather Tyrrell）在一篇评论分析文章中表示：“好莱坞向印度出口西方文化产品的努力几近全面失败，于是开始投资宝莱坞，而不再考虑着如何取而代之了。”她认为“宝莱坞拒绝被好莱坞殖民化”，“这样的抵抗充满着美学、文化和政治色彩”，也印证了“文化可以用作一种全球力量，一种霸权力量，而且这种对文化的利用不仅限于西方国家”。

让我们转回到文化全球化对普通百姓的影响。本土主义者强调所谓的“全球邻居”并未真正带来社交性的提高，而仅仅带来如约翰·汤姆林森（John Tomlinson，1999）所说的“更进一步的接近”。换言之，全球化只带来了空间和时间上的收缩，界限变得更加模糊，却没有进一步扩大公共和谐，没能让世界人民的价值观更趋一致。事实上，全球化只加强了原教旨主义的力量，吉登斯称其为“全球化之子”。原教旨主义，不论是佛教、基督教、印度教还是伊斯兰教，或者任何其他宗教派别，都是以满怀保护和保存本土传统信仰和实践的热切愿望为前提的，并且他们相信本土的东西正在被全球文化的大潮所威胁。

毫无疑问，全球文化潮带来了西方消费模式的最广泛传播，特别是在世界各地崛起中的中产阶级阶层，然而接受西方的产品并不一定意味着对西方的文化信仰也照单全收。亨廷顿（Huntington，1996）从历史的角度指出：“20世纪七八十年代，美国消费者消费了数以百万的日本汽车、电视机、照相机和其他电器产品，然而却没被日本化，反而加深了对日本的敌意。”他形象又尖锐地提出了一个问题：“当西方人把嘶嘶作响的碳酸饮料、褪色牛仔裤和垃圾食品标榜为自己的文明时，西方向世界展现的是一个什么样的西方。”

于是，本土主义者极力消解“一个单一的、统一标准的全球文化正在形成”这一理念。他们坚称西方文化时尚的流行并不意味着西方文化将占据统治地位。相反，他们却看到西方文化衰落的蛛丝马迹，而其他文化则冉冉上升，尽管这衰落和上升显得那么不均衡。正如汤姆林森（Tomlinson，1999）警告的，本土主义者的推论可能“很快让西方化的论点处于不利地位，至少是以引人注目的、充满争论的形式。然而，他们还没有完全解决现代西方文化实力的问题，这一点很容易证明，因为当全球化的一切处于舆论中心被热烈讨论，各种评论和批评满天飞，西方的文化实践和制度仍稳坐全球领航的交椅”。这成为文化全球本土化支持者的重要论据。

（三）文化全球本土化

第三派思想，我们称为“全球本土化主义者”，他们相信文化的传播是一个双向的过程，相互接触的两种文化直接或间接地塑造或重塑自我。他们宣称全球化的力量和本土化的力量是如此复杂，又有很多重合的部分，人们不能简单机械地从二分法的角度“非此即彼”地去理解。事实上，这两种力量是同一进程的两个方面，全球与本土紧密相连，本土也在不断修正以适应全球。为了表达这个二者紧密相连过程的实质，罗兰·罗伯逊（1992）发明了一个新词：“全球本土化”。这个词来自于一个日文单词，其大意是“全球化的本土化过程”，这个词常常被日本的企业用于探讨市场问题，正如那句广受欢迎的名言：“全球化策划，本土化执行。”

文化评论家阿君·阿帕杜莱（Arjun Appadurai）经常被引用的一句话，“当今全球互动的核心问题是文化同质化和文化异质化的紧张和冲突”。

这句话大致总结和表达了全球本土化主义者的观点。这种冲突如何解决取决于一种特殊的文化转化是否发生在一个合适的情境下，也取决于是以文化“硬”的形式还是以“软”的形式。硬的文化形式是指“那些难以打破或改变的价值、意义和具体化的实践及其相互间千丝万缕的联系”，软的文化形式是指那些“允许从意义和价值的具体展现中做出相对简单的剥离，并在各个层面完成相对成功的转换”。

“软”的文化形式的冲突可以较为容易地通过简单调整自身来满足和适应其他文化。成功的全球消费品市场必然包含微观市场营销，即为了适应当地的宗教、文化和民族的需要，对产品做出适当调整。例如，美国的连锁快餐麦当劳就在适应当地由文化和宗教信仰及习俗影响的饮食习惯方面保持敏感度。麦当劳餐厅遵循犹太教相关法律，在以色列供应犹太食物；遵循伊斯兰宗教传统，在伊斯兰国家供应清真食物；在大多数人都不吃肉的印度供应素食。在更深层次，对西方的技术文化和消费文化的接受与对西方性开放和世俗表象的强烈抵制和谐共存，在很多伊斯兰社会这一现象屡见不鲜。

实际上全球本土化主义者通过强调“普遍性的特殊化和特殊性的普遍化这一双重过程”，把大众的注意力吸引到世界大同的崇高理想上。他们相信普遍性的特殊化有利于探寻世界真正意义的运动兴起，这些运动甚或个人将世界看作一个整体来探究其意义，正如特殊性的普遍化有利于对个性的追寻，对日益增长的精细身份特性的展现。历史学家罗兰·罗伯逊（2003）希望，对全球和本土身份如此的追寻将最终展现一个“在全球化的星球上生机勃勃的伟大生命交响”。他呼吁建立有效策略来应对文化全球化的挑战，敦促教育工作者使用一切可行的教学法来帮助学校里的儿童做好充分准备面对全球化的世界，于是像我们这样的语言教育学家也将扮演重要角色。

第三节　交际知识

交际这一现象无处不在。也就是说，无论处于何时何地，人们都需要进行交际。在日常生活中，交际的例子很多，如婴儿啼哭就是一种与外界交流的形式，可能代表着“我饿了或者我渴了”这样的含义。虽然这是一个非常简单的例子，但的确表达的是他们在交际。总体来说，交际是人们活动的基础，是人们运用符号与语言的一种能力。下面就来具体分析什么是交际。

一、何谓交际

简单理解交际，即人们交流信息、交流情感的过程。

关于交际，汉语中很早就有与之相关的论述。《辞源》记载：“际，接也。交际谓人以礼仪币帛相交接也。”在古代，交际指的是与他人的交往与接触。

同样，《现代汉语词典》也对交际进行了界定，即认为交际是社会上人与人之间相互交往的情况。

英语中与交际相对应的是communication，其中commonis是其词根，意思为“共同”。对于communication的翻译，国际政治界将其翻译为“交流”，交通界将其翻译为“交通或通信”，新闻界将其翻译为“传播”。

《朗文当代外语辞典》这样解释communication：“Communication is the process by which people exchange information or express their thoughts and feelings”。这句话的意思是说交际即人们交流信息和情感的过程。

不过总体来说，对于交际，目前还没有一个统一的说法。

二、交际的分类

在人类的活动中，交际是一种基本的形式，是以人为中心展开的。一般来说，交际包含两类：一类是人际交际；另一类是非人际交际。前者无论是信息的发出者，还是信息的接收者，都是具体的人；后者又划分为两类，一类是人与自然之间的交际，另一类是组织与大众的交际，这种分类是从交际对象来区分的。

无论属于哪一种类型的交际，交际媒介都不外乎两种，一种是语言，一种是非语言。因此，交际形式如图1–1所示。

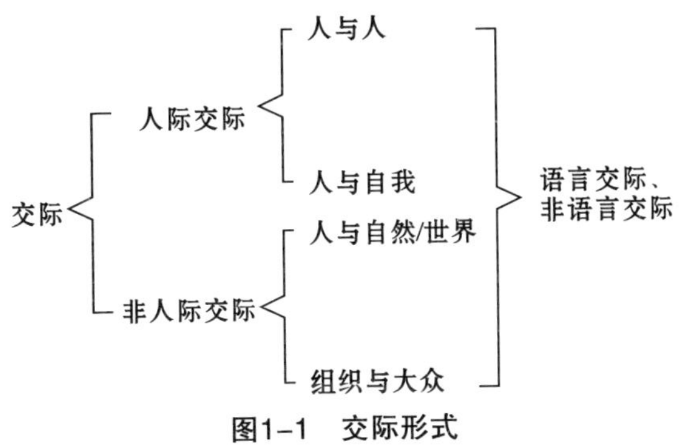

图1–1 交际形式

三、交际的要素

就本质上而言，交际的过程就是传播信息的过程，这一过程本身就是动态的过程，是由相应要素组成的一个完整的系统。一般来说，交际主要由以下两个要素构成。

（一）传播要素

1. 传播者

所谓传播者，即具有交际需求与交际意向的个体，简单来说就是信息的发出者。所谓交际需求，即通过分享信息，传播者想要得到的他人认可的个人需求，以及对他人的行为和态度有影响的一种社会需求。所谓交际意向，即传播者想要与他人分享自己的信息。

2. 信息

所谓信息，即交际者心理的所想所思，是编码的结果。在人与人交谈的过程中，信息包含的内容非常广泛，有交际环境信息、非语言信息等。信息具有唯一性与独特性，当接收信息的形式与特定的情景存在着差异时，即便是同一个信息，所表达的意思也可能是明显不同的。

3. 编码

所谓编码，即语言的组合，是传播者在文化规则、社会规则等的影响下，通过语言中词法、句法的辅助，展开语言选择、语言组合的过程。

编码的意义在于将人思想的复杂性体现出来，需要从一定的符号出发来传播思想。就这一角度而言，编码体现的是个体的心理活动。

在跨文化交际过程中，传播者的编码不仅需要借助一定的语言符号，并且在编码过程中还需要遵循文化规则、社会规则等。

4. 通道

所谓通道，即将信息与接收者之间连接起来的媒介和通道。由于科技在不断发展，信息传播的通道变得更为复杂和丰富，如电话沟通、面对面交谈、邮件等都属于信息传播的通道。

由于跨文化交际中多种交际要素都参与其中，如文化、交际环境等，因此面对面是最为有效的形式，能够有助于信息的传达。

（二）接收要素

1. 接收者

所谓接收者，即信息接收方，是与传播者相对的概念。基于主观的影响和作用，接收者获取信息，并对信息源加以察觉与认识，从而对信息源做出一定程度的反应。这种接收信息的过程是有意识、有目的的，但是并不是绝对的过程。也就是说，可能接收信息的过程是无意识、无目的的。

2. 解码

所谓解码，即信息接收者将对方所说的语言符号或者非语言符号转化成可理解的意义的过程层。在跨文化交际中，解码即接收者对对方所给出的信息进行翻译，并仔细观察传播者的言语行为或者非言语行为，从而基于此来理解语言符号以及这些语言符号背后的文化知识与信息。

在跨文化交际中，传播者与接收者处于不同的文化背景下，因此解码的过程需要对文化进行过滤。换句话说，接收者需要从自身的文化代码出发，对接收的文化信息进行系统处理。如果接收者对传播者的语言和文化不清楚或者不了解，就很容易导致交际失误。

施拉姆提出的交际模式形象地展示出信息传播者与信息接收者在交际时编码和解码的过程，如图1–2所示。

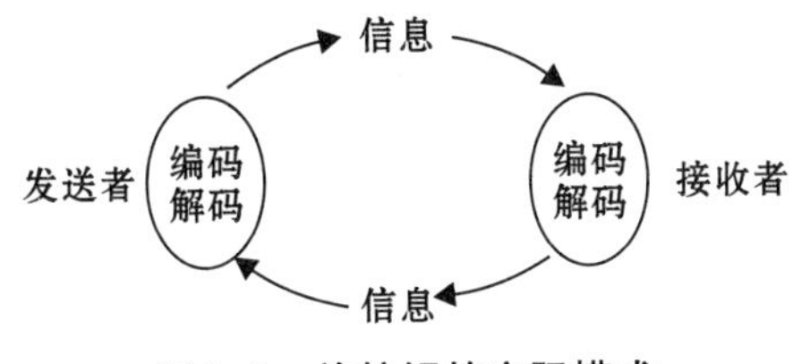

图1–2　施拉姆的交际模式

3. 反馈

所谓反馈，即接收者在收到信息之后做出的反应。当然，这种反馈展现的形式多样，可以是评论，可以是回答，或者可以是质疑等。

反馈反映出交际是否成功，也是对交际有效性进行判断的标准。交际双方可以通过反馈来明确自己是否将信息有效地传达出去，也能够根据反馈对自己的行为进行调整。当接收者对传播者的语言信息能够做出反应时，并且这种反应与传播的预期相符合，那么就说明这种交际行为是有效的；如果接收者对传播者的语言信息不能做出反应，并且这种反应与传播的预期不相符，那么就说明这种交际行为无效，是无效的交际。

4. 语境

所谓语境，即交际发生的情景和场所。通过交际语境，人们能够更清晰地了解交际的内容与形式。如果人们能够了解交际发生的具体语境，那么就会在一定程度上对即将发生的交际进行预测。

第四节　语言、文化和交际的关系

语言、文化、交际三者有着密切的关系，这三者共同对跨文化交际产生作用。

首先，语言具有文化属性，人类创造了语言，通过语言加以记录与传播，从而历史、文化等传承下来。语言是以文化作为依托而存在的，语言与文化相辅相成、共同发展。

其次，文化对语言和交际产生影响。交际要基于文化的大环境下展开，并且将语言作为载体。在具体的交际过程中，人们往往运用语言来传播思想和信息，整个语言与交际的过程都会被具体的文化所影响。

最后，交际是语言与文化传播的媒介与手段。语言与文化的传播都离不开交际的影响和作用。在人类交际的过程中，人们会不知不觉地产生文化感悟力与语言使用能力。但是，如果个体并没有具体的交际活动，那么他们所具备的文化感悟力与语言使用能力就没有任何意义了。

总而言之，信息传播的过程与文化的环境与交际的渠道有着密切的联系。交际不仅对语言与文化有依赖作用，又对语言与文化的传播与发展起着促进意义。下面就具体分析三者的关系。

一、语言与文化的关系

语言与文化的关系是非常复杂的，如果从某一个角度来分析是存在偏颇的，因此下面从辩证的角度对二者的关系进行分析。

（一）文化与语言相互依存

语言是文化传承的载体。反过来，文化对语言发展有着巨大的推动作用。语言的发展对文化各个部分起着推动作用，如法律、政治、风俗、艺术创造、教育、思维等。相反，只有文化不断发展，语言才能发展。

语言是文化的一部分，并且是属于最初始的文化，是文化的一个重要组成部分，是精神文化的基础。但是，语言是不可以超越文化存在的，不可脱离一个民族所流传下来的对这个民族风俗习惯与生活面貌起着决定作用的信念体系。同时，文化又对语言的形式起着制约的作用，其是语言赖以存在的基础，其不断将自己的精髓注入语言之中，是语言能够再生与发展的生命力量，其成为语言的文化内涵与语言表现形式，因此文化的发展将会对语言的发展起着促进作用。同时，语言的发展也对文化的发展有着巨大的意义。

（二）语言与文化相互包容

语言是文化的基础与重要部分。从这一意义上而言，语言是文化系统中的一个子系统，然而这一子系统有着自身的特殊性，即其在结构上能够将文化上的定点清晰地表现出来，其提供了对概念世界起着决定作用的分类系统。简单来说，语言是文化系统的一种典型形式，其对整体文化系统起着决定性的作用，其包容着文化的一切，对文化的一切有着涵盖的作用。

汉字的象形性对中国人认识世界的方式起着直接作用，其使人在使用文字时不需要了解其读音就可以根据形态来把握其概念意义，并在一定程度上对其深层含义有所了解和把握。人们通过学习汉语汉字，从而对周围世界进行认知，完整地接受了这样一个致思途径与世界构图，以语言文字的形象贯通世界的形象，最终在语言文字上形成“目击道存”的思维形式，并以这种方式来容纳华夏文化。

二、文化与交际的关系

文化与交际有着密切关系。受交际双方文化背景的影响，彼此在展开交际时必须考虑文化因素，这样才能保证采用恰当的交际手段展开交际。

文化对交际模式有着巨大影响。交际模式受交际双方文化背景的影响和制约，因此，为了保证交际顺利，必须选择恰当的交际模式。

（1）何时讲话　对于“何时讲话”，由于受文化背景的影响，双方需要遵循彼此的规则。例如，对于个人因素，西方人非常看重，因此避免在公共场合谈论。相比之下，中国人对其并不十分看重，因此愿意与他人展开交谈，即便是陌生人。

（2）话题的选择　在交际中，话题的选择十分重要。受文化背景影响，交际双方选择的话题必然不同。例如，中国人在交谈中习惯谈论薪资水平、家庭状况等，而这些在西方人眼中被看作是隐私。

（3）话轮转换　所谓话轮转换，即交际双方在交际过程中，不断转换自身的角色，即说话人与听话人之间的角色转换。

当交际双方所处的文化背景不同时，话轮转换也是不同的。例如，日本人之间在进行交谈时，话轮的转换需要交际者考虑时机，在恰当的时候选择转换。美国人则不同，美国人在交谈时，可以直接进行话轮转换。

三、语言与交际的关系

从一定程度上来说，语言就是交际，在交际中发挥着不可替代的作用和意义。也就是说，二者之间关系密切。

由于句子的数量是无限的，因此在交际过程中对其理解是有难度的。为了能够对句子更好的理解与把握，语言学家制定了一系列规则，从而使语言能够按照一定的语法程式展开。

在实际的交际中，语言环境一般较为复杂，因此如果人们无法对所有的交际范畴加以罗列，那么就应该展开系统的分析和设定。换句话说，只有交际者明确了解语言规则，才能顺利地展开交际。

第二章
中西方文化异同

中西方民族在长期的发展过程中形成了不同的价值观念、思维观念、时空观念，在这些差异的影响下，中西方民族人民的生活方式或多或少会有不同。本章就针对英汉翻译中的文化差异展开分析，涉及思维模式差异、价值观念差异、时空观念差异。

第一节　中西方思维模式对比

在语言背景下，中西方民族所处的社会环境有所不同，人们的体验和经历也各有差异，因此看待世界的角度也不同，有着不同的思维模式，而这又进一步影响他们的社会体验和经历，也影响他们的语言发展。以下就对中西方思维模式进行比较分析。

一、主体思维与客体思维

（一）中国的主体思维

在中国文化中，道家和儒家的理论学与哲学思想占据着重要和主导地位，两家思想都提倡以人本位主体。再来看席慕容在《无怨的青春》中的诗句：在年轻的时候如果你爱上了一个人，请你，请你一定要温柔地对待他。不管你们相爱的时间有多长或多短，若你们能始终温柔地相待，那么，所有的时刻都将是一种无瑕的美丽。若不得不分离，也要好好地说声再见，也要在心里存着感谢，感谢他给了你一份记忆。上述文字都是以人为主语，以“你”“你们”来泛指所有人，而且行文从人的角度出发，顾及人的感受，字里行间都透露出主体思维。

（二）西方的客体思维

西方民族的思维趋向客观的大自然和外部环境，主张通过人类的智慧和能力来征服自然和改造自然，并在受这一思想的长期影响下，形成了以客观世界为观察、分析、推理和研究中心的思维方式。这种思维方式通过语言就能发现其身影，如外语中常用物称表达法，即不用人称来叙述，而是通过事物以客观的口气来叙述，并且常使用被动句。

二、具体思维与抽象思维

（一）中国的具体思维

汉语民族侧重具体思维，人们在说明问题和描述事物时习惯用形象和比喻法，具有“尚象”的特征。这种思维对语言的影响是，汉语用词具体，习惯以具体的概念来表达抽象的事物，而且句中常会出现多个动词连用的情况，读来生动形象。例如：

去年今日此门中，人面桃花相映红。
人面不知何处去，桃花依旧笑春风。

（崔护《题都城南庄》）

上述诗句用词简单，语言简朴，形象具体，用意清晰明了。作者用了“人面”“桃花”等具体义项，表达了与旧日故人的缅怀之情。类似这种用具体名词或贴近生活的词语来表达抽象内容和情感的方式在汉语中十分常见。

（二）西方的抽象思维

外语民族侧重抽象思维，常用大量抽象的概念来表达具体的事物，反映事物内在的情况和发展规律，注重逻辑与形式的论证，具有“尚思”的特征。在语言的使用中，就表现为惯于用抽象的名词来表达复杂的理性事物。

三、曲线思维与直线思维

（一）中国的曲线思维

中国在表达思想和观点时常迂回前进，将做出的判断或者推论以总结的形式放在句子最末尾。这种思维方式在语言中的反映是，汉语先细节后结果，由假设到推论，由事实到结论，基本遵循“先旧后新，先轻后重”的原则。例如，同样是“It is dangerous to drive through this area.”这句话，汉语表达则是“驾车经过这一地区，真是太危险了。”从该例既能感受到中国的曲线思维，又能了解中西思维的差异。

（二）西方的直线思维

西方人的思维呈现直线式，在表达思想时往往是直截了当，在一开始就点明主题，然后再依次叙述具体情节和背景。这种思维方式对语言也产生着重要的影响，即外语为前重心语言，在句子开头说明话语的主要信息，或者将重要信息和新信息放在句子前面，头短尾长。例如“It is dangerous to drive through this area.”该句子以it is dangerous开始，点明主题，突出了重点。

第二节　中西方价值观对比

价值观是指人们对周围的客观事物的意义、重要性的总评价。人们对客观事物的主次、轻重、好坏的排序，构成了价值观体系。而价值观和文化是双向互动的关系，因此不同的文化促成了不同的价值观。以下就对中西价值观进行比较分析。

一、金钱观念差异

《茶花女》中有这样一句名言：“金钱是好仆人、坏主人。”是做金钱的主人，还是做金钱的奴隶，这实际上是反映了两种不同的金钱观。所谓金钱观，就是指对金钱的看法和态度。简单来说，就是认为金钱是重要的还是次要的。金钱是适应商品交换的需要而产生的，随着商品经济的高度发展而逐渐成为财富的象征。对于任何民族，日常生活都离不开金钱的流通，而对金钱的不同态度则反映了不同的价值取向。了解中西方不同的金钱观，对于了解中西方文化差异有着很大的帮助。

（一）中国的金钱观

在中国传统文化中，人们固然认为金钱十分重要，但并没有将金钱的获得作为成功的标志或者生命的必须，而是“身外之物”。中国有句俗语说的是金钱“生不带来死不带走”，实际上就是对金钱观的反映。在中国文化中，金钱和地位并不等同，所以中国人对金钱的态度要豁达很多。究其根源，主要是因为中国千百年来受儒家思想的影响，向来重农抑商，以农为本，以商为末，有“为富不仁”“无商不奸”“见利忘义”的看法。

（二）西方的金钱观

西方文化历来崇尚物质，西方人一向都是热情和大胆地追求物质利益，他们认为物质成就的获得代表着个人的成功，自我价值的实现首先是物质成就的实现，然后是其他层面的进步和满足。但是西班牙人有着不同的金钱观，西班牙人认为人的生命是宝贵的，不要为钱去拼命，而应该尽情地享受人生，因此多数人对金钱的态度是，金钱可以使人有权有势，但不一定使人幸福。

二、交际观念差异

观念是人们经过学习在头脑中形成的对事物、现象的主观印象。观念是通过对感官资料进行选择、组织并加以诠释的方式来认识世界的过程。

"Perception is the process of selecting, organizing and interpreting sensory data in a way that enables us to make sense of our world."（Gamble & Gamble，1996）这个过程包括识别（identification）、阐释（interpretation）和评估（evaluation）三个阶段。

人们的已有经验对识别的结果会产生影响，而文化对阐释与评估会产生影响。"Perception is often affected by culture. The same principle causes people from different cultures to interpret the same event in different ways."（Adler & Rodman，1994）例如，不同国家或者民族的人对个人信用的解释是不同的。对美国人来说，个人信用的主要指标是独立与能力、坦诚与直率、强势与自信、理性与果敢等。而对中国人和日本人来说，个人信用的主要指标是社会地位、沉稳与含蓄、顺从与谦卑、仁爱与机敏等。

思想观念往往是由社会教育（包括家庭教育和学校教育）逐步形成的人生观和价值观，属于意识形态的范畴。观念的产生与人们所生活的社会环境关系密切。人们观念的形成主要受到家庭环境和社会环境的影响，因此，人们的观念主要包括家庭观念（包括婚恋观念、亲情关系、家族观念等）和社会观念（包括时间观念、自我认同观念等）。

（一）宗教观念

世界上现存的主要有三大宗教，即基督教、伊斯兰教和佛教。基督教（包括天主教、东正教和新教）主要集中分布在欧洲、美洲和大洋洲的一些国家，其信徒被称为基督徒。据统计，在这些地方，有80%以上的人是基督徒。基督教以"平等、博爱"为教义。伊斯兰教主要集中在东南亚、中亚、中东、非洲地区。信奉伊斯兰教的人被称为穆斯林（Muslim）。伊斯兰教以"顺从、和平"为教义。佛教主要集中在东亚地区，信仰佛教的人被称为佛教徒。佛教以"善、缘"为教义。宗教观念影响着人们的许多行为。

（二）家庭亲情观念

不同国家和不同民族的亲情观念不同。

受儒家思想影响的传统中国家庭，以血缘为纽带、以伦理为本位是家庭关系的突出特点。在中国封建社会里，由"父为子纲"确立的长幼秩序，由"夫为妻纲"确立的夫妇关系，由"三从四德"所确立的男女地位等，对建立、调节与维护中国传统家庭关系起到了重要作用。其中，“孝道”是家庭伦理道德的本质与核心，是确立家庭伦理关系的基石。“夫孝，德之本也，教之所由生也。”“身体发肤，受之父母，不敢毁伤，孝之始也。立身行道，扬名于后世，以显父母，孝之终也。”（《孝经》）

在中国传统宗族制的影响下，中国人形成了很强的家族观念。在中国，家族观念构成了复杂的亲属关系网。亲属有宗亲与姻亲之分，其中，宗亲有嫡亲、堂亲与族亲之分，姻亲有姑亲、舅亲与姨亲之别。

受基督教影响的西方家庭，以“自我”为本位是家庭关系的突出特点。“奉上帝、疏亲友”的理念使得西方人家庭观念淡薄，血缘亲情让位于对上帝的崇敬。就亲属称谓来说，在中国文化中，亲属称谓是以父系血亲称谓为主干，以母系和妻系的姻亲称谓为补充的严谨而复杂的称谓系统，突出“长幼有序，内外有分”的特色。而在西方语言中，没有姻亲与血亲的区分，是以姓名称谓为主干，以血亲称谓为补充的简单而直接的亲属称谓体系。例如，在《走遍美国》（Family Album U.S.A）中，儿媳Marilyn直接以名字来称呼她的公公Philip和婆婆Ellen。

不同国家和不同民族对于亲情的表现方式也不同。从对孩子跌倒的态度上可以看出不同之处。例如，在北欧的一些国家里，如丹麦，父母会安慰跌倒的小孩；在瑞典，小孩跌倒了，父母马上研究如何预防此类事件的再次发生；在挪威，父母鼓励跌倒的小孩自己站起来，不要哭；在芬兰，父母对跌倒的小孩不闻不问，让他主动爬起来。

（三）社会观念的差异

社会观念是在一定的社会群体范围内长期形成并需要其群体成员共同遵循的观念。这种观念往往被作为群体范围内人们交际的言语和行为的评判标准，从而影响到群体内的每一个成员。这些观念主要包括时间观念、自我认同观念等。

自我认同观念是由自我身份认同、自我价值取向和自我价值的实现三大要素构成的对自我的理解、态度和塑造的观念体系。中西方人的自我认同观念存在很大差异。

在中国传统文化中形成了“重名分、讲人伦”的伦理观念。而西方社会形成了“人为本、名为用”的价值观。这些差异具体体现在立身、处世等方面。

1. 中国人的自我认同观念

中国的传统文化长期受儒家修身、齐家、治国、平天下的道德价值观影响，形成了“万般皆下品，唯有读书高”的社会价值取向。受先秦时代“满招损，谦受益”的哲学思想的影响，汉民族具有含蓄深沉、崇尚谦虚的传统观念。

（1）中国人受传统思想的影响而形成了“卑己尊人”的礼让观念。“夫礼者，自卑而尊人。”（《礼记》）

首先是“厚礼”。“非礼勿言”（《论语》）、“礼者，贵贱有等，长幼有差，贫富轻重皆有称者也”（《荀子·富国》）。

其次是“重德”。儒家的仁学思想将个体人格的自我修养作为行仁义的先决条件，即“内圣”。佛教和道教崇尚“虚静”“修身养性”“谦虚自律”等。

最后是“谦恭”。“谦谦君子，卑以自牧也”（《周易·象》）、“满招损，谦受益”（《尚书·大禹谟》）。

中国人受这些传统礼教的影响，常常是通过“贬低自己、抬高别人”的办法来让对方肯定自我，赢得尊重，被西方学者称为无我文化。

（2）中国人受传统思想的影响形成了“他人取向的自我是义务本位”的观念。

在人际交往中，中国人信奉“人情一线牵，日后好见面”“礼尚往来”“多个朋友多条路，大树底下好乘凉”的信条，努力将自我融入某个强势群体中，以免被“边缘化”。林语堂说人情、面子、命运是支配中国人生活的三大女神。

2. 西方人的自我认同观念

以商业活动为经济基础的西方文化受功利主义伦理观影响，认为思想观念和现实世界之间存在着直接联系，形成了“个性张扬、求利至上”的社会价值取向。

（1）在西方社会里，受平等理念的影响形成了“自我中心、自我展示、自我实现”的观念。因而，在西方人的自我观念中，谦虚是一种病态，自卑是没有自信的表现，尊重来源于自信与平等。在外语中，只有一个单词永远是大写的，那就是“I”。

（2）在西方文化中，人们受“独立、人权”思想的影响形成了“自我中心的权利本位”观念。这一观念体现为自我取向，即以自我为中心的交际心态和准则。在人际交往中体现为办事不讲情面，崇尚公平竞争，吃饭“AA制”，社交称谓以平等的姓名称谓为主等。例如，在美国的社会交往中，除教授、医生等少数职业外，不论职业、阶层、贵贱，一般都采用平等的姓名称谓。

观念是人们用以支配行为的主观意识。人类的行为都是受行为执行者的观念支配的，观念直接影响到行为的结果。文化的价值体系对跨文化交际产生重要的影响。

三、时空观念差异

各个文化就像拥有自己的语言一样，拥有自己的“时间语言”和“空间语言”，因历史文化、风俗习惯、思维方式的不同，中西方民族的时间观念和空间观念有着显著的不同。本节将对中西方时空观念进行比较分析。

（一）中西方时间观念比较

不同文化群体的时间观念存在差异。

多向时间制的中国人支配时间比较随意，灵活性强，且重点是关注过去，因此中国人往往具有由远而近、由大而小、由先而后的聚拢型归纳式思维方式。在西方世界中人们的时间观念很强，其时间的概念是直线式的，即将过去、现在和将来分得很清楚，且重点关注的是将来，因此西方人往往具有由近而远、由小而大、由后而先的发散型演绎式思维方式。例如，中国人记录时间的顺序是“年、月、日”，而西方人记录时间的顺序是“日、月、年”或者是“月、日、年”。

霍尔根据人们利用时间的不同方式，提出一元时间制（mono-chronic time system，亦译为“单向时间制”）和多元时间制（poly-chronic time system，亦译为“多向时间制”）两大系统。

一元时间制的特征：长计划，短安排，一次只做一件事，已定日程不轻易改变。一元时间制是工业化的必然产物，一般分布在工业化程度较高的地区，富有效率，但有时显得过于呆板，缺少灵活性。

多元时间制的特征：没有严格的计划性，一次可做多件事，讲究水到渠成。多元时间制是传统农业社会的产物，一般分布在工业化程度较低的地区，虽有人情味，容易对人、对事进行变通（比如走后门），但也给人们带来不少烦恼。

（二）中西方空间观念比较

空间观念是指人们在历史发展过程中所形成的、与交际距离以及空间距离有关的一种约定俗成的规则，还包括人们在交往过程中所具有的领地意识。由于历史文化背景的不同，中西方民族的空间观念有着显著的差异，具体体现在以下两个方面。

1. 区域概念比较

美国文化人类学家霍尔教授提出了四个区域概念，即亲密区域、个人区域、社交区域和公共区域。下面对中西方的区域概念进行比较分析。

（1）亲密区域　中西方的亲密区域明显存在差异。以握手为例进行分析。西方人在与他人进行握手时一般会距离比较远，甚至到了难以让中国人接受的地步。有时候中国人在与西方人握手的时候，往往会走近一些，但是这会让西方人认为侵犯了他们的亲密区域。因为在西方人看来，这种亲密区域仅仅允许自己至亲的人接触，如父母、配偶、子女等。在他们的亲密区域中，他们可以交谈，可以进行肢体接触。然而，除了这些至亲的人，其他人都会选择后退，甚至后退到自己可以接受的距离。

对于这样的举动，中国人大多认为这是不友好的表现，甚至是冷落人的表现。这就体现了中西方在亲密区域认同上的差异。具体来说，在西方国家，如果有陌生人走进了45厘米的距离，即便处于公共场合，也会被认为是对对方的侵扰行为。但是，中国人不存在这一说法，他们认为在公共场合，无论是亲密的人还是陌生人，都是公开的。

（2）个人区域　每个人都存在一个无形的空间范畴，并且这一范畴是自身与他人保持距离的范畴和区域。在某些特定的场合，当有些人将自己的这一空间范畴破坏后，会让人感觉到厌烦和恼怒。这一点在西方国家表现得尤为明显。也就是说，个人的空间范围会因为民族的不同、习俗的差异而产生差异。

空间范围圈的大小很难形成一成不变的概念，其会受到不同文化的影响和制约。即便处于同一国家，这一空间范畴也会因为场合的不同而不同。例如，当一个日本人与一个美国人进行交谈的时候，两个人往往会绕着屋子走。为什么会出现这种情况呢？这是因为美国人为了保持一定的距离会不断向后撤退，日本人则因为自身的观念而不断向对方靠近，显然他们都是为了保证自己观念下的舒适的距离。一般情况下，日本人的个人区域是20厘米，而美国人的个人区域是45厘米，日本人向美国人的靠近实际上是侵犯了美国人的个人区域，这是很难被美国人接受的。在美国人眼中，交际距离保持在50厘米是最恰当的距离，并且这一距离适合在酒会、聚会中出现。

在交际过程中，中国人在个人区域上会把握一臂的距离。与中国人、西方人相比，日本人、阿拉伯人、非洲人等的这种距离要小很多，而德国人、瑞典人等的距离会更大。

（3）社交区域　在西方国家，偶然相识的朋友或者不熟悉的人，人们的身体不互相接触，并且会保持相当的距离，这一距离大致在120 ~ 360厘米之间。在这些人之间，基本不会涉及隐私问题，所交谈的话题也不会涉及具体的人，当其他人介入时也不会被认为是侵扰。

在类似的活动中，中国人的体距一般都不到西方人体距的一半。他们可以只间隔一张桌子的距离，即可以处理自己的事情。在跨文化交往过程中，人们也不期望与他人保持过近的距离，也往往希望距离大一些。但是，这并不能消除区域概念差异上交错重叠的干扰。这些干扰有时候会给人造成困难。中国人认为不那么神秘的事情往往会被西方人认为很神秘，中国人也会认为西方人与他们的体距过大，使人感觉到不友善。

（4）公共区城　在较大的公共场所，人们相互之间所保持的公共区域间距一般大于360厘米。中国人需要注意的是，在外语环境中，即使多达3米的距离也不一定会使西方人失去自我感。在跨文化交际中，人们常会采用不同的妥协方法做出微小的调整，以免产生误会，保证交际的有效进行。

2. 领地概念

（1）个人物品领地　在中国人眼中，衣服属于体外之物，与自身的关系并不是十分密切，人们不仅会评价他人的衣物，还会对他人的衣物进行触碰，并且询问价格以及购买的地址等。

中国人的这种观念恰好触碰到了西方人的禁忌。在西方人眼中，服饰属于个人的所有物品，可以用于送人，但是不能与他人共有，人们将自身的服饰看作自己的一部分，因此服饰成为个人领地的一部分。

相比较来说，西方人对于个人物品的处置权也是非常看重的，他们认为他人是不得触碰自己的个人物品的。当然，他们会赞赏或者评价他人的个人物品，但是不会去触碰。有时候，如果西方人忍不住触碰到他人的个人物品时，一定要保持严谨的态度，且这种触碰仅仅出现在比较亲密的人之间。

（2）家庭领地　在中国，人们对家庭领地的概念并不十分强烈，范围也不是非常固定的。例如，看似属于男子的工具箱、钓鱼工具、女子的厨房用具等并不会有明显的界限划分。

相比之下，西方的女子将厨房等视作自己的个人领地，男子将书房、地下室等视作自己的领地。这些领地是他人不可以侵犯的。此外，家庭领地还包括夫妻卧室、个人喜欢的家具等。

（3）办公室领地　中国人对待事物领属范围的表现，给西方人的印象是漫不经心、易侵犯他人和缺乏礼貌。西方人给中国人的印象则是无感情、冷漠疏远。

在西方国家的办公室内，办公桌上的个人物品、办公椅等，未经允许，绝不允许他人随意翻动。在相同的情况下，中国人虽然也会很不愉快，但不会像西方人表现得那么强烈。

（4）教室领地　从学校教室中座位的排放可以看出中西方领地观念的区别。在中国，中小学校习惯于排座位，当座位排好后，一般不会改变，因此客观上来讲座位领域就成了学生相对固定的个人领域。学生一般都会维护自己的这一领地。

但在西方国家，学生对座位的占用一般也只有一节课的时间，很少长时间不变。这是因为西方国家的学校不排座位，在每次上次时，学生可以自由入座，没有固定的领地。不过有些学生也会总是去坐自己常坐的位置，一旦该位置被别人占用，也会感到不愉快，但几乎不会去争抢这块临时领地。

第三节　中西方生活习俗对比

一、中西方饮食习俗对比

（一）中国饮食结构

中国的饮食文化丰富多彩、博大精深，烹饪技术更是独领风骚、风靡世界。了解中国饮食的结构与烹饪是做好饮食文化翻译的必备条件。

中国的物产丰富，从而造就了中国人民丰富的饮食内容与结构。通常而言，我国用以烹制菜肴的原料主要分为以下六种类别。

（1）蔬菜类　蔬菜类可分为两种，一种是可食用的野菜，一种是人工栽培的各种可食用的青菜。就目前而言，人工栽培的各种可食用的青菜是人们主要的菜肴原材料。蔬菜的种类广泛，既包括白菜、菠菜、韭菜、芹菜等茎叶蔬菜，也包括土豆、甘薯、萝卜、莲藕等块根、块茎的蔬菜，还包括蘑菇、木耳等菌类蔬菜，同时包括番茄类和笋类的蔬菜以及葱、蒜等。

（2）瓜果类　瓜果的种类也很丰富，包括瓜类食品如黄瓜、丝瓜、冬瓜、南瓜、西瓜、甜瓜等；包括能制作干鲜果品的枣、核桃、栗、莲子、松子、瓜子、椰子、槟榔等；还包括多种果、核、壳类食料，如苹果、葡萄、柑橘、菠萝、香蕉、桃、李、梅、杏、梨、石榴、柿子、荔枝等。

（3）鱼肉类　鱼肉类作为菜食原料是对古食俗的传承，主要包括家畜中的猪、牛、羊以及家畜中的鸡、鸭、鹅的肉以及大部分内脏；也包括其他动物的肉（受保护的珍禽野兽除外）；还包括水产中的鱼、虾、蟹等。

（4）蛋乳类　这类食料是指由家禽派生出来的蛋类和乳类，如鸡蛋、鸭蛋、牛奶等。

（5）油脂类　主要是指由家禽和鱼类提供的脂肪以及植物种子榨取得来的可食用油。

（6）调味类　主要是指各种调料，如姜、辣椒、花椒、桂皮、芥末、胡椒、茴香、盐、糖、醋、酱油、味精、鸡精、料酒等。

在中国人的饮食结构中，素食是主要的日常食品，即以五谷（粟、豆、麻、麦、稻）为主食，以蔬菜为辅，再加少许肉类。

除了以素食为主外，中国人还喜欢热食、熟食。在中国人的餐桌上，只有开始的几道小菜是冷食，随后的主菜多是热食、熟食。在中国人看来，热食、熟食要比冷食更有味道。中国人对热食、熟食的偏好与华夏文明开化较早和烹调技术的发达有很大关系（王佳，2011）。

（二）西方饮食结构及烹饪

西方饮食文化精巧科学、自成体系。西方烹饪过程属于技术型，讲究原料配比的精准性以及烹制过程的规范化。比如人们在制作西餐时对各种原料的配比往往要精确到克，而且很多欧美家庭的厨房都会有量杯、天秤等，用以衡量各种原料重量与比例。食物的制作方法的规范化特点体现为原料的配制比例以及烹制的时间控制。比如肯德基炸鸡的制作过程就是严格按照要求进行的，原料的重量该多少就是多少，炸鸡的时间也要按照规定严格地操控，鸡块放入油锅后，15s左右往左翻一下，24s左右再往右翻一下，还要通过掐表来确定油炸的温度和炸鸡的时间（王佳，2011）。

相对于中餐而言，西餐文化更讲究营养价值，他们看重的是菜的主料、配料以及烹饪方法。西餐的菜品主要有以下几种。

（1）开胃菜　西餐的第一道菜是开胃菜，一般分为冷菜和热菜，味道以咸、酸为主，数量较少，质量较高。常见的开胃品有鱼子酱、奶油制品等。

（2）汤　汤是西餐的第二道菜，大致可以分为四类：清汤、蔬菜汤、奶油汤和冷汤。

（3）副菜　副菜一般是鱼类菜肴，是西餐的第三道菜。水产类菜肴与面包类、蛋类菜肴等都可以作为副菜。鱼肉类菜肴之所以放在肉、禽类菜肴的前面作为副菜，其主要原因在于这类菜肴比较容易消化。西方人吃鱼往往使用专用的调味汁，比如白奶油汁、荷兰汁、美国汁、酒店汁等。

（4）主菜　主菜通常是肉、禽类菜肴，是西餐的第四道菜。肉类菜肴主要取自牛、羊、猪等，牛排或者牛肉是西餐中最具代表性的。肉类菜肴的主要调味汁有蘑菇汁、奶油汁、浓烧汁精、西班牙汁等。禽类菜肴主要取自鸡、鸭、鹅等，烹制方法有烤、焖、蒸、煮，通常用咖喱汁、奶油汁、黄肉汁等作为主要的调味汁。

（5）蔬菜类菜肴　在肉类菜肴之后是蔬菜类菜肴，有时可以作为配菜和肉类一起上桌。西餐中的蔬菜类菜肴以生蔬菜沙拉为主，比如用生菜、黄瓜、西红柿等制作的沙拉。

（6）甜点　西方人习惯在主菜之后食用一些小甜点，俗称饭后甜点。

实际上，主菜后的食物都可以称为饭后甜点，例如冰激凌、布丁、奶酪、水果、煎饼等。

（7）咖啡、茶　咖啡或茶是西餐的最后一道菜。西方人咖啡通常会加糖和淡奶油，喝茶一般加糖或者香桃片。

虽然中西饮食文化存在着差异，但是随着中西文化交流的进一步加深，中西饮食文化也逐渐相互融合。现在的中餐已经开始注重食物的营养性、搭配的合理性以及烹饪的科学性；西餐也开始向中餐的色、香、味、意、形的境界发展。

二、中西方人名习俗对比

人名即人的姓名。姓名是人类所特有的一种人文符号。然而由于语言不同，其符号表现形式及含义也不尽相同。名和字在意义上是相关照应、互为表里的。一般文人特别是作家都喜用笔名，如鲁迅、茅盾、老舍、冰心都是笔名。取用笔名有多种原因，或不愿公开自己的身份，或是象征某种意义，或体现一种风雅等。艺名一般多用于演艺界和艺术界。如电视剧《西游记》中孙悟空的扮演者章金莱，父亲章宗义六岁登台演戏，人称“六龄童”；章金莱师承于父亲，被称为“六小龄童”。

又如豫剧界后起之秀陈百玲，是著名豫剧表演艺术家常香玉的孙女，为了感谢祖母的栽培之恩，另取了一个“小香玉”的名字。上述“六龄童”“六小龄童”“小香玉”都是艺名。艺名常用来表达自己的意向、专长、师承或纪念某件对自己影响重大的事情。

中国人名种类繁多，取名的来源及寓意更是复杂。不像英文名一般取于《圣经》和古典，中国人名大多以出生时、地、事以及父母对子女的希望来取名，即名便含有记时、纪事、祭地、寄望等极为丰富的寓意。

古代如北宋著名政治家司马光，其父兄和他本人都是以地取名的。有些名字取自出生时间，如“孟春”“秋菊”等。有的取自出生时的事件，如“解放”“四清”“援朝”等。有些取自长辈对小孩的祈愿和希翼，如“荣华”，即“荣华富贵”，“成丰”，即“成就功业，丰泽社会”，“成龙”，即“望子成龙”，等等。但不管名字来历如何复杂，含义如何丰富，名总归还是名，名即“明”，就是分明和区别人与人之间的符号。其寓意止于本人，并无区别他人之意。所以，翻译人名主要是翻译其表层形式的符号，无需去刻意表达所蕴含的深层意义。音译便成为人名翻译的主要方法。根据国家有关规定，汉语拼音是外文翻译中国人名、地名的唯一标准形式。

这些规定适用于罗马字母书写的各种语言，如英语、法语、德语、西班牙语等。在对外的文件书刊中调号可以省略。

三、中西方服饰习俗对比

（一）服饰材料的差异

中国的丝绸世界闻名，这在中国古代就已经是一件家喻户晓的事情。因此，中国的服饰材料很多都是使用丝绸制作而成的。另外，中国的服饰材料还可以使用棉、麻等。简言之，中国服饰的选材是十分丰富的。西方社会在服饰选材上倾向于使用亚麻布，其原因在于西方众多国家都盛产亚麻，材料十分普及。

（二）服饰图案的差异

中西方民族都拥有悠久的历史，在不同的历史时期，人们所穿服饰上的图案是不同的。在西方社会，文艺复兴之前，人们往往使用花草图案作为衣服的装饰，但随着历史的发展，人们对服饰上的图案又有了新的认知与改变。

同样，在中国古代，人们都喜欢在绸缎上绣上丰富的图案，如喜鹊登梅、鹤鹿同春、凤穿牡丹，用这些图案来表达一种对生活的美好向往。

第三章

跨文化交际

跨文化交际在长期的发展过程中形成了一定的理论体系，很多专家、学者对这方面知识进行了研究，并取得了可喜的成果。本章重点介绍跨文化交际的内涵与途径、跨文化交际的影响因素、跨文化交际能力的培养与构建。

第一节　跨文化交际的内涵与途径

通过跨文化交际，国与国之间可以相互交流，这种交往的过程是十分复杂的过程。虽然交流的时空距离在不断缩小，但是人们的心理距离、文化距离并没有随之缩小。由于受文化取向、价值观念等的影响，文化差异导致了一些冲突和矛盾的出现，不同文化背景下的人们的交流面临着严峻的障碍。为了解决这些障碍，对跨文化交际进行研究是十分必要的。

跨文化交际这一现象并不是近期才出现的，而是自古就有。随着人类不断进步，跨文化交际的内容、形式等也在不断改变。在当今时代，跨文化交际的手段和内容变得更为丰富。当然，对跨文化交际进行研究也有了很长的历史。本节首先分析什么是跨文化交际。

一、跨文化交际的内涵

“跨文化交际”一词是由著名学者霍尔（Hall）提出的，常用cross-cultural communication或者Intercultural communication这两个意思相近的词来表达，即一些长期旅居国外的美国人与当地人之间展开的交际。但是，随着跨文化交际的深入，其定义变得更为广泛，指的是不同文化背景下的人们之间展开的交际活动。

现如今，一般人认为跨文化交际是来自不同文化背景下的人们，通过语言、信号等形式实现信息之间的沟通，展开思想层面的交流。这一概念实际上明确界定了跨文化交际，并且从这一定义中可以归纳出如下几点。

（一）文化背景不同

在跨文化交际过程中，交际双方所处的文化背景是不同的。所谓文化背景的不同，这其实是一个比较复杂的概念，主要可以从如下两点来理解：一是不同文化圈导致的文化差异；二是在同一文化圈内，不同文化导致的文化差异。一般来说，人们眼中的跨文化交际都是从上述所说的第一点来说的，即不同文化圈导致的文化差异，如中西方之间的文化差异就是典型的代表。在当前的跨文化交际中，由于文化背景存在明显的差异，很多的交际失误会不可避免地出现。这种失误主要体现在中西方国家之间。换句话说，虽然中国与印度、日本等国家也存在某些文化背景的差异，但是由于都属于东方文化圈，因此差异还是比较小的；但是由于欧美国家属于西方文化圈，所以中国与之差异就会更大一些，交际的时候难度也会更大一些。

（二）使用同一种语言

在跨文化交际过程中，交际双方往往需要使用同一种语言展开交流，这样才能让彼此听懂，如果双方使用的语言不一致，那么双方的交际将很难维持。但是需要注意的是，虽然交际双方的文化背景不同，但是仍需要运用一种语言展开交际，那么就说明该种语言属于交际的一方而另一方是后天习得的这门语言。例如，当中国商人与美国商人展开交际的时候，他们可以使用英语，也可以使用汉语，这样交际双方都对所使用的语言有清楚的了解，这样也避免了翻译时出现问题，双方直接进行交际即可。

（三）直接的言语交际

在跨文化交际的过程中，双方展开的是直接言语交际。当前，国内的跨文化交际的重点置于外语教学中。在当前的外语教学中，翻译是其重心，这样培养出的学生主要是为了应对不同文化背景下人与人之间的交流。换句话说，不同文化背景下的人们的交流需要通过翻译展开。

二、跨文化交际的途径

跨文化沟通的过程是一个信息编码与解码的过程。这一过程是非常复杂的，同时会受到多种因素的影响和制约。其主要包含两大因素，一是言语交际因素，另外一个是非言语交际因素。下面就来分析和探讨这两大因素。

（一）言语交际

语言是人们进行交际的重要因素之一。语言跨越了人们的心理、社会等层面，与之相关的领域也很多。对语言进行研究不仅是语言学的任务，也是心理学、社会学等学科的任务和内容。因此，语言与交际关系的研究具有明显的跨学科性。

人具有很多特征，如可以制作工具、可以直立行走、具有灵巧的双手等，但是最能够将人的本质特征反映出来的是人的语言。人之外的动物也可以通过各种信号来进行信息的传递，如海豚、蜜蜂等都可以传递信息，但是它们所传递的信息只能表达简单的意义，它们的“语言”是不具备语法规则的，也不具有语用的规则。

人们往往通过语言对外部世界进行认识与理解。语言具有分类的功能，通过分类，人们可以对事物有清晰的了解与把握。人们的词汇量越丰富，他们对外部世界的认识就越清晰、越精细。

1. 言语交际的过程

人们在进行言语交际的过程中，往往会存在一个信息取舍的过程。下面通过图3-1来表达言语交际的具体过程。

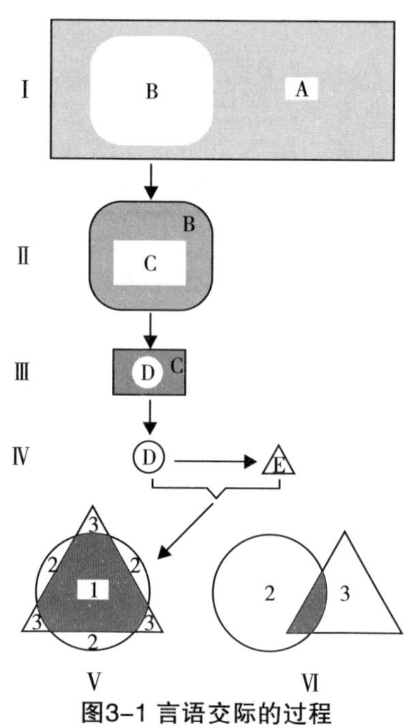

图3-1 言语交际的过程

在图3-1中，A代表的是人们生活的无限世界，B代表的是人类的听觉、视觉、嗅觉、味觉、触觉这五种感官所能触碰到的部分，如眼睛可以触碰到光线的刺激，耳朵可以触碰到20～20000Hz的声波频率。另外，当这些感官不能处理多个信息的时候，在抓住一方时必然会对另一方进行舍弃。不过，还存在一些不是凭借五感来处理的，而是通过思维和感觉的部分。例如，平行的感觉、时间经过的感觉，就属于五感之外的感觉。人们在头脑中进行抽象化的思维，有时候与五感的联系不大。

C代表的是五感可以碰触的范围中个人想说、需要注意的部分。D代表的是个人注意的部分中用语言能够传达出来的部分，这里也具有一定的抽象性。例如，人的知觉是非常强大的，据说可以将700万种颜色识别出来。但是，与颜色相关的词汇并不多。就这一点来说，语言这一交际手段是相对贫弱的。同时，语言具有两级性，简单来说就是中间词较少。尤其是语言中有很多的反义词，如善恶，是很难找到中间词的。

E代表的是对方获取的信息，到了下面的第Ⅴ阶段，是D和E的重叠，在重叠的部分，1是指代能够传递过去的部分，2与3是某些问题的部分，其中2是指代不能传递过去的部分，3是指代发话人虽然并未说出，但是听话人自己增加了意义的部分。在跨文化交际过程中，由于不同人的世界观、价值观不同，因此完全有可能形成Ⅵ的状况。

总之，从图3-1中我们不难看出，从A到E下降的同时，形状的大小也在缩小，这就预示着信息量也在逐渐变小。这里面就融入了抽象的意义。在阶段Ⅰ中，人的身体如同一个过滤器；在阶段Ⅱ中，人的思维、精神等如同一个过滤器；到了阶段Ⅲ，语言就充当了过滤器。这样我们不难发现，言语交际不仅有它的长处，也具有了它的短处。为了更好地展开交际，就需要对言语交际的这一长处与短处有清楚的认识。

2. 言语交际的内容

在对跨文化交际影响的多个因素中，语言作为文化的重要表现，是跨文化交际的一大障碍。从萨丕尔—沃尔夫（Sapir—Whorf）假设中我们不难发现，语言是人们对社会现实进行理解的向导，对人们的感知和思维有着重要的影响。无论是何种语言，都有其独特的语音、词汇、语法、语言风格等。对一门外语进行学习，对其语言习惯与交际行为的了解有着十分重要的意义。

（1）言语调节　语言并不是一个简单的交流工具，语言不仅是文化的载体，它还是个人和群体特征的表现与象征。一般来说，能否说该群体的语言是判断这个人是否属于该群体的标志。同样，某些人都说同一语言或者同一方言，那么就可以很自然地认为他们都源自同样一种文化，他们在交流时也会使用该群体文化下的行为规范、价值观念、交际风格，因此也会让彼此感到非常的轻松。正因为所说的语言体现出发话人的身份，而且人们习惯于与说自己语言的人进行交流，因此学外语的热潮无论在国内还是国外都很高，人们都想得到更多群体的认同。不仅如此，语言还标志着一个民族的文化与主权独立，其对于一个国家民族而言是非常重要的。统一的语言是民族、群体间的黏合剂，其有助于促进民族的团结。更为有趣的一点是，人们对其他民族语言如此的崇尚，往往会产生爱屋及乌的想法，对说这种语言的外国人会不自觉地流露出亲近与欣喜之情。

语言具有的这种个人身份与凝聚力预示着言语调节的必然性。所谓言语调节，又可以称为“交际调节”，即人们出于某种动机，对自己的语言与非语言行为进行调整，以求与交际对象构建所期望的社会距离。一般而言，发话人为了适应交际对象的接受能力，往往会迎合交际对象的需要与特点，对自己的停顿、语速、语音等进行稍微的调整。

常见的言语调节有妈妈言语、教师言语等，就是妈妈、教师等为了适应孩子或者学生的认知与知识水平而形成的一种简化语言。这属于一种趋同调节的现象，有助于更好地进行交流，达到更好的交流效果。当然，与趋同调节相对，还存在趋异调节，其主要目的是维持自己文化的鲜明特征与自尊，对自己的语言与非语言行为不做任何的调整，甚至夸大与交际对象的行为，这种现象的产生正是由于语言作为文化独立象征以及个人身份而造成的。或者说，趋异调节的产生可能是因为发话人不喜欢交际对象，或者是为了让对方感受未经雕饰或者原汁原味的语言。总之，无论是趋同调节，还是趋异调节，都彰显了发话人希望得到交际对象的认同，通过趋同调节，我们希望更好地接近对方；通过趋异调节，我们希望能够保持一定的距离。因此，理想的做法应该是做到二者的结合，不仅要体现出自己向往与对方进行交际的愿望，还要保证一种健康的群体认同感。

需要指出的是，在影响言语调节的多个因素中，民族语言活力有着非常重要的影响作用。所谓民族语言活力，即某一语言的社会经济地位，以及说这种语言的分布情况与人数等。如果一种语言的活力大，那么对社会的影响力也较大，具有较广的普及率，政府与教育机构也会大力支持，人们也会更加青睐。这是因为人们会将说这种语言的人与语言本身的活力相关联，认为这些人会具有较高的声望，所以愿意被这样的群体接受与认同。

在跨文化交际中，言语调节理论证明了跨文化交际与其他交际一样，不仅是为了交流信息与意义，更是一个以个人身份协商与社会交往的过程。来自不同文化的交际双方在使用中介语进行交流时，还需要注意彼此的文化身份与语言水平，进行恰当的调节。

（2）交际风格　在言语交际中，交际风格是非常重要的层面。著名学者威廉·古迪孔斯特（William Gudykunst）和斯特拉·廷图米（Stella Ting-Toomey）论述了四种不同的交际风格，即直接与间接的交际风格、详尽与简洁的交际风格、以个人为中心与以语境为中心的交际风格、情感型与工具型的交际风格。

1）在表达意图、意思、欲望等的时候，有人会开门见山，有人却拐弯抹角；有人直截了当，有人却委婉含蓄。美国文化更注重精确，美国英语的运用在很大程度上与这一点相符。从词汇程度上来说，美国人常使用certainly、absolutely等这样意义明确的词汇。从语法、句法上来说，外语句子一般要求主谓宾齐全，结构要求完整，并且使用很多现实语法规则与虚拟语法规则。从篇章结构上来说，美国英语往往包含三部分：导言、主体与结论，每一段具有明确的中心思想，第一句往往是全段的主题句，使用连词进行连接，保证语义的连贯。与之相对的是中国、日本的语言，常用“可能”“或许”“大概”这些词，篇章结构较为松散，但是汉语中往往形散神不散，给人回味无穷的韵味。

英汉语言的差异，加上受个人主义与集体主义的影响，导致了西方人与中国人交际风格的差异。中国文化强调和谐性与一致性，因此在传达情感与态度以及对他人进行评论与批评时，往往比较委婉，喜欢通过暗示的手法来传达，这样为了避免难堪。如果交际双方都是中国人，双方就会理解，但是如果交际对象为西方人，就容易让对方误解。因此从西方人的价值观标准上来说，坦率表达思想是诚实的表现，他们习惯明确地告知对方自己的想法，因此直接与间接的交际风格会出现碰撞。

2）不同的交际风格有量的区别，即在交流时应该是言简意赅，还是详细具体，或者是介于二者间的交际风格。威廉·古迪孔斯特和斯特拉·廷图米在对其他学者的研究结果进行研究的基础上指出，中东的很多国家都属于详尽的交际风格，北欧和美国基本上属于不多不少的交际风格，中国、日本等亚洲国家属于简洁的交际风格。这是因为，阿拉伯语言本身具有夸张的特点，这使得阿拉伯人在交际中往往会使用夸张的语言来表达思想和决心。例如，客人在表达吃饱的时候，往往会多次重复“不能再吃了”，并夹杂着“向上帝发誓”的话语，而主人对“no”的理解也不是停留在表面，而是认为是同意。中国、日本作为简洁交际风格的代表，主要体现在对沉默、委婉的理解上。中国人认为“沉默是金”，并认为说话的多少同地位有着密切的关系。一般来说，中国的父母、教师属于说教者，子女、学生属于听话者。美国文化中反对交际中的等级制，主张平等，因此子女与父母、学生与教师都享有平等的表达思想的机会。

3）威廉·古迪孔斯特和斯特拉·廷图米提出了以个人为中心和以环境为中心的交际风格。以个人为中心的交际风格是采用一些语言手段，对个体身份加以强化；以环境为中心的交际风格是运用语言手段，对角色身份进行强化。这两种交际风格的差别在于，以环境为中心的交际风格是运用语言将社会等级顺序进行反映，将这种不对等的角色地位加以彰显；以个人为中心的交际风格是运用语言将平等的社会秩序加以反映，对对等的角色关系加以彰显。同样，在日语中，存在着很多的敬语和礼节，针对不同的交际对象、交际场合、角色关系等，会使用不同的词汇、句型，并且人际交往也非常的正式。如果是在一个非正式的场合，日本人往往会觉得不自在，在他们看来，语言运用必然与交际双方的角色有着密切的关系。与中国、日本的文化存在鲜明对照的是英语，西方文化推崇直率、平等与非正式，因此他们在使用语言进行交际时往往使用那些非正式的称呼或者敬语，这种交际风格表达是美国文化对民主自由的推崇。

4）中西方交际风格的差异还体现在情感型与工具型的区别上。情感型的交际风格是以信息接收者作为导向，要求接收者具备一定的本能，对信息发出者的意图要善于猜测与领会，要能够明白发话人的弦外之音。另外，发话人在信息发送的过程中，要观察交际对方的反应，及时地改变自己的发话方式与内容。因此，这样的言语交际基本上是发话人与听话人之间信息与交际关系的协商过程。相比之下，工具型的交际风格是以信息发出者作为导向，根据明确的言语交际来实现交际的目标，发话人明确地阐释自己的意图，听话人就很容易理解发话人的言外之意，因此与情感型的交际风格相比，听话人的负担要轻很多。可见，工具型的交际风格是一种较为实用的交际风格。

显然，上述几种交际风格是相互关联与渗透的，它们是基于不同的文化价值观建立起来的，其中影响力最大的是集体主义与个人主义的差异，其在社会的各个领域都得以贯穿，并从很大程度上决定中西方文化的不同。

（二）非言语交际

言语交际是通过语言来展开交际的，而非言语交际是通过非言语交际行为展开交际的。非言语交际是言语交际的一种辅助手法，是往往被人们忽视的手法。但是，非言语交际在中西方交际中起着十分重要的作用，甚至有助于实现言语交际无法实现的效果。非言语交际包含多个层面，如体态语、副语言、客体语言等。对于非言语交际行为，中外学者下了不少的定义。

（1）将非言语交际定义为一种不运用语言展开的交际，这是一种笼统的定义。

（2）将非言语交际定义为不运用言辞来表达，并且被社会人们认可与熟知的一种行为，这是较为具体的定义。

对于非言语交际，一般来说主要包含如下几类。

1. 体态语

体态语又可以称为“身体语言”，其由美国著名的心理学家伯得惠斯特尔（Birdwhistell）提出。在伯得惠斯特尔看来，他认为身体各部分的器官运动、自身的动作都可以将感情态度传达出去，这些身体机能所传达的意义往往是语言不能传达的。体态语包含身势、姿势等基本姿态，微笑、握手等基本礼节动作，眼神、面部动作等人体部分动作等。

所谓体态语，即传递交际信息的动作与表情。也可以理解为，除了正式的身体语言之外，人体任何一个部位都能传达情感的一种表现。由于人体可以做出很多复杂的动作与姿势，因此体态语的分类是非常复杂的。体态语包括眼睛动作、面部笑容、手势、腿部姿势、身体姿势等。

（1）眼睛动作　眼睛是人类重要的器官，其是表情达意的重要组成部分，如愤怒时往往“横眉立目”，恋爱时往往“含情脉脉”等。在不同的情况下，眼睛也反映出一个人不同的心态。当一个人眼神闪烁时，他往往是犹豫不决的；当一个人白别人一眼时，他往往是非常反感的；当一个人瞪着他人时，他往往是非常愤怒的等。

之所以眼睛会有这么多的功能，主要是因为瞳孔的存在。一些学者认为，瞳孔放大与收缩，不仅与光感有关，还与个体的心理活动有着密切的关系。当人们看到喜欢的东西或者感兴趣的事物时，他们的瞳孔一般会放大；当人们看到讨厌的东西或者不感兴趣的事物时，他们的瞳孔一般会缩小。瞳孔的改变会无意识地将人的心理变化反映出来，因此眼睛是人类思维的投影仪。

既然眼睛有这么大的功能，学会读懂眼语是非常重要的，同时要注意不要读错。例如，到他人家做客，最好不要左顾右盼，这样会让人觉得心不在焉，甚至心术不正。

需要指出的是，受民族与文化的影响，人们用眼睛来表达意思的习惯并不完全一样。

（2）面部笑容　笑在人的一生中非常重要。当人不小心撞到他人时，笑一笑会表达一种歉意；当向他人表达祝贺时，笑一笑更显得真挚；当与他人第一次见面时，笑一笑会缩短彼此的距离。可见，笑是人类表情达意不可或缺的语言之一。

笑可以划分为多种，有人笑、狂笑、微笑、冷笑，也有轻蔑的笑、自嘲的笑、高兴的笑、阴险的笑等。当然，笑也分真假，真笑的表现一般有两点：一种是嘴唇迅速咧开，一种是在笑的间隔中会闭一下眼睛。当然，如果笑的时间过长，嘴巴开得缓慢，或者眼睛闭的时间较长，会让人觉得这样的笑容缺乏诚意，显得非常虚假和做作。当然，笑也有一些“信号”。

1）突然中止的笑。如果笑容突然中止，往往有着警告和拒绝的意思。这种笑会让人觉得不安，会希望对方尽快结束话题。但是，如果一个人刚开始有笑意，之后突然板着脸，这说明他比较有心机，是那种难缠的人。

2）爽朗的笑。这是一种真诚的笑，给人一种好心情的笑，一般会露出牙齿、发出声音，这种笑会让对方觉得你是一个很好相处的人，很容易信任与亲近你。

3）见面开口笑。这种笑是人们日常常见的，指脸上挂着微笑，具有微笑的色彩，这种微笑具有礼节性，可以使人感到和蔼可亲。无论是见到长辈、小辈，还是上级、下属，这种笑都是最为恰当的笑。但是需要指出的一点是，在笑的过程中要更为谨慎，不是一见面就哈哈大笑，这会让人感觉莫名其妙，它是一种谨慎的、收敛的笑。

4）掩嘴而笑。这种笑是指用手帕、手等遮住嘴的笑。这种笑常见于女性，显得较为优雅，能够将女性的魅力彰显出来。

由于文化背景的差异，不同国家的人对笑的礼仪也存在差异。在大多数国家，笑代表一种友好，但是在沙特阿拉伯的某一少数民族，笑是一种不友好的表现，甚至是侮辱的表现，往往会受到惩罚。

（3）手势　手是人体的重要部分，在表达情意的层面作用非凡。大约在人类创造了有声语言之后，手势也就诞生了。手是人们传递情感的行之有效的工具之一。一般情况下，手势可以传达的意思有很多，高兴的时候可以手舞足蹈，紧张的时候可能手忙脚乱等。

当一个人挥动手臂时，往往是表达告别之意；当一个人挥动拳头时，往往是表达威胁之意。而握手这样一个日常生活中普遍的动作，也能够将一个人的个性表达出来。

第一种类型是大力士型，其在与他人握手时是非常用力的，这类人往往愿意用体力来标榜自己，性格比较鲁莽。

第二种类型是保守型，这类人在与他人握手时往往手臂伸的不长，这类人性格较为保守，遇到事情时往往容易犹豫。

第三种类型是懒散型，这类人与他人握手时，一般指头软弱无力，这类人的性格比较悲观懒散。

第四种类型是敷衍型，这类人与他人握手是为了例行公事，仅仅将手指头伸给对方，给人一种不可信赖的感觉，这类人做事往往比较草率。

还有一种是标准的握手方式，即与他人握手时应该把握好力度，自然坦诚，不流露出任何矫揉造作之嫌。

（4）腿部姿势　在舞会、晚会、客厅等场合，人们往往会有抖腿、别腿等腿部动作，这些动作虽然没有意义，但是他们在传达某种信息。因此，腿在人们的表情达意过程中有着非常重要的作用。

对腿的动作的了解是人们了解内心的一种有效途径。当你坐着等待他人到来时，往往腿部会不自觉地抖动，以表达紧张和焦虑之情。当心中想拒绝别人或者心中存在不安情绪时，往往会交叉双腿。

2. 副语言

一般来说，副语言又可以称为“伴随语言”“类语言”，其最初是由语言学家特拉格（Trager）提出的。他在对文化与交际的过程进行研究的过程中，他搜集整理了一大批心理学与语言学的素材，并进行了归纳与综合，提出了一些适用于不同情境的语言修饰成分。在特拉格看来，这些修饰成分可以自成系统，是伴随着正常交际的语言，因此被称为副语言。具体来说，其包含如下几点要素。

（1）音型（voice set）　指的是发话人的语音物理特征与生理特征，这些特征使人们可以识别发话人的年龄、语气等。

（2）音质（voice quality）　指的是发话人声音的背景特点，包含音域、音速、节奏等。例如，如果一个人说话吞吞吐吐，没有任何的音调改变，他说他喜欢某件东西其实意味着他并不喜欢。

（3）发声（vocalization）　其包含哭声、笑声、伴随音、叹息声等。

上述三类是副语言的最初内涵，之后又产生了停顿、沉默与话轮转换等内容。

3. 客体语

所谓客体语，是指与人体相关的服装、相貌、气味等，这些东西在人际交往中也有着非常重要的作用。从交际角度而言，这些层面都可以传达非言语信息，都可以将一个人的特征或者文化特征彰显出来，因此非言语交际是一种非常重要的媒介手段。

（1）相貌　无论是西方文化还是中国文化，人们对于自己的相貌都非常看重。但是在各国文化中，相貌评判的标准也存在差异，有共性，也有个性。例如，汤加认为肥胖的人更美，缅甸人认为妇女脖子长更美，美国人认为苗条的女子更美，日本人认为娇小的人更美等。

（2）饰品　人们身上佩戴的饰品本身并没有什么意义，但是出现在不同的场合，就是一种媒介和象征。例如，戒指戴在食指上代表求婚，戴在中指上代表恋爱中，戴在无名指上代表已婚。这些作为一种约定俗成的代码，人们不可以弄错。

第二节　跨文化交际的影响因素

一、心理因素对跨文化交际的影响

心理因素指运动、变化着的心理过程，例如人的感觉、知觉和情绪等，它们往往被称为事物发展变化的“内因”。广义地讲，人的心理因素包括所有心理活动的运动、变化过程。具体来讲，人的心理因素主要有两种：积极心理因素与消极心理因素，它们是相互排斥的。积极的心理因素对跨文化交际起着促进作用。在当今经济全球化条件下，跨文化交际日益频繁，其本身的作用也日益重要。不同文化背景下的人们在交际中只有具备相应的心理意识，才能使得跨文化交际顺利进行。

消极的心理因素对跨文化交际具有阻碍作用。跨文化交际过程中，潜在的障碍主要来自于交际团体和个体间的心理取向。定式、民族中心主义、偏见、寻求相似性、普遍性假设等因素都会影响交际的顺利进行。只有交际主体提高对文化差异的认识，以尊重、平等、开放、包容的心态进行交际，才能获得跨文化交际的成功。普遍性假设也是跨文化交际的阻碍性因素之一。有些人认为自己与另一文化的人们有很多相似性，并以自己怎样看待事物为基础，去假设自己也知道别人的思维方式，这种假设会导致沟通障碍，甚至引发冲突。

二、环境对跨文化交际的影响

跨文化交际研究的重点是文化差异，而文化的差异主要源于其所处的环境不同。环境包括因文化本身所造成的生理环境和心理环境、社会环境、自然环境以及具体的语言环境，环境因素对于跨文化交际的影响无处不在。

交际的物理环境对于交际的影响是非常明显的。人们在社会化的过程中学会了在什么样的场景下说什么样的话、怎么说、不说什么，等等。行为的场合具有一种约束力，人们对具体场合中什么是恰当的行为存在共识。在跨文化交际中，对于某一个具体环境，不同的文化会有不同的反应。如中国学生上课的教室环境要求与美国教室的要求完全不同。社会环境被人们所塑造，但是又反过来影响人们的生活方式、价值观、思维方式等，所以对跨文化交际来说也有至关重要的影响。

三、思维方式对跨文化交际的影响

语言是以特定的民族形式来表达思想的交际工具。思维通过语言来存在和交流，语言又与该民族的思维方式和水平相适应。不同的文化背景造成不同的思维方式，其理解方式也大相径庭，因而在跨文化交际中就存在或多或少的障碍。

美国学者罗伯特·卡普兰通过对来自不同文化的学生作文进行分析发现：英语的篇章组织和发展模式是直线型，而东方语言则是螺旋型。前者表达和理解直截了当，由A即可推出B；后者则拐弯抹角，借助于中转站C方可到达。就拒绝而言，前者直接一句“I'm sorry but...”便了事；后者却会罗列一堆理由，摆出许多联系并不紧密的缘由，但终究未将“不”说出口，得靠听者意会。具有特定语言思维轨迹的人，习惯用一种特定的方式理解事物、分析事物。因此当西方人在用其固定的严密的逻辑思维推导汉语词句可能的意思时，将不可避免地遇到思维方式障碍，其主要表现在以下两个方面。

（一）用线性思维方式理解汉语词句的含义

所谓的“线性”思维，其主要特点是用一元一维直线思维处理各种问题，又称“直线思维方式”。多元问题一元化、复杂问题简单化；将问题的性质都看成非此即彼，凡事必须做出明确的“是”“非”判断，非黑即白。这就难以避免主观性、绝对性和片面性。从某种程度上看，这是西方的逻辑推理思维过度强调精确的外化。例如中国人有时会说“你妈妈真年轻，就像你姐姐一样”。在我们看来这是明显的称赞对方母亲年轻的表示，而西方人则会认为这是显然地说自己看起来老于实际年龄。

（二）用主观性思维方式解释汉语词语的含义

主观性思维是使外部现实适应和服从自己头脑中的固有模式的思维习惯倾向。换言之，则是将外部事物强行融入自己的头脑模式，不管其正确与否。

诸如“韬光养晦”之类的包含着中国传统辩证思维的句词民谚，单纯用线性思维和主观思维是无法理解的。中西语言思维的差异致使对文本的理解有了沟壑。而线性思维方式与主观思维方式二者本无绝对区分。因此，当以线性思维看问题时就易陷入主观臆断当中；而主观思维反过来又促使线性思维直板、单一、片面地理解。对语言文化内涵的把握决不可只限于从它产生的文化背景中了解它的一般所指，更重要的还在于能够从产生它的特定文化背景中去把握它所负载的、超出一般所指的特殊意义。

第三节　跨文化交际能力的培养与构建

学生外语语言学习与文化学习的目的在于顺利展开跨文化交际。当然，学生仅仅了解交际知识与中西方文化差异是远远不够的，还需要对文化差异进行理解和接受，这就是跨文化意识。同样，如果交际者要想在交际中表现得更为得体，还需要提升自身的跨文化交际能力。因此，下面就从如下几个方面分析培养学生跨文化意识与跨文化交际能力的途径。

一、提升教师自身的文化修养

中国的高等教育对培养学生跨文化交际意识和能力的研究和教学起步较晚、发展较为缓慢。教师作为教学的主导，其教学观念直接影响着教学的方式、内容和成效。如果教师自身文化素养不够高，就很难在课堂上很好地对学生进行跨文化意识与能力的培养。中国的外语教学中跨文化交际意识与能力培养的一个重要问题就是受教师观念及自身素质的制约。中国很多从事外语教学的教师缺乏海外留学经验，这使得他们无法生动形象地讲授外语国家的风俗文化和文化差异的各种现象，无法更好地进行言传身教。

为了迎合新时期学生跨文化交际意识与能力的培养需求，可以开辟多种路径，如提供给教师出国工作和学习的机会，鼓励他们去国外进修学习。同时，教师自身也要持续学习，具备鲜明的跨文化交际意识，不仅要了解不同文化之间的区别，还要了解这种区别背后的深层次原因，这样才能更好地传授学生文化知识，帮助学生形成正确的文化交际观念。此外，高校还可以适时引进外籍优秀教师和学者，提升国内教师的整体跨文化水平。总之，只有教师具备了丰富的跨文化知识和交际经验，才能更有效地培养学生的跨文化意识，增强学生的跨文化交际能力。

二、加强学生对跨文化知识的学习

不同民族有其自身独特的语言，这些语言都是民族文化特色的重要组成内容。在外语学习过程中，教师要引导学生正确认识语言与文化之间的关系，并正视不同文化之间存在的客观差异，从观念上进行思维转换，帮助学生形成更加完善的认知。只有这样，学生才能消除语言学习中因文化差异而引起的不必要的误读，加深对外语学习的理解与掌握。在具体的教学过程中，教师要从不同层面出发，如词汇、句法、语用、思维等，对中西方文化进行科学对比，提高学生跨文化交际意识和能力。

三、充分利用课堂教学

课堂是学生学习外语语言与文化知识的主要场所，因此教师应高效利用课堂时间展开教学。具体来说，教师需要在以下两个方面格外注意。

（一）重视课前预习

在课堂教学正式开始前进行预习是非常重要的。教师可以要求学生在课前通过各种途径查询与教材内容相关的文化背景知识，并在课程讲授前与同学分析。例如，关于西方国家的圣诞节和中国中秋节两个节日的讲授，在课堂开始前，教师可以要求学生提前查阅与这两个节日有关的资料，除此之外还可以进行延伸阅读，了解中西方其他重要节日的异同之处。这样，通过收集和查阅资料，学生已经对中西方节日文化的相关知识有了大致了解，在教师正式讲授时会更顺利地理解教材内容，吸收教材知识。

（二）重视课堂讨论

讨论能够活跃课堂气氛，还能调动学生的积极性，启发学生的思辨能力。因此，教师要多组织课堂讨论活动。例如，教师可以让学生就收集的资料进行课堂分享，由于学生提前进行了查询工作，分享时就会更加自信，尤其是对于语言基础较差或性格较为内向的学生来说，分享可以让他们受到鼓舞，树立学习外语的自信心。此外，由于学生收集资料的途径不尽相同，分享发言的角度也有所不同，因此学生可以互相学习、取长补短、共同进步。

四、努力创设第二课堂

课堂时间毕竟有限，学生难以得到充分的交际训练，因此不能仅仅依靠课堂教学培养学生的跨文化交际意识与能力。对教师来说，应有效利用课外时间，努力创设第二课堂，组织各种课外活动，营造一个自然的外语学习环境。教师可以结合具体教学情况，组织与跨文化交际主题相关的实践活动，如学习沙龙、外语角、外语辩论赛、外语演讲比赛、外语话剧表演等活动。这一方面可以激发学生对外语学习的兴趣，另一方面学生通过参与这些活动，可以得到训练，提高跨文化交际能力。此外，教师可以鼓励学生阅读优秀的外语国家文学作品，或欣赏反映中西方文化差异的优秀影视作品，在阅读和欣赏中学习文化知识，提升文化素养。

第四章

跨文化交际视阈下的外语教学

外语教学的目的旨在让学习者掌握一门除母语之外的语言，从而顺利与持有该语言的人展开交际。外语教学已经形成了系统的理论体系，在展开外语教学之前，有必要对语言有一个充分的了解。本章针对这方面知识展开分析。

第一节　语言个性与第二语言习得

一、语言个性

近十几年来，越来越多的社会语言学家、心理语言学家、语言文化学家和民族语言学家共同关注“语言个性”的研究课题。随着对这一课题研究的进一步发展，“语言个性”这一概念已成为现代外语语言学和对外外语教学法的核心研究问题。解决语言活动各种问题的过程贯穿着语言个性理论。语言个性理论贯穿着语言研究的各个方面，也打通了各学科之间的界限，因为不可能没有语言的参与却实现研究人的目的。本节就对语言个性展开分析和探讨。

（一）语言个性的概念

1. 心理层面的“语言个性”

“语言个性”这一概念是1984年首次提出的。这里所说的“个性”是心理学概念，亦称“人格”，指个人稳定的心理品质，包括两个方面，即个性倾向性（指人的需要、动机、兴趣和信念等，决定着人对现实的态度、趋向和选择）和个性心理特征（指人的能力、气质和性格，决定着人的行为方式上的个人特征）。这两方面的有机结合构成了个性的整体结构。

心理层面的个性概念蕴含着人存在的生理及社会特征，着重强调的是人在各种活动中的非认知手段而忽视了人的智力特征，这时语言为我们提供了研究智力特征的空间，可以通过对语言的研究来确定人在各种活动中的认知方式和手段。因此，有学者在研究心理学个性的基础上提出，“语言个性是通过语言和在语言（或篇章）中表现出的个性，是一种以各种语言功能为基础重建语言使用者自身基本特点的个性”。语言个性是体现在语言中的文化价值的产生、接受和评价的载体，也是认知意识与语言意识统一的载体。

西方学者索绪尔探究了语言个性的层次结构，他认为语言个性是由三个层面要素构成的。

（1）口头语义层面，也叫零层面，是语言载体对自然语言的一般掌握。

（2）语言认知层面，通常称为一级层面，是每个语言个性在规范系统化的“世界图景”中形成的理念、观点、概念。

（3）动机、目的层面，习惯上称为二级层面，包括目标、动机、兴趣、宗旨和意向性等。

语言个性在每个层次上都具有同形要素：单位、单位之间的相互关系和常规范型。

口头语义层面的基本单位是词汇，基本单位之间的关系表现为聚合关系和语义句法关系，常规范型表现为即兴的标准词组。

语言认知层面的基本单位是概念、文化观念和思想，基本单位之间构成等级协调关系，表现为语义场和世界图景，常规范型为普及性语句，包括定义、座右铭、名言警句、谚语和俗语。

目的、动机层面的基本单位是交际活动需求，交际范围、交际情景和交际角色构成的交际网络体现了交际活动需求的相互关系，常规范型表现为文化中的先例文本形象或象征。

用意义接受模式中的启始层面、形成层面和实现层面对应语言个性三层次结构模式中目的、动机层面、语言认知层面和口头语义层面，从而在交际、认知和语义的层面上达到以下目的：理解篇章作者的意图、理解篇章思想、理解篇章中词汇和句子的意思。从作者对语言个性的阐释中我们可以看出，语言个性的存在不是始于口头语义层面，而是始于语言认知层面，因为正是这个层面确定了语言个性的社会化认知过程和文化归属并形成了符合本民族文化规约的价值观系统，也是在这个层面上形成的潜在知识系统为语言个性实现自身的交际选择做好了准备。这一点认识对外语教学将产生深远影响。

2. 交际层面的“语言个性”

西方学者认为，语言个性是指存在于语言空间的人，即存在于交际、存在于固定在语言中的行为范型、存在于语言单位意义和篇章意思中的人。因此，也把语言个性理解为交际个性，并从语言意识和言语行为两个角度尝试研究语言个性的特征。

从民族文化语言学的角度看，可以将语言个性分为主流文化载体类型和边缘文化载体类型；从心理语言学的角度看，可以将语言个性分为成人语言个性、儿童语言个性和长辈语言个性；从社会文化语言学的角度看，语言个性受到年龄、性别、受教育水平、生活方式等多种因素的影响。以社会文化语言学的角度区分语言个性类型时，提出了范例式语言个性的研究。范例式语言个性是指通过口头或非口头行为及价值观表现出的可以识别的民族社会团体，如西方知识分子、英国贵族等。范例式语言个性是民族文化本源形象，是在整体上对文化具有实质影响的行为定型，并能够成为其他民族认知本民族文化的独特象征。例如西方19世纪的范例式语言个性之一是“骠骑兵”，该语言个性的典型行为特征，一是随时准备奔赴战场、建立显赫战功，二是闲暇时间打牌、喝啤酒、写诗、奋不顾身地追求爱情。这种类型的语言个性作为范例通过西方文学、绘画和电影等艺术形式在现代西方集体语言意识中得以保留。当代西方社会也存在着各种各样范例式语言个性，其中最为明显的三个范例式语言个性是：大哥、头儿，西方新贵，电视节目主持人。

“大哥、头儿”这种语言个性类型原意为“兄弟”或者“大哥、表兄弟”。在当代西方语言意识中，“大哥、头儿”作为范例式语言个性典型的外表特征是粗脖子上通常戴着条粗金项链，语言特征是经常使用监狱犯人惯用的俚语和特殊的语调，价值观取向是站在官方法律的对立面并成为一切秩序的破坏者，认为从事任何工作都是丢脸的事，只关注今天的生活。“大哥、头儿”感到自己是社会的主人，随时可能获得西方新贵的社会地位。

“西方新贵”这种语言个性类型是一种典型的喜爱炫富的语言个性，特征是随时展示自己的豪华汽车、奢侈品，到世界旅游胜地度假，穿着花哨且缺乏品位，语言中常充斥着俚语和行话。当代西方笑话中对此类语言个性有诸多反映。语言个性“西方新贵”凝结了西方童话故事中傻子和炫富商人的特征。

“电视节目主持人”这种语言个性类型是政权的代言人，与大多数消极的语言个性类型相对立。这一语言个性的基本特征是受过良好的高等教育，智商很高，言语无可挑剔，掌握流利外语和交际标准，具有良好的幽默感，属于精英型语言个性。电视节目主持人作为语言个性是优秀的语言鉴定专家，继承了西方传统知识分子的特征，但他们表现出的道德标准的弹性化特征是传统西方知识分子所不能接受的。这种语言个性的出现，证明了西方当代政治话语戏剧性特征的增强。“电视节目主持人”被看作西方文明的代表，而另两种语言个性“大哥、头儿”和“西方新贵”则使人联想起西方本土文化形象和行为标准，这些文化本源形象确定了语言文化共同体的价值坐标和权威言语特征。

有学者还尝试在交际条件下从价值层面、认知层面和行为层面对语言个性进行研究，其实质也是对语言个性三层次结构在交际条件下的整合研究。有学者把交际条件下的语言个性称作“交际个性”，是指语言文化和交际活动性质的价值、知识、趋向和行为反映的载体的总体形象，并从价值观层面、认知层面和行为层面对交际个性进行研究。

交际个性的价值观层面包括某一特定时期为某一民族所固有的行为和道德标准。这些标准固定在该民族的道德法典中，反映了由语言和文化连结为一体的语言载体拥有的历史观和世界观。应该说，一个民族的道德法典在语言中只有部分体现。一个民族共通的道德规则、礼貌的交际策略、词汇的评价意义和先例文本构成该民族基本文化语境，是该民族道德法典的交际语码。对外语教学来说，关注对象的民族所特有的价值观至关重要。对交际个性价值观可以从主要价值观之间的关系和它们的分类进行研究。

交际个性的认知层面可以通过对属于该个性的世界图景进行分析来获得。在民族文化范围内，对该民族认识的现实世界有两种阐释方法。

（1）对现实世界的物质内容进行阐释，即民族语言记录了该民族所固有的接受世界的对应关系，这些对应关系按照名称的优先区域原则实现表达并为主要的价值观和行为定型所支持。

（2）对现实世界的范畴形式进行阐释，即世界的语言范畴表现在主动结构、确定范畴和不确定范畴之间的对应关系等。

交际个性的行为层面是言语和交际辅助手段意图特征和即兴特征的集合，可以从社会语言学和语用语言学的角度研究这些特征。从社会语言学的角度，可以区分出男性与女性、成人与儿童、受教育者和非受教育者、母语者与非母语者的言语语码特征。从语用语言学的角度可以从言语行为、话语过程等方面对人的自然交际进行研究，这些话语过程是在符合交际条件的情况下按照一定模式建构的。交际个性的价值观层面、认知层面和行为层面与语言个性的三层次结构划分相呼应，从整体上体现出语言个性在交际条件下使用的各种语码特征。

语言个性理论大大丰富了语言研究的视角和方法，并已成为跨学科理论和概念。对语言个性的研究成为对外语教学法、跨文化交际学、语言文化学、心理语言学、认知语言学、民族心理语言学等学科共同关注的核心问题，体现了哲学的语言转向和语言研究中的人本主义中心论思想。语言个性理论大大丰富了教学法研究视角和教材编写的理念，将成为未来指导语言教学的重要理论之一。

（二）语言个性的建构模式

1. 语言个性的结构层级

语言个性结构由三个层级组成（范陶，2017）。

（1）言语语义层　言语语义层或称零层级，即呈网状的、集词汇与语法于一体的个体词汇总量，反映语言主体——人对自然语言的掌握状况。

（2）认知层　认知层或称第一层级，即语言主体形成的关于世界的系统认识，即语言世界图景。

（3）语用层　语用层或称第二层级，包括言语目的、动机、兴趣、宗旨、意向。

相对应于语言个性结构的三个层级，卡拉乌洛夫分别用语汇、知识库以及语用库三个术语表达语言个性在掌握语言、理解语言、使用语言过程中的能力和特征总和。

2. 心理学视角下的语言个性

（1）语言个性的恒量　基于心理学理论，卡拉乌洛夫对语言个性与民族性格之间的关系进行了分析，认为语言个性是恒量和变量的对立统一体。只有确定了个性中基本的、恒量的、共性的部分，才能区分出个性中独有的、变量的部分，后者是在语言共性基础上表现出的独特之处。

什么是语言个性的恒量？什么决定语言个性的恒量？

卡拉乌洛夫借用社会心理学的“基本个性”概念说明恒量的本质。所谓基本个性是指该社会成员在家庭、教育、社会环境的影响下形成的共同的特点，包括规范、倾向、情感等。卡拉乌洛夫指出，每个社会都有一定的主旨，它为该民族文化传统和主流意识形态所决定，揭示普遍的语言世界图景中核心的、具有普适性的恒量部分。恒量概念类似于社会心理学的基本个性，它与变量是对立的统一体。恒量与变量之分具有普遍意义，适用于语言个性结构的每个层级。

语言个性与民族性格有着深层的一致性，这种一致性基于共同的历史根源，是在历史的长河中逐渐形成并经世代相传固定下来的。一个民族稳定的、共性的性格融入到语言中，成为语言的组成部分，体现在语言个性结构的每个层级上，奠定了语言个性的恒量基础。恒量在语言个性中占据核心地位，决定了语言个性的本质特征。民族个性在语言个性中的体现，属于民族现象。对于语言个性而言，“恒量的”“民族的”“历史的”具有等同的意义。所以说，语言个性是一种深刻的民族现象。

语言个性的建构是一个从恒量到具体个体的过程。语言的四大基本特征，即历史、结构系统、社会、心理之间相互作用。其中，历史主旨部分与民族特征紧密关联，构筑了语言个性结构的核心基础。

（2）语言个性各层级的恒量　语言个性各层级的恒量体现在如下几个层面。

1）言语语义层。言语语义层即全民族语言类型，其结构特征总和构成语言个性词汇——语义联想网中标准的、固定的部分，即在语言历史变迁过程中保留下来的语音、词法、句法、修辞、词汇、语义的基础内容。

2）认知层。认知层即民族世界景观的基础部分、共相部分，即属于全民族语言类型的语言个性对现实世界的普遍认识。

3）语用层。语用层即言语目的和动机激发的固有的交际需求和满足交际需求的交际特征和能力，它们外化为不同类型的言语行为。

3. 语言教学论视角下的语言个性

语言教学论对卡拉乌洛夫建立语言个性理论，特别是阐释语言个性各层级的要素、揭示语言个性在各层级具备的能力有重要的参考作用和积极的影响。

卡拉乌洛夫从方法论角度分析语言个性各层级的构成要素，从目标角度确定语言个性的能力，从语言教学角度探讨语言（母语或外语）的掌握水平。

（1）方法论角度　从方法论角度看，语言个性的每个层级分别由层级单位、单位之间的关系、层级单位构成的定型组合这三个部分构成。具体建构如下。

言语语义层的构成要素：单位——词汇；单位的关系——聚合关系、组合关系、联想关系，它们构成词语网；定型组合——常用的、标准的词组、套话。

认知层的构成要素：单位——概念、思想、观点；单位的关系——多层级的语义场，一定程度地反映世界的结构，即世界景观；定型组合——至理名言、成语、谚语、俗语、定义等；

动机（语用）层的构成要素：单位——交际活动的需求；单位的关系——交际范围、交际情景、交际角色构成的交际网；定型组合——先例文本（传说、童话、神话、笑话、经典文学作品等）、经典艺术作品（建筑、雕塑、绘画等艺术作品）。

（2）确立目标角度　从确立目标角度看，相对于语言个性的三个层级以及每个层级的单位、单位关系、定型组合，语言个性具备的能力包括如下几个层面。

1）言语语义层：词汇方面——用词指称能力、理解词汇能力、选择词汇能力、掌握某知识领域里的术语、使用外来词的能力；词语网方面——理解语法结构能力、口语能力、书写能力、正字规范、书面语能力、理解和生成多种言语表达能力；定型组合方面——阅读能力、日常语言的掌握、独白能力、语言的节奏感。

2）认知层：概念方面——给概念下定义的能力、借助关键词语和概念汲取、理解、加工文本信息的能力、运用外来概念的能力；单位关系方面——赋予话语一定的情感色彩能力、展开论证能力、话语连接能力、即兴生成言语能力；定型组合方面——使用内部言语的能力、传达和评价他人言语内容的能力、对母语言语事实的反映能力、创造和使用格言警句的能力。

3）动机/语用层：交际活动需求方面——了解交际对象的能力、适时合理地组织和分配话语能力、控制交际局面的能力、实现交际预期的能力；交际网方面——运用口语体和方言的能力、使用交际另一方语言的能力、使用其他语体修辞手段的能力、区分公文事务语体和文学篇章的能力、公共场合的言语说服能力、依靠篇章有效表达交际意图和动机的能力；定型组合方面——理解文学篇章的能力、美学分析篇章的能力、预见文学篇章情节发展的能力、使用先例文本的能力、掌握言语类型的能力、文学批评的能力、区分文学作品与一般读物的能力、韵律感能力、运用隐喻、名言及掌握本民族或世界文学形象的能力。

上述三个层级、不同方面的能力之总和即为广义的语言能力。

（3）语言教学角度　从语言教学角度看，语言个性对语言（母语或外语）的掌握有五个级别。

正确级别：词汇量较为丰富，基本掌握语言结构规律，按照语言的基本规范表达话语、生成文本。

内化级别：根据言语行为的内在要求生成或理解语句。

饱和度级别：语音、词汇、语法手段的多样性、丰富程度。

等同选择级别：交际手段与交际范围、交际场景、交际角色相吻合的程度。

等同合成级别：生成的文本与内容和交际任务相吻合的程度。

（三）语言个性结构的描述

1. 语言个性综合描述的前提

卡拉乌洛夫认为，在对语言个性做综合分析与描述时，应该完成以下工作。

（1）评定语言个性的语义结构水平。

（2）在语言个性生成的文本或专业测试的基础上建构语言个性的语言世界图景或知识库。

（3）揭示语言个性在话语和文本生成、理解过程中采取的生活主旨、立场、动机等。

2. 语言个性综合描述的各层分析

（1）言语语义层

1）描述方法。结构和构素是建立系统的两个重要的、基本的参数。对零层级的描述可以采取两种方法：联想实验；分析语言个性生成的大量有代表性的文本。两种方法互为补充，通过第一种方法可以确定个性语汇的结构；通过第二种方法可以掌握个性语汇的构素。通过分析联想实验中刺激词与反应词之间的关系，卡拉乌洛夫说明了语言个性的语汇存储方式以及它与语言个性其他层级的关系。

卡拉乌洛夫认为，语言个性的语汇是按照网状原则组建起来的，呈现出联想语义网的结构。刺激词与反应词之间的联想关系可以分为四大类型：语义关系（同义、反义、上下义关系等）；语法关系（一致关系、支配关系、及物关系、否定关系、构词关系等）；认知关系（专题情景关系、固定的套语等）；评价—语用关系（显现的、隐性的，对先例文本的诉求）。

可以看出，语汇的存在方式实际上是语言系统结构特点的映照。因为语言结构体系就是一个网状体系，由组合关系、聚合关系、联想关系构成。语言结构的网状性质体现在语言个性的言语语义层上就是联想词语网，即语言个性的零层级。

事实说明，语言个性的言语语义层不是孤立存在的，而是和语言个性的认知层和语用层相互交融、相互渗透、相互作用的。该层级的单位——词汇，一方面与同层级的其他单位存在这样或那样的关系：同义关系、反义关系、种属关系、语法关系等；另一方面与非同层级的单位构成多样的、复杂的关系交织网。

卡拉乌洛夫选取了西方作家格拉宁的长篇小说《画》，以小说中的两位主人公“市委书记”和“画家”的直接引用语和内心语言作为研究材料，分析两位主人公个性语汇的构素。通过分析词频、词汇使用的多样性、词汇的修辞运用、关键词等，揭示具体的语言个性的语汇构成；通过对比两位主人公言语使用中的高频词、共同高频词的联想语义网、语汇语义中心及其聚合体、动词的使用形式的异同（如市长命令式居多，画家单数第一人称为多），分析文本中人物角色之间互动过程中的语汇的特点，进而分析语汇特点与该个性的认知层和语用层的关系，在此基础上对个体的语言个性做出全面评定。

卡拉乌洛夫的研究成果表明，从语言个性内涵进入文学形象内涵，不仅是可能的，而且是规律使然。对人物角色文本进行的语言个性的描述，有助于分析复杂的文学形象。因此，语言个性研究不仅对语言学具有重要价值，对文学人物的塑造和评价同样具有重要意义。

2）全西方语言类型。揭示语言个性的恒量特征是语言学家的任务。全西方语言类型是由西方语言个性结构零层级的恒量构成的，它是每一位以外语为母语者的语汇的民族基础，在外语使用区域是统一的。

如何揭示个性语汇的民族基础并论证全西方语言类型呢？为此，卡拉乌洛夫提供了多种方法。例如，分析外国人的外语话语生成，并与外语的各种语体形式（如体现语境变化的外语口语，体现区域变化的方言，体现时代变迁的历史变体等）进行对比，在此基础上总结归纳出全西方语言类型的一些基本特征。这些特征是西方语言个性统觉基础的构素。例如，只有一些中性词会有词性的不确定现象，名词与形容词、动词搭配必须保持范畴的一致，与前置词连用的只能是间接格或四格形式的词，否定手段表达形式有限、规范严格，一定的语法规则，一定数量的词汇语义范畴的规律等。

分析当代西方人对古外语文本的理解和接受程度，也可以揭示西方语言个性的统觉基础。卡拉乌洛夫认为，全西方语言类型包括三个相互关联的方面：系统方面、进化方面、个性方面。系统方面，“地域语符”概念说明语言在空间分布的共时性特征；进化方面，“时序语符”概念说明语言发展变化的历时性特征；个性方面，“心理语符”概念说明语言意识中的共时恒量。其中，心理语符作为语言意识的单位，反映语言系统高度的稳定性并集合了地域化和时序化特征，即语言结构和历史演化中的恒量。相对于语言个性的三个层级，心理语符包括三种类型：语法的、认知的、动机的。它们分别与母语知识、一定时期的世界景观和民族性格相对应。由于地域的变化和时代的发展，语言也会发生一定的变化，但是共同的心理语符使语言个性能够穿越语言在时空上的差异和变化，在民族心理层面找到交流、认识和理解的基础。

3）言语语义层的研究任务。在揭示语言个性零层级的恒量——全西方语言类型过程中，卡拉乌洛夫建议结合历史、心理、结构、社会等方面的因素和作用，对言语语义层分别展开静态研究和动态研究。

①静态研究。建立心理语符体系，确立它们与语言个性言语能力的相关性，并在此基础上建立外语特征语法。

②动态研究。对不同历史时期典型的语言个性进行完整的描述，在此基础上展开全面的对比分析，揭示西方语言个性的变化过程和发展特点。

（2）认知层

1）知识与语义的关系。认知层是语言个性的中间层，反映了语言主体看待世界的眼光和关于世界的系统认识，即语言世界图景。每个语言作品的产生和理解都不应该局限于词的语义，而应面向语言外的、关于世界的知识，这已成为当今语义研究的普遍共识。

知识与语义的区别何在？两者之间是什么关系？波捷布尼亚曾提出词汇的近义和远义概念，以区分语义和知识。在他看来，近义涵盖语义范围，而远义属于知识、语言外经验的范畴。卡拉乌洛夫对他的观点持有异议，他认为，近义和远义之间的界限是相对的、动态的，且受限于语言个体。例如在编纂辞典的过程中，有时很难划分知识与语义的界限。卡拉乌洛夫主张从主观和客观两个角度去区分语义和知识。

从客观角度看，语言语义的客观存在形式是详解辞典，而知识的客观存在形式是百科全书。语义和知识的区别特征体现在如下两点：语义满足对事物（现象、过程、物体）的鉴定，以符号标识，是静态的、直观的；而知识面向活动、行为，是积极的、建设性的。

语义具有各向同性的特点，即词的语义特征是同类的，与词的多义性、使用率、词龄无关，所有的词，无论是在语句中，还是在文本中，它们在语义上是平等的；知识具有各向异性的特征，以语言符号形式记录的知识是不均衡的，语句和文本不是等价的，有主要和非主要、意义大和意义小、决定性和非决定性、实质性和非实质性之分。

从主观角度看，语义与知识的特征（各向同性和各向异性）对比更加凸显。语义的主观存在方式是准系统化的词语网，网内词与词之间、意义与意义之间的关系呈纵向和横向两个维度。词语网是开放的、无界的。知识的主观存在形式是语言个性的知识库，“世界图景”一词形象而真切地反映了知识库的实质和内容。知识源自人类的经验和活动，源自承载着世代积累的集体智慧和经验的语言和文本。知识单位具有各向异性、不均衡、不等价的特征，其中既有科学概念，也有词汇、形象、画面、定型论断、公式等。知识的各向异性决定了知识库单位之间的关系不是交织的网状，而是层次—坐标状的，倾向逻辑概念的有序性、由顶点向下展开的金字塔建构。

对于同一语言文化共同体的成员而言， 方面，个性的知识库结构趋于标准、均衡，遵循共同认可的原则；另一方面，知识的主观形成、个体为运用和掌握方式却是任意的、个性化的。

2）个性零层级和第一层级的关系。理解一句话或一个文本意味着进入知识库与一定的知识相对应，在世界图景中找到与其内容相符的位置。

各向同性的性质决定了词语网的单位之间的关系是单一的、明确的、直接的、线性的；各向异性的性质决定了知识库单位的关系以间接关系、逻辑推理关系、蕴涵关系和不确定的依存关系为主。

在保持原有的简化结构的条件下，词语网的单位不断增加，有扩张、发展的趋势；在结构和关系日趋复杂多样的条件下，知识库呈现出数量压缩、质量简约、最小化的趋势。知识库体系上比词语网丰富，但其单位的组成、数量、内容，都不及后者丰富。

词语网与知识库之间存在着依存和转换的关系。前者的客观形式和主观形式都是在知识库的组织作用下形成的，是建立在知识的基础上的。这种客观上的依存性还表现在词语网对知识库不构成影响，也不能转化为知识库。因为联想词典和详解词典提供的信息不足以建立知识库，更为重要的原因是，词语网无法展现社会经验、个人动机和意向、共同体的价值观和倾向以及对知识量不断增长的认知需求。承载知识的工具不仅有语言、文本，人类文明的一切成果，每一种人文现象和每一个成为人类认知对象的自然现象，都可以成为知识的一种体现和物化形式。

知识传递的最重要的手段是符号手段，知识转换为意义，通过语义的手段传递。知识不具备语法、情态特征，是浑成的；而意义受语法范畴、词类、情态特征限制，体现符号之间的关系。因此，理解是从意义转入知识的过程，而言语生成是从知识转入意义的过程。

现代语言学、心理学、心理语言学在研究“理解”问题时，有将“意义”范畴不断扩展的趋势。辞典学家、词汇学家从单个词汇的研究转向词汇—语义组的意义研究也证明了这一趋势。学者们不再满足于单个词汇的描写，而转向更大的单位——意义的综合体，如语义场、词汇场、概念场、联想场、词汇—语义群、专题群。这种综合体与人的思维结构存在一定的相似性。卡拉乌洛夫认为这一趋势是合理的，表明对人的知识形成、存在和传递问题日益增长的兴趣，反映了科学的发展特点。

（3）语用层

卡拉乌洛夫提出了先例文本的概念，认为先例文本的形象可以表达交际需求，是交际需求的语言关联体。

1）先例文本的先例性特征。在卡拉乌洛夫看来，人生活在文本的世界里，文本是丰富多样的，什么样的文本才可以称之为先例文本呢？卡拉乌洛夫认为，文本的先例性特征体现在以下三个方面：对某一语言个性的认知与情感具有特定的意义；具有超个性特征，即为该语言个性所处群体（包括前人和同时代人）所共知；在该语言个性的话语中多次复现。

2）先例文本——语言个性语用层的恒量部分。每个文本的背后都有语言个性的存在。在语言个性结构中，先例文本占据特殊的地位，它构成语言个性语用层的恒量部分，反映个性中的民族共性部分。根据语言个性对先例文本的掌握情况，我们可以确定该个性的民族文化属性以及他所生活的时代背景。

卡拉乌洛夫认为，西方语言个性所掌握的先例文本的范围主要是西方、苏联和其他国家的经典作品和民族创作精品，包括经典文学作品、古代传说、神话、圣经、民间口头创作和部分政论文本等。

借助语言个性言语中使用的先例文本，我们可以获知该个性的基本性格特征，通过先例文本表达出的对事物的态度，我们可以获知该个性的实用标准、评价体系、立场和行为动机，乃至该个性最为关注或亟待解决的问题。

综上所述，语言个性结构的各层级之间存在着密切而间接的关系。言语语义层的结构和功能特点尽管是进入认知层的必要前提，但并不直接呈现语言世界图景即个性知识库；同样，语言个性的语言世界图景也不能直接说明个性话语的动机和目的。

仅有语言信息尚不足以完成对语言个性的描述，还需要语言外的信息。其中，个性语言中的社会构素、个性所经历的语言社会化过程、个性在社会化过程中接受和获得的那些为社会认同的概念、思想、认识等将有助于我们从该语言个性的言语语义层级进入认知层级。而语言个性的社会信息（社会活动、社会角色，如何确立情景主旨并采取一定的行动）和心理信息（个性交际活动的意向、情感信息）将帮助我们从语言个性的认知层级进入到动机语用层级。

（四）外语教学与第二语言个性

1. 语言个性对外语教学的指导意义

语言个性理论极大地开阔了语言教学法的研究视野，语言教学的出发点应立足于语言个性的特点。我们认为，语言个性理论对外语教学实践的指导意义如下。

（1）指出了外语教学的培养目标　语言个性是体现在语言掌握、语言理解和语言运用过程中的广义的语言能力。从语言个性理论出发，外语教学的目的不仅仅是语言知识的掌握，还包括语言理解和语言运用，“认知”和“语用”两个层面对塑造语言个性来说是必须的、必要的，对交际而言甚至是更为重要的。

（2）明确了外语教学的基础内容　既然语言个性中的恒量特征集中了一个民族最核心、最稳定、最基本的部分，无疑，恒量内容应该成为我们在外语教学实践中讲授和训练的基础和重点。

2. 语言个性与外语教学关系呈现

（1）语言意识中词语存在和使用的特点　卡拉乌洛夫通过分析联想实验中刺激词与反应词之间的关系，说明了语言个性的语汇存在方式以及它与语言个性其他层级的关系。

语言承载的知识作为“现实的反映”的成果，以词语联想网存在于人的语言意识中，语言符号的组合体和聚合体呈现了语言体系的组合关系和聚合关系，对言语的生成与理解具有支配作用。

由刺激词引发的高频反应词反映了语言个性词语联想网中标准的、固定的部分，属于语言个性的恒量内容，蕴含着某一民族共同的语言类型特征。

语言个性的言语语义层的单位（词汇）和其他同层级单位、非同层级单位交织成复杂多样的关系网，各层级相互交融、渗透、作用。

（2）对外外语教学实践中词语联想网的建构　词汇是对外外语教学实践课的基本单位。如果名词的讲授类似《详解辞典》的释义，动词、前置词的讲授以语法关系为主，那么词汇在学生的语言意识中大多是孤立存在的，缺少与相关语言单位应有的联想关系，学生往往只知词义而不会使用词汇或使用不当；生成的话语是词的堆砌，而不是以（动词）谓语为核心、主次成分有机关联、语义一致的句型；对话语的理解停留在表面而不解其深层含义，或者感受不到其中的评价和感情色彩等。这是外语教学中普遍存在的问题。我们认为，问题的症结之一在于对词语—联想网的作用和意义认识不足，语言教学过程缺少了一些应有的、必要的环节。在对外外语教学过程中，词汇教学可以采取如下手段构建词语—联想网并植入共同的西方语言类型的基本特征。

3. 第二语言个性的形成

语言教育的结果是形成语言个性，外语教学的最终目的是培养具有跨语言跨文化交际能力的“第二语言个性”。“第二语言个性”的概念是西方学者哈列耶娃提出的，该概念衍生于语言个性理论。哈列耶娃在《外语理解的教学理论基础》一书中探讨了第二语言个性的培养问题。她认为，第二语言个性是跨文化交际特有的产物。在交际过程中，第一语言个性与第二语言个性在言语语义层、认知层、语用层三个层级相互交织、相互作用，或冲突或接近。最初，外语言语语义层的词汇—语义联想网的交织不可避免地会遭遇母语的干扰。在熟练地掌握了外语语言的词汇、词汇的聚合和组合关系，并善于运用各类标准的词组、套话后，第二语言个性开始由外部言语进入内部言语，进入个性的认知层和语用层，去判别、理解另一种语言个性的语义和语用特征，从而进入新的“世界图景”，学会用另一种语言思考。在认知层，需要知晓一定的基本概念、思想、观念词和先例现象。语用层级是最难达到的，第一语言个性与第二语言个性所处的民族和社会背景不同，有时充当的交际角色是不一致的。在交际角色的转换过程中，第一语言个性与第二语言个性相互作用，在错综复杂的关系中第二语言个性逐渐形成，第一语言个性也在一定程度上发生变化。

二、第二语言习得

对于第二语言习得的影响因素，一些学者认为有内在因素，也有外在因素；有主观因素，也有客观因素；有智力因素，也有非智力因素。但是，无论是哪一种划分，都说明智力、学习动机、情感态度、教师、环境等因素会对学习者的第二语言习得运用产生影响。笔者认为可以将这些因素划分为内在因素与外在因素。下面就对这些因素进行详细的分析和探讨。

（一）影响第二语言习得的内在因素

人们掌握母语后如何培养自身的第二语言能力是第二语言习得所研究的关键问题。对于第二语言习得过程与本质进行研究的理论就是第二语言习得理论。由于这一理论有着自身的特殊性质与研究对象，因此第二语言习得理论也逐渐发展成为一门学科。在这门学科发展的过程中，第二语言习得研究应着重对学科性质进行科学定位及构建科学的学科体系。

从语言习得机制（LAD）的运行过程与语言系统的形成过程来说，外语学习与第二语言习得在本质上没有什么差异性，其主要区别在于：外语学习对于课堂教学的依赖性较强，而第二语言习得侧重自然的语言环境。需要指明的是，外语学习与第二语言习得所形成的语言能力在动机、语言输入的质量层面是存在明显区别的，因此会引起语言能力发展的不平衡。因此，学生在掌握母语后，习得第二门语言或另一门语言被称为“第二语言习得”。

彼德·科德（S. P. Corder）是英国应用语言学的奠基者，他撰写的《学习者所犯错误的意义》（The Significance of Learner's Errors，1967）一文是第二语言习得的开端。经过几十年的发展，第二语言习得虽然与其他学科存在交叉，但是也有着自己明确的研究对象，因此是一门独立的学科。另外，从知识体系与研究方法来说，第二语言习得研究一套自身的系统，这是一般语言习得理论、普通语言学理论所没有的，其不仅是当代应用语言学的前沿阵地，还能够为外语教学法在内的其他学科提供依据。

在中国，第二语言习得在整个人类的知识系统展开定位意义巨大，要求处理好第二语言习得研究与其他学科之间的关系，并重新定位与认识学科属性，做到与时俱进，这样才能推动第二语言习得的健康发展。

具体而言，第二语言习得研究不仅从心理学、教育学、社会心理学等学科汲取有利成分，还借鉴科学的方法，从一些自然科学与社会科学中汲取科学元素。随着第二语言习得研究的不断发展，应对其进行准确把握，将一些对第二语言习得研究有帮助的成分提取出来，从而便于其突破与创新。

1. 智力水平

语言学习者的智力结构是一个整体，在智力发展中所涉及的问题与这个结构及其各成分之间的关系密切相关。语言学习者智力的表层结构和里层结构有两个含义。

第一，语言学习者的每一种智力活动或者认知活动都有表层结构和里层结构之分。具体而言，语言学习者对各种风格和寓意的理解，对表象的显现水平及对整体与局部、外部与内部的把握，都要结合对这些对象的认识方式及其中的思维，将自我与当下环境结合起来形成一种整合性的、连续性的整体。

第二，语言学习者智力活动中的非智力因素（或非认知因素）在智力活动中应看作一种里层的结构。在语言学习中，学习者对语言学习的态度、兴趣、动机、学习的意志以及学习者自身的个性、情感等都属于非智力因素，并且它们对智力活动起到一定促进或阻碍的作用。

2. 学习动机

动机（motivation）研究最初始于教育心理学，是指学习者为了满足某学习愿望所做出的努力。第二语言习得和外语教学界从20世纪70年代开始逐步深入研究动机对于外语学习的影响，中国外语学界则是从20世纪80年代才开始引入动机这一概念，但真正的实证研究则是从20世纪90年代才开始逐步展开的。

通常认为，学习者的动机程度和其学业水平是高度相关的。后来，甚至有研究在这两者之间建立了因果关系模型。动机可以有不同的分类方法。一般认为，动机可以分为两类，即工具型动机和融入型动机。前者指学习者的功能性目标，如通过某项考试或找工作。后者指学习者有与目的语文化群体结合的愿望。除了以上两类外，还有结果型动机（即源于成功学习的动机）、任务型动机（即学习者执行不同任务时体会到的兴趣）、控他欲动机（即学习语言的愿望源自对付和控制目的语的本族语者）。对于中国学习者而言，证书动机是中国学习者的主要动机。

学习者的学习动机是可塑的；激发学习者内在动机是搞好外语教学的重要环节；个人学习动机是社会文化因素的结果。这个发现对于中国各个层次的语言学习者都是如此，也可以解释国内近些年来的语言“考证热”。值得一提的是，无论是工具型动机，还是融入型动机，都会对外语学习产生重要的影响，所以动机类型并不那么重要，重要的是学习者动机的水平。

此外，也有学者将动机分为内在动机和外在动机。内在动机（intrinsic motivation）是指学习者发自内心对于语言学习的热爱，为了学习外语而学习外语；而外在动机（extrinsic motivation）则是由于受到外在事物的影响，学习者受到诸如奖励、升学、就业等因素的驱动而付出努力。这一分类与前一分类有相似之处，但是不可以将两者等同，它们是从不同方面考察动机这一抽象概念的。

在对待动机这一问题时应该注意：动机种类多样，构成一个连续体，单一的分类显得过于简化；另外，动机呈现出显著的动态特征，学习者的动机类型可能随着环境与语言水平的变化而发生变化。例如，一个学习者最初表现出强烈的工具型动机，认为学好语言是考学、找到好工作的前提；但是随着其语言水平的不断提升，他开始逐渐接受语言及其附带的文化，想要去国外读书甚至是移民不同的国家，这时他的动机类型就变为融入型动机了。

近年来国内对于动机的研究表明，中国语言学习者的动机类型以工具型动机为主，且动机与学习策略、观念之间的关系较为稳定。另外，学习成绩与动机水平之间呈现出高度相关。这些研究发现对于外语教学具有启示作用：外语教学中应该重视学习者的动机培养，培养方式可以多种多样，如开展多样的语言活动、提高课堂的趣味性、鼓励学习者课外阅读等。

3. 情感态度

（1）情感的定义　众所周知，人类既具备认知能力，也具备情感能力。学习者在外语学习过程中会受到诸多情感因素的影响，这是不言自明的。但是长久以来，语言学习的认知方面颇受重视，而情感学习则频频受到误解。例如早期对于学习者焦虑的研究，主要聚焦于教师的教学对于学习者的影响，把教师职业素养的缺失当成是学习者焦虑的来源；后来，对于情感的考虑又变成了动机和思想品德的混合物，如中国的课程标准明确把情感态度定义为动机、祖国意识和国际视野等。

（2）情感的划分　按情感的内容进行分类，可以将情感分为道德感、理智感两种形式。这几种情感对于学习者的发展而言具有十分重要的意义。

1）道德感。道德感是由自己或别人的举止行为是否符合社会道德标准而引起的情感。人并不是生下来就具有道德感的，道德感的形成过程相对来说比较复杂。通常来说，3岁之前人的道德感还比较模糊，处于萌芽发展时期，而在3岁以后，人的道德感才逐渐形成并发展。

学习者随着年龄的不断增长以及社会交往的不断发展，在各方面教育的影响下，逐渐掌握了一定的社会规范和准则，这也是人的世界观、价值观、人生观等形成的必经过程。当学习者因为别人的行为、言论等符合自己所理解或掌握的社会标准时，就会产生高兴、满足的情绪体验；而当别人的行为、言论等不符合自己的行为规范和标准时，就会产生一定的羞耻、愤怒等情绪体验。这种情绪就是道德感。

通常来说，婴幼儿在发展的初期并没有明显的道德感，随着年龄的增长，发展到中期则掌握了一定的道德标准，学习者在因为遵守了一定的道德标准后会产生一定的快感。有些时候，学习者不但关心自己的道德标准，甚至还会关心别人的行为是否符合道德标准，与之相应的是，还会产生一定的情绪，或是积极的、或是消极的。之后，学习者的道德感进一步发展，在对待不同的人和事时会产生完全不同的情绪。这一时期，学习者的情绪具有一定的稳定性，其认知水平大大提升。

随着学习者年龄的不断增长以及心理的不断发展，情感也变得日益丰富，如出现了一定的自豪感、委屈感、友谊感和同情感等。

2）理智感。理智感是人们在认识客观事物的过程中所产生的一种情感体验。这一情感体验与人们的求知欲、认识兴趣等有着密切相关的关系，它是人类社会所特有的高级情感。

学习者从出生以来就有一种好奇的内驱力和探究力，他们勇于向周围世界探索，看到人就会用眼睛加以辨别，喜欢拿东西东敲西敲，发出声音等，学习者对整个世界都充满了好奇。

随着学习者年龄的不断增长，他们的认知水平也不断提升，身体活动能力也大大增强。在他们能通过自己的努力而成功完成某项任务后就会显得兴高采烈，能感受到强烈的快乐的情绪体验。例如，儿童在成人的指导下用积木搭出一个小房子时，就会高兴地拍起手来，以表达自己的兴奋之情；随着儿童年龄的不断增长，他们通常会痴迷一些具有创造性的活动，这些活动能给儿童带来积极的情感，这种情感又能促使他们更进一步的探索，在探索事物的过程中不断提升自己的认知水平。

对于学习者而言，他们总是对整个世界充满了好奇，好奇好问是其理智感的主要表现形式。学习者在语言学习中遇到自己没有见过的情况时，特别喜欢问“这是什么”或者“为什么”，这表现出学习者强烈的求知欲。

学习者通常会被好奇心所驱使，对语言学习中的一切事物都充满了浓厚的兴趣，但是受认知水平所限，他们常常轻信教师以及成人的回答。而随着年龄的增长以及知识面的不断扩大，他们的理智感也会出现一定的变化，他们的独立思维能力会越来越强。

（3）语言学习中的情感态度　将情感培养作为外语教学的目标之一，不仅有教育学、人文主义心理学（humanistic psychology）的理论基础，而且也是培养综合素质人才的客观需要。一方面，学习要靠人来完成，解决不好人的情感问题，语言学习是不可能取得成功的。另一方面，教育的作用不仅仅局限于能力的训练和技能的学习，培养积极、健康的情感涉及人的全面发展，在某种意义上似乎比知识的传授更重要。所以，斯特恩指出外语学习中情感的重要性不低于认知学习。

那么究竟什么是外语学习和教学中的情感呢？情感具有普遍性，易于感觉而难以定义。在日常生活中，人们也会经常谈及个人情感，所以广义的情感是指制约行为的感情、感觉、心情、态度等。但是具体到外语学习和教学中，所谈及的情感主要有动机（motivation）、焦虑（anxiety）、抑制（inhibition）、外向／内向（extroversion／introversion）以及自尊（self-esteem）等。

情感态度在外语学习中发挥着重要的作用。情感态度是外语学习的动力源泉。情感态度也会随着外语水平的提升而不断得到增强。从认知心理学的角度来说，情感之所以作用于外语学习，主要是因为其与人类的记忆有着千丝万缕的联系。

可见，情感态度在外语学习中发挥着重要作用，外语教学中理所当然要强调情感学习。因此，中国的语言课程标准都将在各个级别中设定语言学习中的情感目标，这体现了对情感学习的重视，从历史的角度来看，这是一个巨大的进步。

虽然情感学习非常重要，但是在实际的教学过程中不能误解甚至曲解情感的性质与作用，需要用科学、客观的态度来审视外语学习中的情感态度问题。

第一，外语教学所关心的情感态度与日常生活中谈及的道德迥异，所以不宜夸大外语教学对于学习者的道德培养的作用。学习者的道德情操是在日常生活的点点滴滴中积累起来的，而并不是外语教学的直接结果。当然外语教师可以以身作则，以自己的实际言行影响着学习者，但这并不是外语教学本身的效用。换句话说，外语教学中的情感态度只是作用于学习者的语言学习，外语教学本身无力去发展学习者的道德情操。

第二，情感是个整体，与学习密不可分。这一特性便意味着不宜将情感态度分级，并以此来评估学习者。不能说低年级的学习者在情感态度上就弱于高年级的学习者，实际上往往相反。此外，情感态度是个动态且易变的概念，也正因为如此教学才有了空间，设定情感目标也有了理论基础。本质上来说，真正重要的是情感态度发展的过程，而不是结果。学习者正是在这个过程中获取了语言能力发展的动力。所以，外语教学过程中，不宜静态地、刻板地看待学习者的情感态度。

（4）语言学习中的焦虑　焦虑是影响语言学习的一个重要情感因素，是指一种模糊的不安感，与失意、自我怀疑、忧虑、紧张等不良感觉有关。语言焦虑的表现多种多样，主要有回避（装出粗心的样子、迟到、早退等）、肢体动作（玩弄文具、扭动身体等）、身体不适（如腿部抖动、声音发颤等）以及其他迹象（如回避社交、不敢正视他人等）。这些是学习者在学习过程中，尤其是在课堂环境中常见的现象。

学习者在语言课堂上担心自己能否被他人接受、能否跟上进度、能否完成学习任务，这种种担心便成了焦虑的来源。焦虑可以分为三类，即气质型、一次型和情景型。

1）气质型焦虑。气质型焦虑是学习者性格的一部分，也更为持久。这类学习者不仅仅在语言课堂上存在焦虑，在日常生活中的很多场合都会表现出不安、紧张等情绪。

2）一次型焦虑。一次型焦虑是一种即时性的焦虑表现，持续时间短，且影响较小，它是气质型和情景型焦虑结合的产物。

3）情景型焦虑。语言学习中更为常见的是情景型焦虑，这是由于具体的事情或场合引发的焦虑心理。例如，考试、课堂发言、公开演讲等。

可以说，焦虑是一种正常的心理现象，任何个体都存在一定程度的焦虑心理，外语学习者自然不会例外。产生焦虑的原因也会多种多样，但是总结起来无非有以下两点：首先，学习者的竞争心理与生俱来，学习者一旦发现自己在与同伴的竞争中处于劣势，便容易产生焦虑不安的心理；其次，焦虑心理也与文化冲击有关。外语课堂上传授的文化知识对于母语文化本身便是一种冲击，学习者也会因为担心失去自我、失去个性而产生焦虑。总体而言，焦虑会表现为用外语交流时不够流畅、不愿用外语交流、沉默、害怕考试等。

长久以来，焦虑一直被视为外语学习的一个障碍，这是一种误解，是对焦虑的作用的误读。焦虑最初是运动心理学的重要研究内容，研究将运动员按照焦虑水平分为三类，即低气质型焦虑、中气质型焦虑和高气质型焦虑，然后比较三类运动员的运动成绩，结果发现中等气质型焦虑的运动员成绩最好。可见，焦虑也是有积极的、促进的作用的。后来焦虑成为教育心理学的研究对象，发现了同样的规律。焦虑就其作用而言也可分成两大类：促进型和妨碍型。前者激发学习者克服困难，挑战新的学习任务，努力克服焦虑感觉，而后者导致学习者用逃避学习任务的方式来回避焦虑的根源。

这种划分方式有一定的道理，也获得了部分实证研究的证实，但是我们应该明确焦虑并不是非此即彼的，焦虑之所以会产生不同的作用主要是因为焦虑程度的问题：过高的焦虑会耗费学习者本来可以用于记忆和思考的精力，从而造成课堂表现差、学习成绩欠佳；而适当的焦虑感会促发学习者集中自己的注意力资源，汇聚自己的精力，从而构成学习的强大动力。但是焦虑水平的测量现在还是个难题，虽然已有一些研究工具，如外语课堂焦虑量表（Foreign Language Classroom Anxiety Scale，FLCAS），但是最新的研究表明该量表实际测量的是学习者的语言技能和学习技能自我效能的个体差异，而并不是二语学习的焦虑。因此，在外语教学中，对于学习者的焦虑要区别对待。焦虑水平过高的学习者需要疏导，晓之以理，并通过日常细微的成绩变化来逐步缓解紧张的心理状态，化压力为动力；同时，也要让学习者知道适度焦虑的益处，外语学习中需要有一定的紧迫感，一定水平的焦虑会有助于外语水平的提高。情感学习是外语学习的重要组成部分，情感学习与内容学习互为补充，相得益彰。所以，完整的外语学习和教学理论应该既重视学习者的认知发展，也关注学习者的情感发展，情感发展是认知发展的基础和动力，是长久发展的动力源泉。

（5）语言学习中的情绪

1）情绪的定义。情绪是指个体对客观事物或情境是否符合人的需要而产生的主观体验。情绪这一概念以人的需要为中介，主要表现为两个方面的发展：一是当某个事物能满足人的需求时，人们就会产生愉悦的心理体验；二是当客观事物不能满足人的需要时，人们就会产生消极或不愉快的心理体验。这就是积极情绪和消极情绪的两种表现。例如，当你渴望得到某个玩具，而在无意中听到家长要给你买来做生日礼物时，就会感到兴奋；很想要赶快下课去吃饭的时候，听到下课铃声会觉得兴奋、高兴；在考试还没有完成答卷时，听到铃声就会产生紧张、焦躁的情绪。前两种是积极情绪的反映，后一种则是消极情绪的反映。

通常情况下，情绪主要由认知层面的主观体验，生理层面的生理唤醒，以及表达层面的外部表情与行为等三个层面组成。例如，当某人出现紧张不安的情绪时，个体在认知层面会表现出焦虑、担心等心理行为，在生理层面则会出现诸如心跳加快、呼吸量增大、肾上腺素分泌增加等现象，在外部表情与行为表达层面则体现为皱眉、脸色发白等现象。

总之，情绪对于一个人的发展而言至关重要。它是影响人们身心健康的重要心理因素之一。为促进个体的健康发展，人们必须要尽可能地建立积极的情绪，杜绝不良情绪。积极的情绪体验能帮助人们以饱满的热情投入到学习和工作之中，从而促进身心健康发展。反之，消极的情绪则会影响人们正常的学习、工作和生活，不利于身心健康的发展。随着健康中国建设的进行，人们对健康的认识不断深入，认识到积极情绪对健康的作用，都渴望通过各种手段来获得积极的情绪，从而促进身心健康发展。

2）情绪的作用。

①情绪的动机作用。情绪的动机作用是指情绪是学习者认知活动和行为的唤起者和组织者，即情绪对学习者的心理活动和行为具有明显的动机作用。情绪这一作用在学习者身上表现得尤为明显，在情绪的动机与激发作用下，学习者会做出或拒绝某种行为。不同的情绪下会出现不同的行为或结果。在愉快情绪状态下，学习者通常乐于学习和参加各种活动；而在

消极情绪状态下，学习者则出现不愿意学习、不乐意参加活动的状况。这就是情绪作用的突出体现。

例如，儿童在上学时，家长都会教给儿童向老师说“早上好”，放学时跟老师说“再见”。但据观察，儿童说“再见”的情况非常普遍，而说“早上好”则需要一段时间。究其原因，是因为儿童早上不愿意与父母分开到学校上学，这时情绪低落，不愿意去表达；而下午离开学校时则会很开心，情绪高涨，愿意做出情绪的表达。由此可见，虽然学习的内容相似并没有什么差别，但在不同情绪的影响下，学校效果则是截然不同的。由此可见情绪的重要性。

因此，作为一教师，平时在语言教学的过程中要十分注意学习者积极情绪的培养，要善于采取各种手段和措施激发学习者积极的情绪，提高他们学习的积极主动性，杜绝不良情绪和消极行为。这样对于学习者的身心健康发展是十分有利的。

②情绪的认知发展作用。大量的实践表明，情绪和认知之间有着非常密切的联系。一方面，情绪随着学习者认知的发展而不断分化和发展；另一方面，情绪对学习者的认知起到激发或抑制的作用。总体来看，情绪的认知发展作用主要体现在以下五个方面。

a. 情绪促成知觉选择。人的知觉具有重要的选择性特征，而情绪的偏好则在一定程度上影响人们的知觉选择。

b. 情绪影响注意过程。一般情况下，情绪对注意力的影响主要表现在两个方面：一方面，学习者如果对某一方面知识感兴趣，就会把注意力完全放在这方面知识上，对于其他知识则会忽视、漠不关心；另一方面，学习者在积极的情绪状态下，会对某一方面知识保持长时间的注意力，消极情绪状态下则难以保持长时间的注意力。

c. 情绪影响记忆效果。情绪还会在一定程度上影响学习者的记忆。一般情况下，学习者对于自己喜欢、感兴趣的知识能产生极大的兴趣，容易记住这些知识，而对于自己不喜欢的知识，记忆起来则十分困难。这充分说明，学习者的情绪对于记忆有着显著的作用。作为一名教师，在教学中一定要善于激发学习者积极的情绪，这样才能提高学习者的记忆水平。

d. 影响思维活动。情绪对人的思维活动也具有十分重要的影响。有调查研究发现，学习者快乐、痛苦、愤怒等不同的情绪状态对智力的发展有着一定的影响。具体表现为：学习者在积极的情绪状态下表现出良好的智力水平；而在消极情绪状态下，学习者的智力水平明显低于积极情绪状态下的水平。因此在平时的语言教学中，教师一定要善于激发学习者的积极情绪，这会对学习者的思维活动和智力发展产生积极的影响。

e. 情绪影响语言发展。大量的实践表明，情绪对学习者的语言发展也会产生重要的影响。这突出表现在两个方面：一方面是学习者最初的话语大多是表示情感和愿望的，这时的语言既具有情感功能，又具有指物功能；另一方面，随着学习者年龄的增长和认知水平的提升，学习者的语言表达能力会随之增强，而情绪在其中则起到重要的促进作用。

4. 学习需要

每一名学习者都会有自身的学习需要，而且在不同的课程中，其学习需要也是不同的。教师在进行语言教学设计时，需要注意和发现学习者的实际学习需要。当前，很多人将教学设计看成问题解决的过程。因此，深入实际进行了解与调研，确定学习者的学习需要，越来越受到人们的关注。

对学习者的学习需要的分析是一个系统化的调研过程，这一过程的目的是将学习者的学习需要揭示出来，发现其中的问题，通过对问题产生的原因进行分析，确定问题的性质，并解析出教学设计是否解决了这一问题，并找寻最合适的途径。

随着教学设计的不断发展，人们从最初的仅仅关注“如何教”，即教学策略的选择与运用，到后来关注“教什么”，即教学目标、教学内容的确定与安排，现在又开始顾及“为什么教”，即学习需要的分析。学习需要分析可以使教学设计有的放矢。学习需求分析是教学设计过程中的一大重要因素，其和其他因素，如教学策略、内容分析等有着密切的关系，共同完成教学设计的使命。同时，学习需求分析也是整个系统过程的一部分，因此其具有特殊的作用，在不断发展的教学设计中起着越来越重要的作用。

一般来说，学习需求分析主要展开三方面的工作。

（1）通过深入调查研究，分析教学中需要解决的问题是什么。

（2）通过对问题产生的原因进行分析，找寻具体的途径。

（3）对现有的资源条件与制约因素进行分析，确定教学设计的方案，以保证对问题解决的可行性。

学习需要分析的结果是提供“差距”的有效资料和数据，从而帮助形成教学设计项目的总的教学目标。

5. 认知能力

认知能力是指人脑接收、存储、加工、提取信息的能力，具体地说，认知能力是指人们对事物的构成、与其他事物的联系、发展的方向和动力及对事物的基本规律的把握能力。记忆、观察、思维、直觉、想象、注意都属于认知能力的范畴。下面从记忆、想象与注意三个层面来分析。

（1）语言学习中的记忆能力　记忆就是生活中认识过的事物或做过

的事情在我们头脑中遗留的印迹。人们在生活中常常接触这样、那样的事物。这些事物刺激人们的感觉器官，产生了有关的感觉、知觉，同时引起人们的言语、思想、情感和行动。这些活动在人脑中留下一定印迹，并且在一定的条件影响下会再现出来，它们作为过去的经验参与以后的心理活动，这就是我们通常说的记忆。

记忆在人的工作、学习和社会活动中都有着十分重要的意义。对于学习者来说，记忆是巩固学习重要的心理因素。学习如果没有及时的知识巩固，便无法开展和继续。有了记忆，人们才能在实践中不断地积累经验，使先后的实践经验联系起来，使心理活动成为一个发展的过程、统一的过程。

记忆包括识记和保持两个方面。识记是获得和巩固知识经验的过程，而保持是对识记的进一步巩固。记忆有两种表现形式，即再认和重现。当以往经历过的事情再度在人们面前重现，并能认出来时，这便是再认。重现也称为“回忆”，即过去经历过的事或物不在眼前，却能在脑海中重新呈现出来，所以记忆的过程是：识记—保持—再认—回忆。

一个人记忆的好坏不完全是天生的，良好的记忆能在后天的学习和训练中获得。整个记忆过程通常是从识记开始的。识记是一种有意的反复感知或印迹保持的过程，通过识记可以形成比较巩固的记忆，称为有意识记，但也有无意识记的成分。

记忆的过程是识记—保持—再认—回忆的过程。在这一过程中，识记是开始，是保持的前提，因此在教学中，特别在记忆要求较高的小学外语学习中，首先要帮助学习者培养良好的识记习惯。为此，我们应该充分利用学习者的无意记忆，以此提高他们有意识记的能力。无意记忆有很大的选择性，生活中具有重要意义的事情，尤其是那些适合自己兴趣、爱好、需要的事情，以及能激起学习者情绪的事情，会给学习者留下深刻的印象，容易记住。在语言学习的起始阶段，学习者记忆的好坏在很大程度上决定着他们以后外语学习的好坏。因此，语言教学应充分利用学习者的记忆特点，适当地把学习内容融合在学习者的活动中，如用教唱外语歌曲、外语儿歌等方法来帮助练习语音、语调。当然在语言教学中，教师如果仅靠无意记忆向学习者传授知识，学习者往往会忽视必要的记忆内容，因此培养学习者的有意记忆也是十分重要的。为此，在语言教学课上教师应提出明确的教学目标、教学要求，让学习者明白要记住哪些单词和句型。如果要求不明确，学习者的学习随意性大，那么学习者的学习成绩必然会下降。所以，教师培养学习者有意记忆的能力是学习者获得系统知识的必经之路。为了使有意记忆在学习中起支配作用，教师应该帮助学习者加深对所学内容的理解，以增强学习者的记忆效果。生活中人们对理解的东西往往不易忘记，外语教学也是如此。若要学习者记得牢，就一定要让他们理解。因此，在教学中，教师要训练学习者抓住事物的特征，并找出规律性的东西，这样做就有利于有意记忆。例如，教单词go时，按外语发音特点，可用no来引出。在教授新句型时，可用旧句型引出新句型。这样学习者容易理解，感到有规律可遵循，并起到温故而知新的效果。但是，用相同读音来引出新词的方法亦不是绝对的，不宜机械地套用。

（2）语言学习中的想象能力　人们在生活实践中，不仅感知当时作用于自己感官的事物，而且还能回忆起过去经历过的事物。此外，人们还可以在已有的知识或经验的基础上，在头脑中呈现从未经历过事物的新形象。这种在头脑中创造新事物的形象，或者根据口头语言或文字的描述形成相应事物的形象的认识活动叫“想象”。想象是一种特殊形式的思维活动，它和感觉、知觉、记忆、思维一样，都是在人们的生活实践中或在劳动过程中发生和发展起来的。

想象和形象有密切的关系，根据形象有无独创性，想象可分为再造想象和创造想象。根据语言的表述或图样、图解、符号记录等非语言的描绘在头脑中形成有关事物的形象的想象，我们称为“再造想象”。正确进行再造想象的重要条件是给学习者的知识要充分，语言的表达要准确清楚，对所表述内容的理解要正确细致，直观材料的运用要恰当。创造想象与再造想象不同，创造想象不依赖现成的描述而独立地创造出新形象。

学习者的想象力特别丰富，低年级学习者的想象以再造想象为主，而高年级学习者的想象则开始具有创造想象的特征。例如，在外语教学中，采用看图说话的方法对学习者想象能力的培养是十分有益的，而且能提高学习者的外语口头表达能力。

（3）语言学习中的注意能力　注意，是人们在进行实践活动时的心理活动或意识对某一对象的指向与集中。通过注意的概念可知，指向性和集中性是注意的两个基本特点。

所谓的指向性，是人在清醒状态时，每一瞬间的心理活动只指向特定的对象，而对于其他的对象则是脱离的。简单说就是，人对周边的事物并不是全部掌握它们的信息，其所能考虑到的事情只是他们此时想要关注的那些被选择后的事物。

所谓的集中性，则是心理活动对某一对象的专注。简单说就是，当一个人心理活动指向某一特定对象的同时，还会将全部精力投入其中。此时周边发生的其他事情都可能会被忽略掉，并不会对他的注意构成绝对的影响。

1）注意的类型。人的注意中有一些是有自觉目的性的，而有些则没有。那么，以此作为依据就可以将注意分为无意和有意两种。

①无意注意。无意注意就是暗中没有预定目的且不需要意志努力的注意。无意注意是个体自然地对某个对象产生的注意，也就是人们常说的“不经意”间的注意。例如，当学习者都在上课的时候，一个人忽然走进教室，此时几乎所有人都会去看这个人，即注意到他。这就是一种无意的注意。无意注意总是被动的、不自觉的，是人们对稳定的环境忽然产生变化的一种应答反应。

具体来说，引起无意注意的原因有两个：一个是刺激物的物理特性；另一个则是人们本身的状态，也就是人们的主观条件。

②有意注意。有意注意是指有预定目的的且有时还需要意志努力予以维持的注意。有意注意就是人们口中的刻意注意，这种注意有明确的目的性，甚至还需要意志努力的维持。

引起和保持有意注意，需要满足下面四个条件。

a.活动的目的和任务要明确。鉴于有意注意是一种主动的、有预定目的的注意，因此设立一个明确的活动目的和任务是相当重要的。只有当人们对目的和任务理解得越清晰和深刻，才能形成更大的完成任务的愿望，由此才能给予那些与完成任务紧密相关的事物更多的注意。

b.重视培养间接兴趣。两类兴趣可以引人注意：一类是由活动过程本身引起的兴趣，称为直接兴趣；另一类则是对活动的目的和结果产生的兴趣，称为间接兴趣。对于人的无意注意来说，起到更多作用的还是直接兴趣。但对于有意注意来说，间接性趣的作用更大。这表现为即便有时活动的过程并不吸引人，但结果是好的，如此也会引起人的强烈兴趣。事实上，间接兴趣越稳定，有意注意保持的时间也就越持久。由此可见，培养间接兴趣对引起和保持有意注意来说意义很大。

c.排除无关因素的干扰。当人们在进行预期中各项活动时总是难免受到各种因素的干扰，干扰会在不同程度上削弱有意注意的维持时间。那么在此时，为了让有意注意保持在良好的状态下，就需要足够的意志来“抗干扰”。详细说到这些干扰，可能来自于外部或内部，外部因素可能是某些突发实践，内部因素则可能来自于疾病或心理层面的情绪。但无论干扰因素为何，锻炼坚强意志仍旧是对培养有意注意的最佳方式。

d.活动组织要合理。如果活动组织得合理有序，就更方便人们集中注意力。例如，对人们要解决的问题提出明确的要求，或是将理论与实践相联系等，这些都可以引起和保持有意注意。又例如，数拍子时用脚点地打拍，或是计算时点数桌上的小木棒。这些方法对于维持学习者的有意注意来说效果颇佳。

在了解了无意注意和有意注意之后，总的来说，在实际的运用当中单纯依靠某一种注意的形式都是不足的。例如，如果只是依靠无意注意来开展活动，看起来好似是轻松的，但会更加杂乱无章，而且非常害怕遇到干扰；如果只是依靠有意注意，时间一长人们的精神就会疲劳，直到无法支撑有意注意，这点对注意力本就不足的学习者来说更是如此。为此，在实际的语言教学中，为了提高学习者的注意效果，应尽量交替使用两种注意形式，即在使用某一种注意后适时改变到另一种注意形式上，如此就是充分利用新颖、多变、刺激性强烈等特点来引起学习者的无意注意，并且也要通过培养间接兴趣来引起学习者的有意注意。通过这样的方法，便可以使学习者既能保持对所接触的事物的兴趣，又能最大限度地缓解因有意注意导致的疲劳感。

在了解了无意注意和有意注意两者之间的区别后，就要求教师在针对学习者开展的教学活动中要合理设计课程，并且需要在语言教学方式上有所改变，如正确地运用语音、语调、语气、表情、姿态、动作等，再结合必要的教具、演示和表演，以及掌握好课程每个环节的时间长度等。这些设计都是为了提升学习者的无意和有意注意，从而使教学的效果更为理想。

2）注意与学习者的发展。

①注意与学习者感知的发展。首先，学习者的注意是其与环境中其他信息建立联系的纽带，在这一基础之上才能进一步利用感知从环境中获取信息，由此对环境有更多的了解。这也直接说明了学习者获取环境信息的情况与注意的指向和特点有关。

其次，注意是感知的先决条件，从而也间接证明了注意对认识能力提升的重要性。一切认识活动如果没有意识的指向与集中就难以记忆，会使看到的事情一晃而过，听到的事情从左耳进从右耳出。

最后，注意是研究学习者感知发展的重要指标。在学习者早期阶段，他们的语言表达能力有限，为此，要想了解学习者的心理反应就可以通过观察他们的注意表现来获取信息。

②注意与学习者智力的发展。注意水平与智力的发展有着紧密的关系。注意是学习者进行感知存在、进行思维和想象的开端。具体来说，注意能使学习者感知到的信息进入长时记忆系统，注意能力越强，记忆就越深刻，深刻的记忆又标志着智力的水平。由此可以认定，注意能力的强弱直接影响着包括学习、工作等多种智力活动成果。

注意还是学习者观察能力提升和行动持久力提升的基础。注意力差的学习者在进行某项活动时总是容易被其他事物所干扰，然而一旦注意出现转移，则直接影响到知识思维活动的广度和深度，进而影响思维水平的提高和实践能力的提高，这也是对自身智力发展的一种不利情况。

从学习者的学习效果角度上看，注意力更加集中的学习者语言学习效果普遍更好，各方面能力的提高也更快，这也会促进智力的发展。

3）学习者注意发展的趋势。实际上，在学习者幼年时期，他们就已经存在注意现象了。随着成长，他们会积累更多的经验，而注意能力也随之发展着。由此，就能总结出学习者注意发展的三点趋势。

①注意的形式从无意到有意。外界刺激物对学习者注意带来的生理反应是无意注意。由于学习者的大脑两半球皮层的兴奋和抑制的产生和转移比较迅速，并且初期他们的语言能力不足，因此更容易受到第一信号系统的影响，表现为格外容易被外界新鲜刺激所吸引，这种情况几乎一直贯穿于学习者的早期学习阶段。然而随着成长、语言能力逐渐增强以及一些有意注意的培养，使得学习者萌发了有意注意。不过，由于有意注意是由脑的高级部位（额叶）控制的，而大脑高级部位的发育又比其他脑部位迟缓得多。所以，学习者早期学习的有意注意发展是非常缓慢的，但从无意注意到有意注意的方向性趋势是不会改变的。

②定向性注意的发生早于选择性注意。定向性注意的源头也是外来的新异刺激，这种行为不用通过学习便与生俱来，甚至很多人直到成年后还会如此，当然成年的这种反应不会有幼儿那样明显和夸张。

选择性注意逐渐成为学习者注意发展的主要表现。所谓的注意选择性主要表现为学习者对注意对象选择的偏好上，这种选择的偏好主要为刺激物的物理特点转向刺激物对学习者的意义，选择性注意的对象逐渐扩大，刺激物从简单到复杂的转变等。

③学习者注意的发展与认识、情感和意志的发展相联系。有许多研究已经表明了学习者注意的发展关乎到他们认知、情感和意志力等水平的提升。这里再度需要明确的一点是，注意的发展本身就是认知发展的一部分，在认知层面中的其他层面的发展都可以认为是注意发展的结果，也是注意发展的原因。为了探索周边诸多陌生的事物，学习者或是无意注意某些外界刺激，或是在成人的引导下完成某项注意训练，然而不管怎样，学习者所能注意到的事物普遍带有更能影响他们的情绪色彩。就拿语言课堂的教师授课行为来说，如果教师的讲授语言风趣、语气抑扬顿挫、身体姿态丰富，自然更能获得学习者的注意，因为种种这些语言教学技巧调动了学习者的兴奋情绪色彩。反观那些语言枯涩、语气平直的教学则难以获得学习者的注意。这种由学习者注意情绪决定的注意力分配方式会随着年龄的增长而逐渐减弱。意志力具有引发行为的动机作用，但比一般动机更具有选择和坚持性，意志力的进步能够进一步保持学习者认知过程中的注意集中性。

（二）影响第二语言习得的外在因素

1. 教师

在所有的客观因素中，教师因素是影响第二语言习得非常重要的因素。对于教师来说，语言教学的责任不仅在于讲授语言知识，也不仅在传授语言技能，而在于教会学习者语言学习的策略。教师的教学手段、教学理念、教学态度等都会对学习者第二语言习得的使用产生影响。

就教学理念上来说，不同的教师，其理念必然不同，因此会从自身的教学结构出发展开语言教学。一般来说，现代的语言教学仍旧是以教师作为中心，其实这不利于学习者第二语言习得的形成与使用。在教学中，教师应该以学习者作为中心。

就教学方式来说，教师为了能够调整好学习氛围，往往会采取一些教学管理活动，但是这些管理对于学习者学习策略的使用是非常不利的。在教学中，师生之间的活动有助于学习者学习策略的形成与发展。

当然，除了这些与教师相关的因素外，教师本身也是一个影响学习者学习策略使用的因素，包含教师在教学中扮演的角色、教师自身的素质等，这些因素都会对学习者第二语言习得的使用产生影响。具体来说，教师在教学中应该具备如下素养。

（1）专业的知识素养　对于教师来说，具备专业的知识素养是极为重要的。它不仅决定着教师能否成为一名合格的教师，而且对教师的工作有直接的、至关重要的指导意义。因此，教师在平时的学习与教学过程中，必须重视丰富自己的专业知识。

（2）教育学与心理学方面的知识素养　教育学与心理学方面的基础知识是教师必须要具备的知识素养，这有助于教师在全面、客观地了解学习者身心发展与教育基本规律的基础上，使教育教学工作顺利开展并取得良好的成效。

（3）个体性知识　个体性知识指的是教师作为一个社会人所必须具备的知识，具体涉及以下几个方面。

对于教师来说，学会生存和生活是其开展教育教学活动的重要前提。因此，生存生活知识也是教师必须要具备的知识素养，如如何在突发事件中求得生存、如何促进自己的生活质量不断提高等。

现代社会是信息社会，也是人际交流的社会。因此，为人处世知识也是教师必须要具备的基础知识，如如何对师生关系、同事关系等进行协调，如何在职业中扮好角色等。

不懂得道德规范的人是卑劣的人，不了解法律的人可能成为社会的罪人。因此，一定的道德法律知识也是教师必须要具备的。事实上，教师具备了良好的道德法律知识，能够有效引导学习者成长为有道德、守法律的人，这对于学习者的健康成长以及社会的稳定等都有重要的作用。

在当前的时代，科技迅速发展，更新换代的速度也不断加快。同时，科技在人们生活中的渗透日益广泛，人们的生活、学习与工作都越来越离不开科技。因此，对于教师来说，掌握一定的科技知识也是十分重要的。

（4）完备的专业能力素养　完备的专业能力素养是教师成功完成教学活动所必需的个性心理特征。具体而言，教师必须要具备的专业能力素养有以下几个。

1）教学设计能力。所谓教学设计能力，就是教师在课前以学习者的身心发展特点、学习水平等为依据，组织加工教学内容、选择恰当的教学方法与教学模式等，促使教学获得最优效果的能力。教师只有具备良好的教学设计能力，才能确保教学活动得到顺利开展，并推动教学取得良好的成果。

2）钻研教材的能力。新课程理念下的教材，不仅仅指的是教科书，还包括各种各样的音像材料、广阔的社会生活以及师生的经验与体验等。由于教材是教学设计的重要影响因素之一，因而教师要想提高自己的语言教学设计能力，必须重视提高自己钻研教材的能力，即能够正确地分析、把握和运用教材的能力。

3）了解学习者的能力。教师在进行教学设计时，学习者是不容忽视的一个影响因素。也就是说，教师只有全面、深入、客观地了解学习者，并以此为基础进行教学设计，才能确保教学取得良好的成效。因此，了解学习者的能力也是教师必须要具备的一项重要能力。具体而言，教师在对学习者进行了解时，应特别注意以下几个方面：第一，要了解学习者的学习能力；第二，要了解学习者已有的知识和心理发展水平；第三，要了解学习者学习的方式与方法；第四，要了解学习者对教学的反馈。

4）利用教学资源的能力。教师围绕教学需要的各种统计数据、声音、视频和动画、站点资源、实物等，便是教学资源。丰富的教学资源是有效开展教学活动的重要条件，因此教师在开展教学活动之前，必须要围绕学习者的学习、问题的解决设计和搜集整理教学资源，并明确如何对所掌握的教学资源进行合理利用。因此，教师所具备的利用教学资源的能力，也会对其教学设计能力产生重要的影响。

5）课堂组织与调控能力。在开展语言教学活动时，教师需要发挥主导的作用，有效地对教学过程中的各种因素和变量进行调控，从而确保教学取得良好效果。因此，课堂组织与调控能力也是教师必须要具备的一项专业能力素养。

6）语言表达能力。教师在实施语言教学活动时，能否取得良好的教学效果在很大程度上依赖于其语言表达这一手段的运用是否恰当、合理。即使在现代化多媒体技术广泛应用于语言教学领域的今天，课堂教学中教师语言的功能仍不可替代。因此，良好的语言表达能力也是教师必须要具备的一项专业能力素养。

7）教学科研能力。当代的教师不仅仅是教育的实践者，还应该是集教学、科研和管理等多种功能于一身的复合型教师。这决定了教师在日常的学习与工作过程中，也要重视提高自己的教学科研能力。

8）教育教学交往能力。这里所说的教育教学交往能力，就是教师在教育教学过程中与他人交流信息、沟通情感、相互知觉和相互作用的能力。只有具备了这一能力，教师才能有效实现与学习者的双向沟通，也才能与其他的教师形成教育合力，共同推进外语教育不断取得良好的成效。

9）信息处理能力。当前的社会是一个信息化社会，新知识层出不穷，信息的数量也不断增多。由于新知识和不断增多的信息会对教学以及学习者发展产生重要的影响，因此对于教师来说，具备一定的信息处理能力也是十分必要的，具体涉及以下几个方面：第一，对信息具有高度的敏感性，能够广泛地接受各种信息，迅速而准确地发现和掌握所从事学科专业新的研究成果、新的论点；第二，对接收到的信息能够进行整理加工、分析研究、转化；第三，能科学地表达和发现自己的信息需求，掌握获取信息的基本方法和现代化工具检索，获取自己需要的信息。

（5）高尚的道德素养　所谓教师的道德素养，就是在教师身上所表现出来的与某种政治主张、思想观点、道德标准相符合的稳固特征和倾向水平。

教师的道德素养，能够对学习者的身心发展产生极其重要的影响。因此，教师一定要重视自己道德素养的培养，切实使自己形成高尚的道德素养。

（6）良好的心理素养　从本质上来说，教学活动就是教师和学习者及教学内容之间进行多向交流的过程。在这一过程中，教师的心理活动会发挥重要的作用，继而对学习者的个性发展产生重要的影响。因此，教师要想促进教育教学效果的不断提高、与学习者进行良好的交流与合作、促进学习者的个性发展，就必须要具备良好的心理素养。具体而言，教师良好的心理素养需要包括以下几个方面。

1）良好的自我意识。自我意识是人格的核心，其主要是通过个体对自己的身体、活动和心理等方面的认识和态度表现出来的。对于教师来说，只有具备良好的自我意识，才能切实以自身的实际条件为依据，设计恰当的教育教学计划，并确保教育教学计划顺利实施、取得良好的成效。

2）完备的智能品质。完备的智能品质就是教师必须要具备的智能条件，其在很大程度上影响着教师能否顺利地完成教育教学工作。

3）积极稳定的情绪。教师只有具备积极稳定的情绪，才能在教育教学过程中营造积极主动的氛围和适宜的学习情境、与学习者形成融洽的关系，并有效激发学习者的积极主动精神。

在与学习者接触的过程中，教师只有切实与其形成良好的人际关系，才能确保教育教学取得良好的效果。因此，构建良好人际关系的能力也是教师必须要具备的一个良好心理素质。

2. 社会环境

语言是社会的产物，是随着社会文化的形成而不断形成的。因此，社会环境对语言有着非常重要的影响。语言教学中的社会环境主要涉及国际大环境、社区环境、家庭环境等。下面做具体分析。

（1）国内及国际社会环境　当代社会，随着一体化进程的加快，文化、科技等各个领域在不断融合，世界成为一个“地球村”。这就导致了需要大量的外语人才。外语不仅是在学校里面学习，还是以后工作的一种必须语言。这种共识也推动着很多人开始学习外语，也推动了中国语言教学的发展。同时，中国教育部对语言教学也格外重视，在教材编写、设备革新层面，不断更新语言教学的环境，促进中国语言教学的进步。

（2）家庭环境与社区环境　家庭环境与社区环境也对语言教学有着重要影响。著名学者苏安华曾经对两个班级进行比较，A班的学习者大多来自干部家庭，B班的学习者大多来自工人与普通职员家庭。在家庭的影响下，A班的学习者显然具有明确的竞争意识，而B班的很多学习者认为语言学习是无用的。正因为如此，在新一轮的教育改革上，要明确实行国家、地方和学校三级课程管理体制，地方可以根据本区域语言教学的实际合理开发语言社区，为学习者提供提高课外语言实践的机会。

3. 学习环境

学生使用第二语言习得就必然会在一定的学习环境中进行，它是影响第二语言习得的重要客观因素之一。而学习环境的良好与否也会影响着学习策略的使用效果。

现如今，学生的学习环境除了教室、宿舍等外，还增加了网络环境。

（1）多媒体教室　多媒体教室是以教育教学的需要为依据，通过整合多种现代教学媒体，如多媒体计算机、录音、录像、投影等而建立的一个综合教学系统。教师通过多媒体教室系统，能够将多媒体教学手段利用起来进行信息化教学，教学更方便、灵活，教学形式与学习者的认知、理解和记忆特点更符合，有助于促进教学效果和效率的提高。多功能教室的教学功能有：与校园网络连接，为网络联机教学和教师对丰富网络资源的调用提供方便；与闭路电视系统连接，使电视媒体的作用充分发挥到教学中；对实物、文字、图片、模型等教学资料的形象展示；对视频教学节目的播放；采用多媒体辅助教学手段，将多媒体教学课件演示给学习者；使各种声音信号从先进的音响系统中播放出来；使计算机信息、视频信号显示在大屏幕投影仪上。

（2）网络教学机房 网络教学机房也称“网络教室”，是集普通的计算机机房、语音室、视听室、多媒体演示室等功能于一体，利用网络和多媒体技术将多台计算机及相关网络设备互联而成的小型教学网络。网络机房主要有以下功能。

教学功能。将多媒体课件、教师音视频、外部音视频等多种信息利用起来对学习者进行集体性或个别性的广播教学。

监视功能。教师可对学习者的计算机屏幕进行实时监视，观察学习者如何操作计算机。可多画面监视多个学习者，也可以单一循环监视每个学习者。

示范功能。教师可通过广播的形式将选定学习者的屏幕、声音传递给学习者，主要起到示范的效果。

文件传输功能。教师可以将教学课件、资料等发送给学习者供学习者自学；学习者可在线提交自己的学习作品。

交互控制功能。教师将键盘、鼠标等利用起来遥控操作选定的学习者；学习者也可按同样的方式遥控操作老师或同学的计算机。主要通过开关来设定遥控过程的控制和交互。

远程管理功能。教师可以对学习者计算机的桌面设置进行远程修改，如屏幕尺寸、声卡音量等。

学习者控制功能。教师可以控制操作学习者的计算机，如锁键、重启、黑屏等。

快速抢答功能。教师将快速抢答功能开启后，学习者按键抢答，最后会显示出按键最快的学习者。

电子举手功能。学习者按功能键来完成电子举手，然后提出自己的问题。

自动辅导功能。教师按照学习者的举手顺序一一辅导学习者。

媒体控制功能。可在控制界面或控制台直接控制媒体设备，如VCD／DVD等。

分组讨论功能。教师划分学习者小组，小组成员间进行讨论，教师可参与任一小组的讨论。

网络联机考试功能。统一发卷、收卷，自动阅卷。

很多教学任务都可以利用网络教学机房来完成，常见的几种应用形式如下。

1）电子备课。教师在网络机房备课可以解决电子课件制作中资料不足、文件较大、不易移动等常见问题。网络机房有包含大量资源的资源库，教师可在课上灵活调用资源。资源库的资源可以被共享，如学校在服务器中存入购买的教学资源，教师可共同享用。

2）课堂教学。网络机房可有机整合多媒体教学信息，为多媒体课堂教学提供方便。在课堂教学过程中，通过多媒体形式（文本、动画、声音、视频等）对教学信息进行传播，调动学习者的积极性。也可在课堂上引入其他直播课堂或教学资源。教师还能利用多媒体课堂教学针对个别学习者进行辅导。

3）学习者自学。网络机房和电子阅览室有相似之处，学习者能够利用网络机房的学习资源独立完成学习，这个学习环境对学习者来说更开放、更自由，学习者可以利用共享资源来学习很多新知识。

4）网络测试。教师可通过网络机房组织网络考试，实时了解学习者的答题情况，然后利用相应功能来自动阅卷，给学习者及时反馈测试成绩，帮助学习者分析与处理错误的问题，使教学效率大大提高。

第二节　语言信息单位与语言文化单位

语言信息单位本身属于语言文化单位，是实现外语文化教学的重要单位。语言信息单位的意义在于帮助人们考察正在使用中的语言文化意义单位，以实现当下的交际意图。与语言信息单位相区别，语言文化单位的意义在于帮助人们梳理文化观念体系，使人们能够从宏观上把握语言与文化的关系与规律。本节就对这两大单位展开探讨。

一、语言信息单位

作为联系语言与文化的媒介，研究和探索语言文化意义单位是近十年语言与文化研究的重要课题。语言与文化关系的纽带在语言学层面都是由语言文化意义单位表达和确定的，同时语言文化意义单位是研究者深入到语言与文化最本质内涵的媒介和依据。

二、语言文化单位

（一）语言文化单位的内涵

语言文化学思想创新之处主要表现在以下几个方面。

（1）建立语言文化场描写体系与研究方法，使语言世界图景的研究获得系统性、描写性和解释性。

（2）语言文化单位成为语言文化场的构成单位，使语言与文化研究拥有共同的媒介。

（3）以西方民族个性为例实现对语言文化场的现实描写和阐释，使语言文化学研究在语言学和文化学两个层面得以实现，大大丰富了该理论的张力。

（4）提出“语言文化能力”的概念，提出“贯穿性文化主题”和“教学圆周制”思想，形成了应用语言文化学理论框架，使语言文化场理论与外语实践教学相结合。

（二）语言文化单位的特征

从形式上看语言文化单位的构成多种多样。但从一个词、词组、成语、段落，一直到整个文本，在完成语言文化单位的功能时首先都是参与了对语言文化场的构建，从而完成对该语言文化场内容的完善和阐释，成为该文化观念系统中的一个链条。语言文化单位的来源主要是以下六个方面。

（1）民间诗歌创作　民间诗歌是西方民族文化的实质部分，是民族社会意识的反映，也是认知西方历史和文明的重要源泉。

（2）反映西方历史和社会思想历程的文献　包括历史、哲学、社会学、文学、语言学和美学等的思想领域专门研究。

（3）杰出的西方科学家、艺术家和文学家的论述　在这些论述中通常凝结着这些智者对西方民族和西方民族个性最为重要的评价。

（4）文学作品　文学作品能够反映西方民族个性的类型和形象，同时也能够反映西方民族个性的发展阶段。

（5）西方优秀民族个性代表人物。

（6）国外研究者对西方民族和西方文化的研究思想和评论　这些思想和评论通常作为对比的背景反映出所有仅属于西方的特点。

（三）对语言文化场的阐释

建立语言文化场描写体系与研究方法，使语言世界图景的研究获得系统性、描写性和解释性是语言文化学思想的创新之一。语言学中各领域得到广泛使用的语义场的研究与描写方法运用到对语言文化学的研究。应该说，在对各语言层级单位的系统研究和分类中，场性研究方法在现代语义学中不仅仅应用在词汇学层面，还应用在语法、文学语言、构词、词典编撰等领域。

场的构成单位内得到反映的相应文化片断，即客观的语言外现实同样应该在语言阐释中体现出场的基本概念、结构和功能。也就是说，存在着这样一种场，它既属于语言范畴，同时也应属于文化范畴，这类语义场的内容是语言意义和语言外含义的集合。因此，既属于语言范畴，同时又属于文化范畴的语义场称为语言文化场。

（四）对西方民族个性场的描述

在语言文化场理论中，以西方民族个性为例实现对语言文化场的现实描写和阐释，使语言文化学研究在语言学和文化学两个层面得以实现，大大增加了该理论的张力。

德国语言学家洪堡特在《论语言的民族性》一文中曾写道："希腊人凭借精微的语言意识，极为深切地体会到了诗歌类型同语言方式之间的密切联系，使得每一类型的诗歌只能用丰富多样的希腊语的特殊方言之一来吟诵。这个例子生动地体现了希腊人语言特性的强大力量。"这段话说明了一个民族语言的固有特性和形成这些固有特性所需要的民族品质。运用语言文化场的研究方法分析了西方民族个性的基本内涵，恰恰反映了西方语言与西方民族个性、民族文化之间的有机联系和相互影响。

许多西方和西方的学者的理论对个性观有很大影响，其中以历史文化类型理论、文化类型理论、民族心理理论的影响最大。综合了以上学者对个性、文化、社会和民族的认识，社会文化系统与社会、民族、个性和活动等共通性范畴的层级联系密切相关，活动是建立在文化历史类型、理想类型、历史或民族个性的基础之上的。历史进程表明，决定世界发展和进步的思想都具备超个性和客观的性质，一切都是在历史的过程中通过个性实现的，世界的思想也是由个性产生、传播和保留的。个性以某种方式代表了社会、代表了民族，也代表了自己所处的时代，因此说，个性具有共通性意义。

正是个性的共通性意义需要进行语言文化学分析和解释。个性区别于个体，是通过社会化的关系和自身积极的活动所达到结果的体现。个性通常表现出两面性：一方面，个性不能与社会关系和社会活动割裂开来；另一方面个性具有作为个体的独立性。个性是社会文化整体的功能，而社会文化系统是个性的功能。价值关系的研究不能脱离个性而存在，文化是个性本质力量的体现，而个性的价值和意义是通过个性自身创造的物质和精神文化来衡量的。也就是说，文化与个性互为目的，双方相互作用的过程具有双重性，文化由个性创造，同时个性也由文化塑造。以社会关系为中介文化在每个个性中认识自身。个性从整体上给社会活动带来深刻影响，各种社会相互作用的形式确定了个性的类型，因此对个性的内部世界进行分析对于语言文化学具有原则性的意义。

民族个性具备三个基本特征。

（1）民族个性是精神与肉体的统一　个性是以精神性和文化价值观念体系思想为基础的，精神性及其道德美学本源与世界文化、民族文化及民族传统密切相关。民族个性的基本特征是能够反映该民族内在的本质精神特征。因此在研究西方民族个性时应该挖掘西方民族精神特征的基本参数。

（2）民族个性通过与其他作为精神文化载体的主体及民族物质文化领域的联系实现自我认知　因此在对西方民族个性进行描写时，必须要考虑到它的相关物质文化领域各要素，也就是说，在建立西方民族个性文化场时，不仅需要涵盖一定的文化心理及社会语言现象，还应该包括其物质文化要素。

（3）对民族个性的考察和研究既要关注其历史发展，同时还应该兼顾对民族个性整体性的研究　首先，民族个性是历史发展的产物，代表民族个性的实质特征在不同历史时期都会有不同的表现。同时，民族个性具有恒量性质，不管历史如何变迁，恒量部分和特征保证了民族精神的支撑和延续。

从上面的阐述中可以看出个性与文化、社会与民族的相互关系，也可以看出民族个性与民族文化精神实质的联系。我们知道，语言是文化的载体，个性是语言与文化关系的集中和反映，对民族个性的研究一定要追溯到语言的层面才最具有操作性，因此，民族个性的研究与语言个性的研究具有共同的性质，表现在社会关系中的民族精神基本内容是民族个性的精髓，而表现在语言中的民族精神基本内容是语言个性的实质。先例文本将个性、语言和文化统一在一起，成为研究语言个性和民族个性的有效载体，同时也是语言文化场内各语言文化单位的外在表现形式。这样，把民族个性的研究纳入到语言文化学的研究范畴并以文本作为民族个性研究的载体和中介。民族个性研究经由文本完成了从意义到知识再到意义的转换，从而不断使知识进入到更高一级的阐释学循环中去，丰富了人类对自身及自身与世界关系的认识。

基于以上对个性和民族个性的认识，汲取了结构主义语言学和结构化研究方法。结构化分析的基本原则，一是合理确定该语言文化场中恒定不变的内容；二是对场内不同层级的语言文化单位进行聚合和组合的分工。

在研究了科学文化与宗教流派“西方思想”等观点后，学者归纳了“西方民族个性”的核心文化观念内涵：宗教性（东正教）；团契性和聚和性；全人类的使命感；对最高经验形式的追求；宽广的胸怀和超越时间性；极端性和矛盾性。

这六个特征是西方民族个性的核心内容，构成了该语言文化场的中心部分。其中每一个特征都可以构成独立的语言文化场。

在西方民族个性场的基本结构模型图中建构了两极对立的双中心模式，双中心构成椭圆形模型图，形成多元和多变的语言文化单位集合。

西方民族个性充满对最高经验形式的追求精神。这一民族个性特征也是其宗教性的派生表现之一，主要表现在宗教经验、道德经验、美学经验、接受其他民族精神生活经验和智力直觉等方面。在确定人的实质，特别是西方人性格实质时，要求“普行善事、知晓真理、珍惜美好”，因此“真”“善”“美”成为西方民族个性所追求的最高经验形式，也是从这样的理解出发，造就了西方人在基督教美学、科学和艺术等领域用追求完美的心境体现最高经验形式。正是对宗教的一种崇高信仰使西方人相信“真”“善”“美”的存在，并认为达到“真”“善”“美”的境界和高度才是信仰的真正体现。这些认识和意识是西方人在自己社会化的过程渗透到骨子里的一种精神，因此我们看到，经历了近千年的岁月洗礼，无论西方的政权和国家体制怎样变更，西方人总能在文学、音乐、绘画、舞蹈、建筑等诸多艺术领域和科学领域达到巅峰的状态，有许多艺术形式和科学水平堪称世界一流。

这些辉煌成就是西方民族对最高经验形式极致追求的最好体现。我国学者彭文钊在研究西方人的个性特征时，把汉俄两个民族对“真”“善”“美”的追求的实质内涵进行了对比。他认为，每个民族文化中都有对“真”“善”“美”的渴望与追求，只是不同民族拥有对“真”“善”“美”不同的定义和标准，同时每个民族从自身的文化基础出发表达其理想的“真”“善”“美”。从东正教角度出发，在“真”“善”“美”中，以绝对的善和绝对的真为首要的特征，对“宗教真理”的追求包含着深刻的宗教性及道德伦理内涵。中国文化中追求“真”“善”“美”的最高境界是以孔子为代表的儒家学派提出的“仁”的观念。狭义的“仁”指的是“四德”“五常”之一的“仁”，广义的“仁”，指全德之称，是人道德的根源、总纲和人生应该追求的最高境界。“仁”是汉民族的思维模式和文化心理结构，“仁”有一个由树立与彰显个体理想向主体的世界观和人生观升华的过程。“仁”是一个具有实践性格而不待外求的心理模式，渗透到社会和人们的日常生活、人际关系、风俗习惯、行为方式和思维方式中。表现在文学中，汉俄文学都承载着道德和哲学的重负，均没有表现出为艺术而艺术的唯美主义特征。中国文学在诞生之初就被灌注了政治意识和道德热情，此后经过儒家批评家实用主义的发展和修正，其总的倾向是“文以载道”“诗以言志”，体现出“美即善，美、善不分”的文学审美倾向。西方的文学家直面社会的暴风雨，爱祖国、爱人民、保卫人民的利益，与专制制度、农奴制度的横暴斗争，对公民职责高度自觉，同国内的解放运动保持密切联系，这些都是先进的西方文学内容的特色。

最后，西方民族个性具有宽广胸怀和超越时间性的特征。西方民族个性的宽广胸怀和超越时间性特征除了受到以上宗教性、团契性、全人类使命感和对最高经验形式的追求等特征的影响和作用之外，还受到西方广博地域的强烈影响。

第三节　语言文化观念研究

一、“贯穿性文化主题”和“教学圆周制”

В. В. Воробьев不仅建立了语言文化学的学科体系，用语言文化场的研究方法系统研究西方民族个性，还对语言文化学的应用层面进行研究和描写。

其有多年的对外外语教学实践经验，在应用语言文化学领域提出了“贯穿性文化主题”和“教学圆周制”等概念，结合“西方民族个性”这一语言文化场开展语言与文化互动教学并为教学材料的组织和教材编写提供了理论基础。

自从语言国情学教学原则引入对外外语教学后，西方的教师和学者们一直积极致力于将西方文化和西方思想纳入教学过程，“西方和西方人”“西方民族性格”“西方精神”“西方民族个性”“西方思想”“西方文明”等主题在教学篇章和对话中均有体现。但是这些题目的引入没有固定计划，教学组织也缺乏系统性。

把“西方民族个性”作为贯穿性文化主题系统引入对外外语教学具有必要性和可操作性，因为西方民族个性的主要特征“团契性或聚和性”“矛盾性”“善良”“宽广的胸怀”“好客”等在社会意识的语言层面能够得以体现并能够确定词汇、成语和名言警句意义的完整性，而从语言学和外语教学的观点看这一贯穿性文化主题具有良好的语言学习和交际价值。

因此，尝试以“西方民族个性”为贯穿性文化主题进行语言文化场的教学描写。应用语言文化学观的创新性主要表现在如下几个层面。

（1）明晰了具有层级关联性的两个概念——“贯穿性文化主题”和“教学圆周制”。

（2）确定了在教学中心原则基础上的语言教学内容。

（3）以教学中心原则为基础建构语言文化场的层级，以“西方民族个性”为贯穿性文化主题研究教学圆周制的操作方法。

（4）贯穿性文化主题通过具有同一题目和内容的教学材料得以实施，属于人类活动的重要方面。

这些教学材料贯穿于语言教学过程并完成相应的教学组织功能，具有一定的层级结构，同时具有语言、交际和文化价值。

教学圆周制五大特征如下所述。

（1）把具有同一题目的教学材料按照组别和等级进行分类，以最小限度为原则，设计能够充分、完整使用教学材料的教学大纲。

（2）按照教学内容的需要把教学材料划分成学生可接受的等级，保证前一时间段的教学内容是后一时间段教学内容的基础，前后时间段的教学内容应有效衔接。

（3）教学过程中学生应掌握大量信息和相对较为复杂的信息。高一等级的教学内容量应大于低一等级的教学内容量，内容也应逐渐复杂。

（4）从基础信息向边缘信息展开教学。信息复杂程度与信息中心或边缘性特征并不等同，但基础信息一般应采取简单化的引入方式。

（5）教学材料应按照时间段和学生智力水平分成等级。如教学时间短、材料等级过高则不利于学生对材料的掌握；教学时间过长、教学材料过少则使学生失去学习兴趣。选择“西方民族个性”作为贯穿性文化主题，应使文化内容的教学材料与学生语言水平相一致。文化信息的深化和增加应以学生语言能力的提高与完善为基础。

基于以上几个基本特征，我们可以概括出，“教学圆周制”是以一定等级划分为基础、彼此在教学内容上具有连续性、信息数量和内容深度逐步加强、以基础信息向边缘信息扩展为原则并与学生的智力水平和教学条件密切结合的教学材料。

二、语言文化场教学圆周制

语言教学中运用语言文化场时要考虑到其在教学法层面显示出的特征。

（1）语言文化场由多个描写和反映语言外现象的语言文化单位构成。这些语言文化单位既具有共通性特征，同时具有自身的区分性特征。一个语言文化场内通常具有一个或几个主要语言文化单位。一个场的主要语言文化单位专门表达场的意义。

（2）语言文化场具有完整义素，即每个语言文化单位都具有的共同思想和意义。完整义素是各语言文化单位是否属于某一语言文化场的标志和决定要素。例如，一组语言文化单位不能够区分出完整义素，那么这些语言文化单位就不能构成语言文化场。

（3）构成语言文化场的各语言文化单位具有层级关联性。在相互交叉的各级复杂系统中，判断语言文化单位归属的标准就是以上谈到的完整义素。

（4）语言文化场的建构受到一个民族社会、历史、文化等因素的制约，是民族社会心理意识和认知意识的结果和体现，因此语言文化场的层级结构具有民族性特征。对语言文化场进行系统构建和描写的过程，也是发现不同民族语言世界图景和思维方式异同的过程。把语言文化场引入语言教学过程，有利于培养学生的语言文化和思维方式对比的能力。

利用贯通性文化主题“西方语言个性”开展教学要注意将“语言文化场”和“教学圆周制”紧密结合。首先应该在语言文化场内选择词汇、成语和其他各种语言单位并研究选择这些语言单位的程序。其次按照“教学圆周制”原则对语言文化单位进行分类。

三、语言文化场教学圆周模式

有学者把语言文化场教学组织分为三个圆周。第一个教学圆周制是选择属于相应语言文化场核心的语言文化单位并对语言文化单位的语言层面进行教学的过程，通常是在语言基础教学阶段完成。第二个和第三个教学圆周制是对第一教学圆周已经选择的语言文化单位在语言和文化两个层面进行扩展的教学过程，通常是在语言教学高级阶段完成。我们在研究语言文化场教学圆周模式后进行以下概括和总结。

语言文化场第一教学圆周是对场内基本语言单位进行选择和教学的过程，通常在语言基础教学阶段完成，为向第二、第三教学圆周的教学阶段过渡打下扎实的基础。语言文化场第一教学圆周的基本教学原则以基础阶段的词汇和语法教学要求为准则。在语言文化场综合义素的约束下确定语言单位应该具有的基本语义特征。

应该指出的是，这里我们用的术语“语言单位”，实际上也是构成该语言文化场的语言文化单位，在基础阶段侧重教学的语言层面，对语言文化单位的文化信息功能暂时做弱化处理。可根据对话和篇章的内容稍做训练，但一定以词汇和语法的掌握为重点。

教学圆周中语言单位的选择以三个综合义素为依据。以下我们较详细地列出教学圆周的语言文化信息单位选择过程，为语言教师提供实践教学做参照。

通过对应用语言文化观的研究，我们可以得出以下几个结论。

（1）语言文化场教学圆周模式为应用语言文化学提供了新的思路和切实可行的操作方法。

（2）语言文化场具有强大的场性张力，构成语言文化场的语言文化单位的确定和选择成为关键教学环节。

（3）通过三个教学圆周能够实现语言文化场建构的文化观念的阐释和整合。

（4）成为三个教学圆周基本单位的语言文化场、词汇语义群和扩展单位群成为某一文化观念在语言世界图景中的外化表现形式，其构成遵循了语言聚合关系和组合关系规律，运用聚合关系和组合关系揭示文化观念的内涵是应用语言文化学框架下的基本教学方法之一。

（5）将三个教学圆周中某一贯穿性文化主题引入实践教学的过程很复杂，篇章在非语言环境下帮助学生形成相应的语言与文化联想关系，也是揭示和串联语言文化信息单位之间联想关系的纽带。

（6）语言文化场圆周教学理论对高年级和研究生阶段的语言文化教学材料的选择与组织具有一定的指导意义，也为编写各类外语教材提供了新的视角和方法。

第四节　跨文化外语教学的理论依据

一、文化文本

文化文本是一种符号表现形式，它是一个模式化系统，是一个信息系统。自从产生了人类社会，也就产生了符号。人类所创造的符号经历了从低级到高级、从简单到复杂的过程。相关研究表明，人类最初是通过手势、身势和叫声进行交际的。

随着人类交际活动的发展，人们需要表达一些更为复杂的意义和思想，于是语言便应运而生。由于人们交际活动的增多及其深度和广度的扩大，最初的口语符号逐渐发展成为文字符号，并细化为历史、文学、法律、政治等话语。与此同时，人们在生活和生产过程中逐渐形成的表达内心感受的其他符号形式，如音乐、舞蹈、绘画等，也不断完善和发展，成为一个个相对独立的体系。

人类社会发展到今天，已逐渐形成了一个庞大且相当完善的文化符号体系。表现为符号的文化文本可大致分为以下几个方面：文字典籍，如文学、电影、戏剧、绘画等；规制，人们在日常生活中遵循的社会组织各方面规定，如各种仪式祭祀、祈雨等；器用，长城、金字塔、瓷器等。下面从文化符号学的角度分析文化文本的特征。

（一）文化文本是一个模式化系统

文化文本是人类认知、模拟生活的一种方式和结果。由于世界的复杂性，人类在认知世界的过程中，需要越来越多的符号手段，以对其加以把握，以传达更多的关于世界的信息及人类自身对该世界的感受，于是人类社会中便出现了越来越多的“符号语言”——浑成性符号和离散性符号。这些符号体系实际上是对世界的一种模式化。这个模式化系统具有两个作用，一个是模仿周围的世界，另一个是对纷繁的世界进行某种程度的梳理、概括和总结，使其体系化、简明化。

1. 第一模式化系统

自然语“不仅是人类集体中最早的交际系统之一，而且是最强大的交际系统”。文化符号学中，自然语构成的系统被认为是第一模式化系统，并被认为是作为第二模式化系统的文化文本的基础。因此，阐释自然语的作用，将有利于理解文化文本的功能。每一个民族所拥有的自然语言是在长期的历史发展过程中逐渐形成的，是人们为了交际方便的需要而创建的代码系统，是人类用来表达思想、进行交际的工具。其特点是，用抽象的符号代替各类事物，如用英语的“table”、俄语的“СТОЛ”、汉语的“桌子”替代由一根或多根竖直的腿支撑并具有一个平坦表面的家具。此外，自然语言也可以描述和表现客观事件、现象及其相互间的关系，如下列日常对话。

“福天，你刚才干吗了？”

“去超市了。”

“去超市干吗呀？”

“买大车了，大火车，轰隆轰隆轰隆，嘀嘀嘀，到北京喽，轰隆轰隆轰隆，嘀嘀嘀，到上海喽！”

“谁给你买的火车啊？”

"爸爸买的！"

上述对话反映了父亲带孩子去超市买玩具、孩子拿着玩具高兴玩乐的情形。可以说，自然语是一个模拟系统，它通过模仿周围世界的组成、结构和运动，用便捷的符号代替了客观实物，从而大大方便了交际。此外，自然语系统也令世界体系化、概括化、简明化。

世界是纷繁复杂的，而不同民族的人通过运用自然语——一定的词汇和语法系统——使其以抽象、富有条理、合乎逻辑的形式显现出来。例如，表现事物、现象、时间、地点的名词系统，表现动作、行为的动词系统，表现事物性状的形容词和副词系统，以及用于表现事物间因果联系、支配关系的词法、句法等。

但是，自然语不仅仅对世界进行描写和分类，更为重要的是它概括出世界的模式，即并不是毫无遗漏地进行描述，而是总结、突出其主要特点，传达主要的信息。如上所举例子，直接用"table""СТОЛ"指称"桌子"这一物体，而不是用"一根或多根竖直的腿支撑并具有一个平坦表面的家具"这样一种烦琐的表达。显而易见，自然语这种突出主要信息的特点，大大简化了交际。

自然语的模式化功能与语言的特点密不可分。语言是一种表达观念的符号系统，由能指和所指构成，而且在某一民族语中，能指和所指之间建立了约定俗成、稳定的联系。语言符号能指和所指之间的固定关系，保障了某一集体成员彼此间能够交际，同时这也是语言系统模拟现实、使现实有序化和简明化等功能的基础。

2. 第二模式化系统

自然语"以自身的结构对人们的心理和社会生活的许多方面施加强大的影响"。"由于人类的意识是语言意识，所有建构在该意识之上的模式类型——其中也包括艺术——都可以被定义为第二模式化系统"，后者是"建立在自然语基础之上的交际结构（神话、宗教）"。

第二模式化系统（如同所有符号系统一样）"根据语言的形式建构"。它们"相对于第一性的自然语而言是第二性的，他们直接（超语言的文学艺术体系）或作为与自然语类似的形式（音乐或绘画）建构于自然语之上"。这意味着，并非所有的文化文本都以自然语为材料，如音乐、绘画、雕塑等，但它们却都具有同自然语相似的特征，即在这些文本中都可区分出组合和聚合关系，这些文本都可被视为根据语言的形式建构起来的系统。如音乐可被视为由连续不断的音符构成的组合体，而构成旋律的一系列节奏、节拍、音高、音强、音色形成不同的聚合体。在绘画中，不同的点、线、颜色组合成了一幅图画，但我们又能够在其中划分出各种颜色、线条的聚合体，此外，该画也可与其他绘画构成聚合关系，如分属于人物画、风景画、静物画或是动物画等。雕塑同绘画的情况类似。

第二模式化系统具有这样的特点，即通过它们，“世界或其各部分的模式被建构起来”。第二模式化系统具有同自然语一样的模拟世界的功能。以自然语为材料的文学文本、政论文本，发挥着同自然语相似的模拟作用：通过语言文字表现世界以及对它的认识。但不同的是，文学文本在自然语的基础上建有自己一套独特的语言——隐喻、借喻、比喻、夸张、通感，而具体到诗歌文本，则还有韵律、韵脚、音步、诗行、诗节等。运用这些独特的语言，文学文本生动传神地传达了一定的艺术信息。而绘画、雕塑和影视文本，更是以逼真的图像模拟了现实或虚构的世界。

作为文化文本的建筑物，也有这一特点：如中国古建筑群天坛，通过对天地的模仿，表现天的崇高、神圣和皇帝与天之间的密切关系，藉以强调皇帝至高无上的权力。我们再以仪式为例，“不仅祭祀中的用牲（如太牢、少牢、鱼）、舞蹈（如八佾、六佾）、服饰（如天子冕旒衮服）、对象（如天地、祖先、山川）等是人间秩序的象征，而且仪式上的陈列、行为、场所，也处处是象征……如祭祀时，要使祭祀的场所与祭祀的对象相符，即以同样的形制、方向、色彩的祭坛象征所要祭祀的对象，如以外圆内方的圜丘祭天，以玉琮礼天……又如春分时以太牢祭祀高禖……又如祭祀仪式上的物品也是象征……甚至祭祀仪式上的种种姿态，也是富有象征意义的，捧持祭器的人，尽管祭器很轻，也要做出一副似乎端不动的样子，‘凡执之器，执轻如不克’，就是用这种姿态象征祭器之‘重’，进而象征礼仪的隆重”。

显而易见，仪式的象征性反映了其模拟世界的功能。第二模式化系统通过这种模拟表现了与世界相似的结构或过程，即再现了世界。而这种模拟作用，就是交际功能的一种体现。

第二模式化系统同样具有令世界结构化、简明化的功能，也即将世界纳入一定的认知框架中，忽略一些不重要的细节，概括、抽象出其本质或重要特征。以文字材料为基础的文化文本通过语言系统反映了世界并令其模式化。

具有文化内涵的建筑，也通过砖、石、瓦、木、铁等物质材料在固定的地理位置上构筑内外空间，并利用空间形状和构成反映另外一种时空构成或某种理念，如上述天坛的例子，从而达到了用基本的建筑材料及其所构成的空间模拟世界中其他现象的效果。

另外，绘画文本用点、线、色彩、图形，雕塑文本用点、线、面、块、色彩，音乐文本用乐音、节拍、节奏、音强、音区、音色，戏剧文本用布景、道具、语言、音乐，影视文本用人物、景物、色彩、光强、语言、音响、音乐等一系列基本要素，将由分子构成的真实可感的事物现象，或没有实体表现的抽象的思想概念、神话传说、不可捉摸的时空等，纳入该语言体系内，使其遵循该体系所固有的组合、聚合规律，并通过某种程度上简化的方法用简略的语言有效地描述丰富的内容，从而使复杂的现实变得相对简单、明了。

文化文本的模式化作用在于，将世界纳入一个在某种程度上与之相应的有序体系内，使无序的世界有序化，使纷繁的世界简单化，由此建立一个相对泾渭分明的文学、艺术、法律、宗教、政治等文化体系，这些体系用相对简约、便于操作的符号手段传达世界丰富的信息。

（二）文化文本是一个信息系统

文化文本作为一种符号体系，能够产生和传达信息。

1. 文化文本的内容层面与文本信息

作为第二模式化系统的文化文本，具有意识形态、伦理、艺术及其他类型的意义内容。从意义形成过程来看，文本意义是由符号单位相互作用而形成的。文化文本中的信息分为两种情况：组合关系产生的信息和聚合关系产生的信息。

因符号的组合关系产生的信息。文化文本的符号彼此联系起来，在空间上构成一个连续统。整个连续统所传达的信息（A）是由各个符号信息（B、C、D、E……）相互作用形成的，但A绝不等于B+C+D+E……而总是大于这些成分的集合。如音乐文本，单个音符不连贯的出现绝不可能给人带来峨峨如高山、潺潺如流水、嘤嘤如鸟鸣、丝丝如落雨的感受，也不会使人有长烟落日、古道秋风、飞花飘雪的遐想。绘画文本同样如此。如观赏写意山水画，是整个画面，而不仅仅是某个线、点向我们透露出诗人那种恬淡闲适、远离尘世、寄情山水的情怀。

再如器物，是其材料、形状及各部分构成的整体，而不仅仅是其中某个部分传达出其特有的文化意蕴。我们以玉琮为例。这是一种筒状中空、外部方形、中间圆形、饰以兽面纹或鸟纹等动物纹样的古代玉器。人们对其象征意义有不同的看法，一种看法认为："古代人的联想是按照相似性原则进行的，玉琮是玉所制，本身十分圣洁，它的外部被雕成方形，与古人心目中的大地相同，而它的内部又是圆形，与古人心目中的天穹相似，它的中间是空的，能够象征天地上下的相通，所以可以在祭祀时供奉天地，拥有沟通天地、接引神鬼的神秘力量。"另一种看法认为："玉琮是神灵凭依的'主'，而圆孔是死者归来的栖息之处。"还有学者指出："玉琮是古代神人与神兽结合的浮雕。"无论何种看法和认识，都需指出的是，玉琮的材料——玉石，形状——内部圆形、外部方形、筒状，纹样——兽面纹或鸟纹等要素结合在一起共同传达出单独某个要素所不能传达的信息，诸如不具备玉琮形状和纹样特征的一块普通玉石绝不会令人想到其有沟通天地、神灵的功能。其他文化文本也都是通过其各个部分在组合过程中的相互影响和作用，传达只有作为一个统一的系统才能传达的文本信息，在这种情况下，文本可被视为一个不可分割的符号。

因符号的聚合关系产生的信息。文本中的某些成分往往会因一些相似点而形成聚合系列。这些聚合成分彼此补充、相互支撑，在相同之中显示出不同，在不同之中又有相同，有时看似矛盾，实则服务于一个目的，从而形成了新的文本信息。如文学文本往往从不同方面反映、强调、突出同一个对象，我们可以从这些聚合成分中获得信息，从而了解这一对象的真实情况，试看下例。

辣辣在三十岁那年成了寡妇。

那时她有七个孩子。最大的儿子得屋十三岁，最小的是一对花生双胞胎，男孩福子和女孩贵子，刚刚满了两周岁。而她肚子里还怀着四个半月的身孕。当身强力壮的王贤木在世时，辣辣从来没有想过节育的问题，她认为只有做婊子的才不愿生孩子。

在沔水师范附属小学教书的王贤良对伏在他背上湿漉漉的嫂子说：“你怎么能这个样子呢？生命属于人只有一次啊！”

上例中，三个段落分别指出女主人公辣辣的年龄、婚姻状况、子女情况、社会关系。就表现人物的特征而言，这三个段落的文字形成聚合关系，从不同方面刻画出人物的形象。

我们再以传统的中国画为例。传统的中国画往往是诗、画的结合体，画面中的诗歌因素——词句和绘画因素——点、线、图，围绕画的内容构成两个聚合系列，并呈现出各自的特点：绘画因素直观、具体、真实地表现出事物，但它受到时间和空间限制，只能表现事物某一瞬间的静止状态；与之相反的是，诗句不受时间和空间的限制，可以说明事物在不同时间、不同地点的发展变化情况，容量比画大。诗画这两门艺术结合起来，便取长补短，在共同表现绘画文本内容的同时，从不同方面丰富、充实该内容。其他文本，尤其是影视文本，也具有因聚合成分的相互作用而产生的文本信息。

2. 文化文本的表达层面与文本信息

文化文本的表达层面自身就参与生成、储存、传达意义或信息的过程，从而使表达层面与内容层面彼此水乳交融。

从组合关系来看，符号外形与符号外形间的组合关系往往决定了符号内容、信息彼此间的关系，什么样的符号组合就会决定什么样的文本信息，组合形式的变化随之会引起文本信息的改变。如在文学文本中，任何改写都会使之失去其原有的艺术性，而对政治和法律文本的任何删减或补充，都会改变其原本的意义及这些文本所固有的严肃性、正式性（从某种意义上说，这也是一种信息）。

文本表达层面各符号间的组合关系决定文本的信息、内容，表达层面组合关系的变化引起文本信息的改变，较具代表性的例子是中国的回文诗。如诗句“幽林古寺孤明月，冷井寒泉碧映台”，它传达出林木清幽、寺庙古旧、一轮明月、井水冰冷、泉水寒凉、绿色的水波映照出楼台的情形，但若倒读该诗句则为“台映碧泉寒井冷，月明孤寺古林幽”，该诗句传达的是楼台映照在碧绿的泉水中、井水寒冷、月光明亮、一座寺庙、古老的树林幽静之意。

非文字文本中，也有文本表达方式变化引起文本意义改变的情形。如某些固定的风俗仪式改变后，会失去其本初的象征意义，有时甚至被人认为是亵渎神灵、先祖。葛兆光就指出，“公元前625年，鲁文公在太庙祭祀先祖时，将僖公放在闵公之上，但闵公作鲁国的国君在僖公之前，僖公与闵公是同辈兄弟，虽然年长于闵公，但文公的做法已经是‘逆祀’，主持者夏公弗忌当宗伯，以为‘新鬼大，故鬼小，先大后小，顺也，跻圣贤，明也，明、顺，礼也。’但是这种出自个人理念的逻辑并没有历史的依据，所以受到君子的批评，君子认为，按照辈分祭祀才是天经地义”。

其次，文化文本表达层面上符号间的聚合关系，也会影响文本传达信息。我们以诗歌为例。诗歌的显著特点是有节奏，即语音、语调有规律地运动所造成的抑扬顿挫、轻重缓急等现象；有韵律美，即相同或近似的语音在诗句的一定位置上有规律地反复出现；此外有整齐的诗行和诗节。这一体裁形式决定了此类文本具有不同于其他文本的特征。

这一切使大量的符号在表达层面的聚合关系上出现相似现象：音位、词法、句法、甚至词汇位置、部分文本的结构与整个文本框架结构等普遍相似。这些相似也即重复使诗歌文本产生了不同于散文的意义：语音、词汇、句子、语法的相似使自然语中意义不同或没有联系的单位变得“同义”或产生某种联系，这样就导致出现表达决定内容的情况。

二、民族文化符号域

民族文化符号域的概念是洛特曼根据维尔纳茨基院士的生物域理论，从符号体系、文化载体的角度提出的。从文化符号学的视角来看，一切人类文化现象如文字典籍、器用、规制都通过符号表达人类对世界的认识、人类的经验等有价值的文化信息，因此文化是一整套符号体系的总和。同一民族文化中各类文化符号产生、存在、活动、发展不可或缺的空间就形成了该民族的文化符号域，它意思上大体等同于我们所讲的文化背景、文化环境。“符号域是所有文化的文化和保障所有文化能够产生及存在的环境”。

民族文化符号域的中心是诸文化门类中体现民族重要观念和民族思想传统的部分——文学、艺术、生活习俗等。民族文化符号域提供了民族文化文本存在的空间，没有它，民族文化或民族文化文本就失去了其生存和运作的根基。“没有一个符号机制能够作为孤立的、陷入真空的系统发挥作用。它运行的必要条件是进入符号域——符号空间中”。“单独的符号系统，尽管必须先有内在的组织结构，但它们只有在整体中彼此依赖，才能发挥作用。没有一个符号系统具有能够保障其独立发挥作用的机制”。

（一）民族文化符号域的动态性

民族文化存在的空间——民族文化符号域是一个不断发展、变化的空间结构，从本质上说它富有吸纳性和开放性。符号被视为人类与动物的一个区别标志。卡西尔（E. Cassirer）称：“从人类文化的角度来看，符号化的思维和符号化的行为是人类生活中最富于代表性的特征，可以把人定义为符号动物。”

人类为了生存、交际和发展的需要，创造出各式各样的符号。对于某个文化集体中的所有成员来说，他们所运用的符号都是在接触周围世界的过程中，通过感觉器官接受外来信息，并通过人的思维加工而产生的。随着世界被逐渐认知和人们的生产、生活条件的改善，通过人们的认知思维，出现了越来越多的表达和体现世界的各类语言，因此文化倾向于多语共生。“没有一种文化能够满足于只拥有一种语言”，从原始社会的图腾仪式、结绳记事、诗歌发展到现代的电视、电影、各类多媒体手段的过程中，文化符号不断产生和演变。文化语言不断增生的机制已进入到所有现存的文化中。

另外，由于文化是人类信息的存储器，这些信息不可避免地与过去、现在的经验相联系。除了对现实的一部分做出选择并进行复杂的编解码，将其翻译为某种文化语言，并将该信息载入民族文化符号域之外，翻译到某种符号体系中的内容会被储存起来，它们中的一些在某些条件下会重新显现，这也同样引起文化符号域中符号的更新与变化。如发掘出土的文物、古迹、文献、字画等，它们作为活跃的因素，将过去、现在、甚至未来联系起来，在丰富文化符号的过程中起到了重要的作用。

由此可见，整个民族文化符号域处于动态变化的过程中。它不断更新，失去一些成分，同时又创造或获得新的成分，这不仅保证了作为信息系统的文化符号域的相对稳定性——不至于符号信息过多而无力处理、也不至于信息过少而无法运转，并且保证了符号域的动态性，使符号域成为一个不断吸纳新的因素，变更自身的符号集合。下面主要从符号域中心与边缘的互动、符号域边界的变化两个角度说明民族文化符号域的动态性。

1. 符号域中心与边缘的互动

文化符号学认为，符号域是个多层级、复杂交错的结构。从符号的角度来看，处于符号域中心的文化文本，或是最具组织性和稳定性，或是最为社会广泛认同，或是最能体现理想图景、民族文化观念的符号语言。处于民族文化符号域中心的符号结构，在一定条件下会成为该民族文化符号域的元语言，即文化的自我描写语言。

在这种情况下，它具有下列特点："它应具有高度的模式化能力，也即描写最大范围内的客体，其中包括尽可能多的未知的客体（这是对一个认知模式提出的理想要求），或者具有将它未能描写的客体解释为'不存在'的能力；其系统性应被使用它的集体意识到，后者将它视为赋予未定形的事物以系统性的工具。"具有这些功能的文本，有政策、法律、习俗和礼仪等。这是文化发展到一定的阶段，出现了提高有序性的要求时应运而生的，是文化本身所取得的成果。

这种元语言层次上的文化形象的出现，意味着这一文化的第二次结构化。正是这些有序化的符号结构构成了唯一为人们接受的文化现实，而不符合自我描写规范的现象或文本，则被解释为"系统外的""非结构的""不存在的""非文化的"等，因此，出现了将看似"不正确"的文本从文化记忆中大量剔除、或将其移至文化符号域边缘的情况。如身为20世纪重要思想家之一的巴赫金，其饮誉世界的著作《陀思妥耶夫斯基创作问题》（1929）和学位论文《现实主义历史上的拉伯雷》（1940）在20世纪20—40年代由于不合时宜，被长期尘封，巴赫金也被置于"边缘地带"，默默无闻，直至20世纪60年代为人们发现。

边缘因其更灵活、易变动的性质，往往会移向符号域的中心。其"更加灵活的机制便于积累结构形式，这些结构形式在下一历史阶段将居于主导地位，并且将转移到系统的中心。中心和边缘经常互换构成了结构动态变化的机制之一"。如牛仔装原为体力劳动者的工作服，与正式、高雅的套装相比，处于服饰文化的边缘地带，但反对20世纪中心文化的年轻人，在这一边缘文化中看到了自己所追求的随意、自然、个性的东西。随即牛仔装形成时尚，扩展到整个文化领域。现在牛仔服已成为年轻人的普通服装，也为各个年龄层和不同性别的人所接受，进入到主流的服饰符号体系中。

又如，“元代长衣通名袍……高级大官服多采用鲜明红彩织金锦……下级办事人只许用檀褐色罗绢。平民一般禁止用龙凤纹样和金、彩，只许用暗色苎丝。至元二十二年还令‘凡乐人、娼妓、卖酒的、当差的’，不许穿好颜色衣”。

在当时的历史环境中，这一规定将平民、下层人的服饰置于与上层人服饰相比而言的边缘地带，但“由于禁令限制，反而促使劳动人民因地取材创造了种种不同的褐色，多达四五十种名目，后来还影响到帝王衣着破例采用褐色”。

符号在符号域中位置的改变，往往伴随着上层和下层、有价值和失去价值、存在和似乎不存在、被描写和不被描写等不同对立情形互换的情况。

2. 符号域边界的变化

符号域的边界是站在某一特定文化立场上审视文化关系的结果，是人类“文化生活在时空结构中的一种至关重要的特征”。从人们对不同文化现象的定位来看，可以发现在人们的意识中存在着多种文化边界，例如对所涉及的文化现象，我们不由自主地总要区分：文化／非文化、我的／他的、内部的／外部的、民族的／外来的、好的／不好的、文明的／原始的、安全的／危险的、有序的／混乱的、活的／死的、定居的／游牧的、城市的／乡村的、现代的／传统的、高雅的／低俗的等。这些区分是从道德、政治、价值、宗教、社会、地理等视点出发做出的判断，它表现了人类不自觉地运用符号手段界定周围世界。这不仅彰显了不同文化之间的差别，而且充分肯定了不同文化符号域的存在。

（二）民族文化符号域的共性与差异

1. 文化的共性

各民族文化虽然彼此不同，但却存在着许多相似之处。各民族的文化符号域中，有些东西是相通的，属人类文化的共相。原因在于，每一民族的文化都是该民族成员的精神创造，是群体经验的表现，由于客观世界在基本方面的一致性，由于人类有共同的生理认知结构，对人生短暂、宇宙永恒、世事变易有着同样的感受，因此人类的群体经验有相同和相通之处。这些都在文化中反映出来。从符号学的角度出发，我们从以下两个方面说明不同民族文化具有的共性特征。

（1）符号语言的基本构成相同　人们为掌握世界，通过大脑思维活动创造出一套套符号体系，这些符号体系的形成与编解码系统相关。洛特曼认为，在人的思维中至少存在着两种编解码系统，一个是离散性的编解码系统、另一个是浑成性的编解码系统。这两种类型的符号系统，与人脑左右半球的功能相匹配。在对人脑左右半球特点的研究中，科学家认为左半球主要是语言的、右半球主要是非语言的；左半球主要是序列的、串行的、时间的、数学的，右半球主要是同时的、并行的、空间的、模拟的；左半球主要是逻辑的、分析的，右半球主要是形象的、综合的。洛特曼根据对人类大脑功能的研究结果提出，离散性编解码系统具有不连贯性、线性、抽象性的特点，而浑成性编解码系统具有完整性、一体性、形象性的特点。在这两种编解码系统的作用下，人类通过不同的感觉器官从外界接受信息后，在大脑中对其进行思维加工，一方面赋予其形象性和完整性，另一方面对其进行分类、辨别并赋予其一定的意义。这种加工后的信息随后在编码机制的作用下，转换成了具有两种最基本特征——离散性特征和浑成性特征——的符号，从大脑中输出。离散性特征是指彼此独立、线性排列的特点，而浑成性特征则是指合成一体、密切交织、不可分割的特点。

我们知道，作为第一模式化系统的自然语和作为第二模式化系统的文化文本，两者具有异质同构的关系：作为人类社会“最强大的交际系统”，自然语对人们描写和建构世界有着十分重要的作用。它支撑和影响着人类文化——第二模式化系统，这表现在后者根据自然语的结构模式建立起文学、音乐、绘画、电影等文化文本，亦即有和自然语相似的结构特征。

（2）文化的空间性语义结构相似或相通　为比较不同文化的异同，洛特曼尝试构建一种以空间概念为基础的语义结构，结果显示，这一结构模式可适用于各种文化。

个体对世界的理解和认识，不仅包括对事物的归纳和范畴化，而且包括对事物之间关系的认识。事物之间的关系在人们头脑中形成多种意象图式，如内—外图式、整体—部分图式、连接图式、中心—边缘图式、上—下图式、前—后图式、起点—路径—目标图式等。这些意象图式，许多是基于人自身的生理基础，内—外图式就是一例。这一图式将人看作是一个有里、外、边界之分的容器：人的外表如同一个边界将其内部与外界隔开，而人正常的生理活动，是一个不断吸纳和排出的过程，是从外到里、从里到外的活动。人们将这种对人自身的认识映射到实际的物理空间中（如“在车内”“出门”“在外面”）和抽象的非空间领域（如“想出”“交出”“在21世纪”）。这种内—外结构也反映在了一系列文化现象中。

洛特曼对一些文化文本进行分析后指出，内部和外部具有这样一些特征，即内部：本民族（氏族、部落）、圣人、文化、知识分子、宇宙；外部：域外民族（氏族、部落）、外行、野蛮、人民、混乱。另外，洛特曼对艺术文本中的上—下现象做了大量、详尽的分析，并指出了与上—下关系相联系的意义系列：上——远、宽阔、运动、变形、自由、信息、思想

（文化）、创造（创造新形式）、和谐；下——近、拥挤、不动、奴隶、羡余、自然、缺乏创造（僵化的形式）、不和谐。这样，这些表示空间的词汇就转而表示社会、历史、道德的性质、特点。这在许多文化中也是一种普遍的现象。

文学以外的其他文化文本，同样具有相似的空间性语义结构。如绘画是在有限的两维空间内，显示多维的无限空间，并从空间的配置中透露出人们的价值判断和审美取向：如景物远近的搭配、大小的处理表现出了作者强调的重点及由此要传达的艺术信息。一般的情况是，处于画面中心、或处于近景中、或被描绘得较大的事物为创作者着重表现的对象。舞蹈更具有空间性，它的每一个动作都在一定的时空中展现，并且都是一个个表意符号，表现人物的心情、心理活动和虚拟的环境。语言互不相通的人能从同样的舞蹈中体会到欣喜、欢悦、沮丧、悲痛的情感，就在于动作的空间结构与一定的情感信息相联系，动作的变幻传达出情感的变化。

同样，人们描绘音乐时采用的语言——“奔腾激越”“跌宕起伏”“高昂”“低沉”“婉转”等，也表现了从空间角度理解和体会音乐信息的特点。正如洛特曼所言，“空间——这或许是最古老的语言。该空间不仅是地理的对等物，不仅是我们现在意识到的空间，而且是一个万能的事物，借助它甚至伦理学概念都能得到表达”。

“任何文化模式都可以用空间术语进行描写”。在《文化类型学描写的元语言》（1968）一文中，洛特曼运用空间术语对不同文化类型做了尝试性描述，通过对不同文化类型空间结构特征的勾勒，建立起一种拓扑结构，探寻文化间的共相和差异。他的研究证明了这一描写的有效性和可行性，同时，也进一步证实了不同民族中的个体、文化文本和文化在空间结构类型上的共相。

2. 文化的差异

（1）具有相同基本构成的符号语言体系具体表现不同　与文化共性相对应的情况是，尽管不同民族的文化、文化文本、文化符号都具有最小的二元结构——离散性符号和浑成性符号，但不同民族从自身独特的经验出发，将这些离散性和浑成性符号根据不同的组合、聚合规律组织在一起，从而形成了迥异的文化文本。如俄语与汉语就明显不同。究其深层原因，这是每个民族社会、文化、历史长期发展、集体无意识作用的结果。民族文化如同一副有色眼镜或过滤膜，它总是将对事物的认识进行某种程度的变形和过滤，再通过文化符号反映出来。以篇章结构为例，不同文化中体裁相似文本的篇章结构相异已成为不争事实。

非语言文字的文化文本同样如此。以园林艺术为例，中西方园林的基本组成要素类似——具有浑成性符号特点的花、草、树木、山、石、水、道路、建筑或雕塑。但由于审美倾向和价值观、世界观的不同，这些符号的结构布局在不同文化中并不一样，从而令人产生不同的艺术感受。中国的园林模拟自然，保持各种自然景物——建筑、草坪、树木等在形状、比例、组合上的自然状态，并通过移步换景、曲径通幽、在空间上循环往复、峰回路转的布局手法，塑造出疏朗、幽雅的环境空间。而以法国园林为代表的西方古典园林中的植物大都被修剪成规整的圆锥形、球形或金字塔形等几何形状，有大片开阔平坦的草坪，树木被成行栽植，地形、水池、瀑布、喷泉的造型都是人工几何形体。在整个园林景观中一般都有一个完整的中轴系统，道路整齐笔直，园林景观都是沿中轴线对称展现。整个园林给人一种理性、规则、简洁、开放、大气的印象。

（2）相似的文化空间性语义结构具体表现不同　尽管各类文化文本都体现出空间性特点，都可以用空间元语言进行描写，但表面上相同的文本在人们头脑中勾勒出的空间图景并不相同，并且由于不同民族文化的价值观、世界观的取向不同，利用空间元语言展现民族文化的拓扑结构时，往往显示出不同的结构特征。

以民俗文本为例，各个民族有着历史形成的不同的习俗，它反映了该民族一定的社会心理和价值取向，并常与左右方位联系在一起，即尊右卑左，或卑右尊左。在西方，人们一般崇右忌左，这在很大程度上源于他们“右肩站着天使，左肩站着恶魔”的观念。西方人的这种认识反映在许多谚语、成语、典故和日常行为中。西方人认为，如果左脚先着地，一天都会晦气。日本、欧美、近东等国家，一般也都尊右卑左，这或与人们认为右手比左手有力，或与人们的宗教信仰有关。而在中国，既尊右卑左、又尊左卑右，前者源于人们认为右手比左手灵活有力，而后者源于中国古代的阴阳观，即左方为阳，右方为阴。由此可见，不同文化中都存在着左—右这样的空间结构价值体系，但其具体内涵却不同。

综上所述，民族文化符号域是一个不断发展变化的系统，不同民族文化符号域既有共性、又有差异。

三、文化互动的机制

（一）洛特曼的文化互动模式

洛特曼曾分析过意大利文艺复兴、法国启蒙运动及西方文化史上两个接受他人文化的阶段，并提出了文化互动的模式，展现了一幅文化于交流中嬗变的浩繁图景. 我们先来看一看意大利接受外来文本的情况。公元5世纪起，意大利就不断受到德国人、哥特人、拜占庭人、伦巴德人、弗兰克人、阿拉伯人、诺曼人和马扎尔人的侵犯，侵犯者也将他们的文化带给了意大利。

在这一时期，意大利成为文化的接受者。在它的土壤上涌动着各种古老的和现代的文化潮流，如11—12世纪的普罗旺斯文化，阿拉伯、西班牙的文化，古老的希腊—拜占庭文化等。就意大利自身的文化而言，这一阶段可被视为衰落期，但同时又是一个吸收他人文化、逐渐充实自己的时期。并且，在吸收他人文化的同时，意大利对该文化进行了改造创新。如对普罗旺斯文化，意大利接受了普罗旺斯人的语言、诗歌、优雅的举止，创造了专为意大利人用的普罗旺斯语法，并创作了用普罗旺斯语写的抒情诗和十四行诗。

随着时间的推移，普罗旺斯抒情诗越来越富有意大利的民族特点。可以说普罗旺斯抒情诗是意大利文艺复兴时期诗歌的催化剂。各类文化文本在意大利的文化空间内慢慢积淀下来，彼此碰撞、交融，形成了一个充满矛盾的整体。当这种积淀达到一定程度的时候，意大利文化最终成为一座无法遏制的、猛烈喷发的火山。它喷射出了传遍西方许多国家的多种多样的文化文本：语言、文学、绘画、宗教、法律、戏剧、政治等。就语言来讲，意大利语成为许多国家的宫廷语言、外交语言和时尚语言。从意大利文化的发展脉络，我们看到了文化吸收、发展、创新、输出的过程。

而这也体现在法国文化的发展中。法国吸收了整个欧洲的文化资源——德国、荷兰、瑞士的宗教改革学说以及英国培根的经验论、牛顿的天体力学、意大利的拉丁词语和巴洛克的仿古主义等。经过长时间的酝酿后，法国步入了启蒙时代，这一时期，它向欧洲许多国家输出文本。整个欧洲，包括西方在内，都开始学用法语讲话。之后，法国文化又进入接受期——接受欧洲各个国家的文化。

洛特曼分析了一系列文化对话、互动的情况后，提出了由下列几个阶段构成的文化互动模式。

（1）外来文本以其本来的面貌为人们所接受，也即保留其原有的符号形式　此时，在接受方文化中，外来文本被认为是真实的、美好的、有文化的、有较高价值的。而接受外来文化之前，以本民族语写成的文本和该语言本身，被认为是虚假的、无文化的。

（2）引入的文本和接受方的文化文本互相影响　一方面大量翻译、改编和改写外来文本；另一方面，外来文本及其代码进入到民族文化的基本领域中。

（3）努力将引入的某种世界观与其源出的异民族文化分离开来　形成

这样一种认识，即在他民族文化中，这些思想是模糊的和扭曲的，而在本民族文化中，它们才是真实和自然的。这与第一个阶段形成对比。在第一个阶段中，同过去的传统决裂、美化外来事物的倾向占主导地位；而现在恢复断层，追根寻源成为主要趋势，并且认为引入的文本在本民族文化中凸显其真正的民族属性。

（二）文化互动模式的基本阶段

从洛特曼提出的文化互动模式来看，总体来讲，在所需条件都具备的情况下，如果以传递和接受的信息量为基准，对整个互动——信息传递和接受——过程都进行描写的话，那么我们将会发现这是一个连绵不断、动态变化的过程，该过程表现为极活跃时期和极衰退时期的更替。在这里，外来文本成为推动民族文化发展变化的因素。该过程一般经历如下几个阶段。

1. 接触

“文化一方面是人类历史的一部分，另一方面是人类存在的环境，文化与其外在的世界经常联系，并且受其影响。这一影响决定了文化变化的进程和速度。但是，如果不讲文化被毁灭的情况，那么外部的影响是通过这个或那个内在的文化机制来实现的”。外来文化影响民族文化，它为民族文化的发展提供了条件和动力，但这只有通过外来文本与民族文化的相互接触、联系、作用才能实现。这一接触过程，可以看作是本民族文化符号域与外民族文化符号域，或本民族某种文化符号（文本）与外民族某种文化符号（文本）碰撞的过程。这通常发生在不同民族文化符号域的边界上。

符号域的边界同时属于两个彼此作用的不同的符号域，边界将它们隔开，同时又将它们联系起来。不同的民族文化文本、符号在边界上相遇。“符号域的边界——这是符号积极活动的区域，众多隐喻翻译机制及在两个方向上移动、发生相应变化的文本在该区域中发挥作用”。因此，符号域的边界，是不同民族文化接触、碰撞的区域。虽然符号域的边界是抽象的，但往往可以在实际的地理空间中找到对应物，如不同民族定居区的交界处。这里的居民会讲两种或两种以上的语言，这表明这里正是不同文化接触、互动的场所。

文化接触可通过群体或个人的直接交往实现，亦可利用媒介物实现。

2. 选择

与外来文化接触后，民族文化面对着各种不同的外来文本。这些外来文本或如洛特曼所说的那样，保持着“他人语言”的形式，或以民族文化语言的形式表现出来。不管形式如何，这些外来文本是否能够在民族文化符号域中存在下去，是否能够同民族文化文本进一步相互作用，受制于接受文本的民族文化主体——人——的选择。在与外民族文化接触的过程中，作为民族文化主体的个体，会遇到各种各样的文本，而他注意什么样的文本，取决于接受该文本时外界因素的作用、他的目的和意向、他本人的价值观、世界观以及对该文本的评价。

注意到某种文本可以说是个体对外来文本进行首次有意无意选择的过程。接着个体会根据自身的特点、需要、目的对外来文本予以进一步的取舍：或者放弃某一外来文本，或者对其进行消化吸收。这往往又是人们对外国作家、作品甚或该国文化产生片面理解或误读的主要原因。另外，对具体的文化个体而言，选择何种外来文本相对而言具有一定的理据性，但对整个民族文化来讲则具有偶然性。

本民族文化和其他民族文化可被看作是在人类宇宙这个大空间中存在、运作着的符号系统。在这一空间中，“任何系统不仅根据自我发展的规律存在着，而且被引入到与其他文化结构的冲突之中。这种冲突具有极其偶然的性质。预测它们实际上是不可能的”。选择的过程伴随着下面所讲的外来文本被内化和吸收整合的过程，选择决定了何种外来信息能够参与不同民族文化的互动。

3. 内化

民族文化的个体在自觉或不自觉地选择外来文本的同时，也就进入了真正接受文本的阶段——内化阶段，即理解吸收外来文本的阶段。该过程同样在符号域的边界上进行。从加工程度上来看，内化之后的文本或者保留其原本的面貌，即其所固有的符号表现，如引入外国的舞蹈、音乐、雕塑、绘画、原文电影、语言等；或者被翻译、改写、改编，如引入文学作品、饮食文化、节日等。

由于语言或习俗不同，一般情况下需将外来文本作某种程度的改变，以令其自觉或不自觉地适应本民族文化。正如洛特曼所说，“边界是双语和多语的……这是个过滤膜，它能够改变外来文本，使之与符号域中的内部符号相协调，但同时保留其异质特征”。

4. 吸收整合

在条件允许的情况下，内化的外来文本——被本民族成员理解、接受的文本——会与民族文化文本相互协调、相互吸收、相互影响，结果形成了与原来不同的新文本。外来文本经过最初的相互作用，进入民族文化符号域中，同符号域中其他文本交往对话，便跨入吸收、整合的阶段。这一过程的要点，是进行民族文化的观照——即巴赫金对话理论中所指出的，关注自身文化和他人文化的独特性、唯一性。

对于一个民族的文化而言，接受外来文化后能够反思自身，是自我进步的关键。这种观照有自觉和不自觉之分，无论哪一种情况，它们都是促进民族文化发展的契机。通过观照，一方面能够看到不同文化的差异，另一方面能够从这些差异中认识自我，这有助于发展本民族文化。

5. 对外传播

即民族文化符号域中的某些文化领域或文化文本发展到一定阶段，开始向符号域的边缘地带或符号域以外扩展和传播。这既可以是民族文化文本、内化的外来文本，也可以是民族文化文本与内化的外来文本相互作用产生的新文本。

传播阶段是民族文化符号域发展变化必然导致的一个环节，是民族文化符号域吸收外来文化后不断演变、更新的最终结果。不断发展变化的民族文化符号域一旦开始向外输送文本，就意味着有其他符号域接受文本，后者又将开始接受—发展—传播这一过程。我们以唐朝服饰为例，对上述过程加以具体说明。

唐朝可称得上是中国封建社会最为开放的时期。此间国力强盛，经济发达，文化繁荣，对外交往频繁。据《唐六典》记载，唐曾先后与三百多个国家交往，而在当时首都长安的百万人口中，各国侨民和外籍居民约占百分之五，城中有三十多个国家的使臣、商人和留学生，其中不乏胡人。“胡”是中国古代北方和西方各族的泛称，活动于中原的各少数民族大多被称为“胡”。胡人与汉人的接触为胡服影响汉服创造了前提条件。汉人接受胡服的原因很多，主要有以下几个方面。

（1）自李唐王朝建立以来，形成了儒道佛三家并立的文化新格局，其他宗教如景教、摩尼教等也得到了发展，这使人们的价值取向多元化，并造就了唐人兼容并蓄、平等开放的社会心理。

（2）李唐皇帝带有鲜卑族血统，因此他们对“华夷之辨”相对淡漠，而对胡族习俗有亲切感。这对胡化倾向产生了重大影响。

（3）唐代初、中期胡舞风靡一时，胡服也随着胡舞的流行而遍布朝野。

（4）胡服没有森严的等级性和政治性，自由方便，独特新颖，实用性强。

因此，汉人接纳了胡服。正如唐代诗人元稹在《法典》中描述的那样，“自从胡骑起烟尘，毛毳腥膻满咸洛，女为胡妇学胡妆，伎进胡音务胡乐……胡音胡骑与胡妆，五十年来竞纷泊”。

汉人以海纳百川的博大胸襟吸纳胡文化。胡文化虽然进入汉文化系统，但两种文化并非机械地组合：汉民族根据自身的审美与喜好，对胡文化进行改造与革新，使其具有更好的适用性和装饰性。“漠北淳朴之人，南入中地，变风易俗，化洽四海”。如在服饰材质上，胡服原多采用羊皮、牛皮等皮革制作，而融入到中原后则采用丝棉锦缎等材质，保留其形制，同时风格上更加细腻和唯美。如在色彩和款式上，汉族女子将胡服艳丽的色彩和花纹作为女服布料纺织的图案摹本，将胡服紧身干练的款式改成唐代女性日常所穿的新款胡服。

与通体裹得严严实实的传统服饰相比，唐代女装具有袒胸、裸臂、披纱、斜领、大袖、长裙、色彩艳丽、种类繁多的特点。其袒胸露背的程度，令现代人吃惊，这与胡服的影响是分不开的。因文化交流的影响，具有胡服特点的唐服也对日本服饰产生了影响。日本先后十六次派遣唐使到中国，吸收先进的唐文化，日本奈良时期的服饰就是受唐文化影响的明显体现：唐朝女装前所未有的开放性出现在日本女子服饰设计上，也即服饰领口凹陷，这充分地显露出女子细嫩、修长的脖颈肌肤，此款服装作为日本歌舞伎的服装保留至今。

从唐朝服装特点及演变的简略分析中可以看到文化互动的完整链条：接触—选择—内化—吸收整合—对外传播。

四、文化文本的创新机制

文化文本的创新问题是洛特曼关注的重要问题之一。在其许多著述中，如《文化与爆发》（1992）、《在思维世界里》（1999）、《符号域》（2000）、《西方文化史和类型学》（2002）等书中，洛特曼多次论及该问题，并对其予以多角度的阐释。

洛特曼认为，创新是文化文本所具有的功能之一。创新的结果是出现新的意义、新的文本。“我们将新文本理解为这样的信息，即与初始信息不吻合并且不能由它自动生成的信息”。与初始信息不吻合，指新产生的文本不同于先前的文本，新文本所包含的信息与先前文本信息相比较发生了变化；非自动生成，即新的信息并不是由初始信息自然而然产生的，而是在初始信息与其他文本信息互动的过程中，通过复杂的作用机制形成的。

文化文本的创新是不同文化文本相互作用的结果，这些文化文本或者属于同一民族文化符号域，或者来自不同的民族文化符号域。新文本的产生离不开思维主体——个体交际者，而在文化符号学中个体与文本又往往被视作同一：“文本和个体的符号结构类似，使我们能够将任何层次上的文本视为符号个体，而将处于任何社会文化层次上的个体视为文本”。同时在文化符号学中，由于语境可以转变成文本，文本可视为整个语境的替代物，整个民族文化或亚文化是具体文化文本存在的语境，因而从整体上讲民族文化可被视为一个大的文本。“文化是文本的总和，或者是结构复杂的文本”。

因此，在文本创新问题上，个体、文本、民族文化三者密不可分：在某种程度上可视为符号文本、具有主观能动性的个体通过互动对一般意义上的文化文本进行处理、加工，创造了新文本和信息，而两者的出现在总体上表现为作为一个大文本的民族文化的推陈出新。这三者彼此关联、相互牵制——个体是文化文本创新的根本原因和动力；新文本是文化文本创新的具体体现；而新文本的出现也反映了作为一个整体的民族文化的创新。

洛特曼有关文化文本创新问题的论述表明，文化文本的创新是至少两个个体/文本/文化互动的结果。这里存在着两个条件：二元性和对话性。二元性指要实现文化文本创新必须应有至少两个文本；对话性是指这两个文本并非是孤立静止的，而是相互影响和作用的。只有在这两个条件都具备的情况下，文本创新才会成为可能。

（一）二元性

二元性是文化文本创新的必要条件，没有二元因素的存在也就无所谓创新。“孤立的文本自身不能产生新的信息，为此应使某个他文本与之作用”。一般来讲，能够产生新信息的两个文本具有以下特点。

1. 结构的二元性

“创新”是对于某种智能客体而言的行为。洛特曼认为，“我们至少可以分出三类智能客体：人（独立的人类个体）的自然意识、文本、作为集体智能的文化”。之所以能够将这三个因素看作是智能客体，原因在于三者都具有同样的三种功能：贮存信息、创造信息、传递信息。其中创新功能与这三个因素的结构及结构间的相互作用有关。这三个因素具有结构上的相似性，即都由离散性语言和浑成性语言组成。

对个体来讲，当他受到外来刺激时，通过不同的器官，如听觉、视觉、嗅觉等器官来感受。这些感觉器官在不同的空间中，通过不同的视角观察、把握世界。各种感觉器官接受的形象通过不同的途径和方式反映在人们的大脑中，尽管是同一个客体的不同侧面在人脑中的反映，但由于性质不同（如所视、所闻、所嗅的结果），彼此不能互译，“整合它们需要张力”，因而“这些形象是导致出现大脑半球不对称性的重要一步”。大脑需要对这些性质不同的形象予以识别、判断、分析、概括，最终确定它们的意义。这使大脑具有了离散性的编解码能力。而大脑对具体的空间、色彩、形状、声音的加工、整合，则是其浑成性编解码机制发挥作用的体现。

人类在长期的历史发展过程中形成的这两种信息加工机制，具有彼此依存的特点。因而对于一个智能客体来讲，离散性的编解码机制和浑成性的编解码机制缺一不可，它使人类有了思维的可能，思维机制原则上（至少）应有对话（双语）结构……离散性编解码机制和浑成性编解码机制彼此依赖，这体现了创新的必要条件：只有在两种编解码机制共同存在和运作的情况下才可能实现创新。否则，思维机制无法运作，也就无所谓创新。“任何独白（也即单语）机制都不能产生全新的信息（思想），也即不是思维机制”。文本也具有这种双语结构。

文化符号学认为，每个文本都或多或少包含两种语言：离散性语言（字符、点、线等）和浑成性语言（颜色、声音、画面、姿势等）。它们通过各种比例和方式构成各类文本。这种构成使文本具有了智能特征。相应地推而广之，整个民族文化可被看作是由这两种基本语言构成的一个大的文本。各层级的文本的功能都是相似的。两个文本相遇，不可避免地发生离散性符号与浑成性符号互译的情况。

这一翻译过程如下：浑成性符号通过大脑的浑成性编解码系统在大脑内产生一定的形象，同时大脑的离散性编解码系统对其予以加工，赋予其一定的意义和内容。这一意义、内容不同于浑成性符号本身，并且当大脑通过相应的离散性符号将这一意义内容表达出来时，新产生的离散性符号显然不同于原初的浑成性符号。

2. 多维性

“智能机制由两个（或者更多）的一体化结构构成，这些结构以极为不同的方式将外在的现实模式化”。人脑拥有相辅相成的离散性和浑成性编解码系统。个体运用这一编解码系统，对纷繁的世界进行编解码，在头脑中形成它们的映像并赋予其一定的概念和意义。由于世界中事物及其之间的关系多种多样，因而反映在人头脑中的各种映像、其间的联系，其概念、意义及这些概念、意义之间的联系多种多样。“多相性是人类意识的固有属性”。文本本身也包含着多维因素。

首先，从构成来看，文本是至少由两种语言——浑成性符号语言和离散性符号语言构成的符号系统。再者，从整体结构来看，文本中的各种不同成分通过各种方式结合起来，形成独特的结构。而这些结构又可作为一部分被纳入到更高层的整体中。任何部分都可被视为更低层次上的整体，而任何整体都是更高层次上的整体的构成成分，相应地，每一个整体都有一个个内在组织起来的、独立发挥作用的亚结构。这样，文本可被视为一个具有多维层级结构的系统。

从意义角度来说，由于浑成性和离散性编解码机制的作用，文本中包含多种意义，如形象义、概念义和／或蕴含义等。另外，文本（尤其是艺术文本）的形象义、概念义和／或蕴含义，往往是多义的，即可以有不同的理解。最后，文本的符号外形虽然固定，但当它与其他文本相互作用时，这种固定的排列、组合往往会被打破，从而成为产生多种意义的根源。因此，文本是一个多维的符号，这不仅是符号意义上的多维，而且是符号结构上的多维。

民族文化更富有多维性。民族文化由各类文化文本构成，它们彼此交叉融汇，处于多维的——中心与边缘、组合与聚合、历时与共时、可译与不可译、倾向于离散性或倾向于浑成性、相对静止与相对运动、相对平衡与相对不平衡、相对稳定与相对变化——关系中。这样，民族文化内部形成了一个多维的关系网，其中的各个成分错综复杂地交织在一起。

3. 独特性

无论对个人而言，还是对文本、文化来说，“编码机制的个性化，是增加内部多样性系统的要素之一，没有这种多样性，该机制就不会是思维机制。由此可见，意识现象与个性化因素相关。系统要成为智能系统，就应个性化并且由个性化因素构成。这种个性可归结为拥有一套编码结构和记忆。这些结构与记忆和其他类似机制具有共性（交流的条件），是独特的（这是既造成交际困难、又令交际取得丰硕精神成果的条件）。这种个性被我们定义为符号个性”。拥有符号个性的个体具有独特性的一面，即一文本区别于其他文本的与众不同的特点，这是两个文本相互作用产生新文本的另外一个重要条件。

若从文本的角度出发，那么可以认为民族文化这一大文本由包含于其中的各类文本按照各种关系组合而成，这些不同的文本具有共性的一面，这些共性的因素有时恰恰为另一文化中的文本所不具有，因而由它们构成的文化在总体上区别于其他民族文化。

（二）对话性

1. 对话中的碰撞——爆发

文本系统的碰撞、交融、极大地加强了整个系统运动的不可预测性，亦即偶然性。此时，整个个体／文本／文化系统的信息迅速增长。系统的发展呈现出全新的、极为复杂的态势。任何一种文本因素都有可能成为在爆发后出现并决定未来发展方向的主导因素。这在很大程度上取决于参与对话的两个文本的特点。

在各种可能性中，最终会有某种可能转变为现实，从整个冲突系统的角度来说，这一现实的出现是偶然的，“在这些结果中，只有某一个注定实现并且成为历史事实。可以断定，选择这一成为历史事实的因素是偶然的，或是该系统外规律介入的结果。也即在其他某种可能性下它完全可以被预测，但在该结构的框架内，它是偶然的。这样，实现这种潜在可能可被表述为未实现其他潜在可能”。我们仍以实例对该段论述加以说明。

普里戈夫于1990年创作了其装置艺术作品“西方的雪”。看到该作品时，首先映入观众视野的是充斥于装置空间即一间房屋内的现成物——报纸。这些报纸散乱地堆放在墙角、地面且起伏不平，如刚随着地势覆盖于地面的雪花。房屋中间放置着其他现成物——由黑色链条连接在一起的八个黑色铁柱围着一个黑色长椅。对着正面墙放置的一张板子上和两面侧墙上各画着一只黑眼睛，每个眼睛上方有一个红点，红点下边是红颜料流淌的痕迹。红点令人感觉眼睛上方破了个洞且在淌血。眼睛下方画有睫毛的地方也用红颜料自上而下抹了粗粗的一笔，给人一种流血不止的印象。

就此普里戈夫指出，“对于留心的观众（可能，在该方面，仅有我自己是这样的观众）而言，当然会发现这些作品的四个层次。在任何情况下，我都试图或多或少明显、公开地建构这四个层次。

第一个层次我们可以相对地称为古怪可笑的层次。也即对于不了解非常复杂讲究的视觉艺术关注点的观众而言，展现在他面前加以观赏的是这样奇怪的东西，的确，它并非总是能够被理解、并非总是能够同观众对美好艺术品的认知相比照……

第二个层次可称为独特的视觉艺术层。也即对于有艺术经验的人而言，他注意到一定的体裁特点、借用、传统风格和流派的痕迹。

第三个层次是对下列人而言的，即他不十分醉心于这种艺术实践的细微之处，但对于他而言所有艺术活动及其成果都是文化探索的对象，它们充满无数文化和历史引喻及引文。

第四个层次，是最不能被清楚表达的层次，该层次主要与作者的某些重要策略、存在现象及各种伪哲学混乱现象相关”。

普里戈夫在这里所指的层次，显然是指理解装置艺术作品的四个层次。由于普里戈夫的论述比较概括，我们认为有必要再对这四个层次稍作阐述。

第一个层次针对不了解观念艺术的普通观众而言。当装置艺术作品进入他们的视野时，展现在他们面前的是与传统绘画、雕塑截然不同的东西。一切显得杂乱无章、毫无头绪：报纸堆满房间、遮盖地面，正面墙前的板子上和两面侧墙上的黑黑的眼睛似乎在注视着一切。置于房屋中间的长椅和围着长椅的铁链营造出公园中游客坐在长椅上欣赏美景的气氛。这些长椅是为观众提供的吗？观众坐在长椅上欣赏什么呢？是满眼的报纸、还是墙上的眼睛？可能，只有当这些观众看到装置艺术作品的题目“西方的雪”时才会想到，铺满房间的报纸意味着雪覆盖着大地。显然，这样的情景有悖于已习惯传统艺术的普通观众的期待视野，因而令其感到稀奇古怪、不可理喻。

第二个层次针对有艺术经验的人而言。当他看到作品时，意识到这是观念艺术的一种创作方式，即装置艺术。该艺术的特点是将源自日常生活的现成物、文字、绘画、音乐等因素置于同一艺术语境中，观众需通过观看与思考来领悟这些物品背后隐藏的含义。如普里戈夫使用报纸的目的是复现和模仿自然界中的雪。在这种情况下，装置中出现的桶、刷子、女清洁工的形象，似乎暗示清除这些积雪。

第三个层次针对将艺术活动视为文化探索的人而言。他能够看到装置艺术作品在历史长河和现实环境中与其他事物间的关系。普里戈夫指出，报纸代表着意识形态化的宣传工具、信息噪声本身，而用报纸布置出的大雪覆盖万物的场景则意味着信息噪声试图充斥和侵占一切。“各种信息、宣传工具，试图将周围的一切糊上话语、口号、广告词，简直是在用自己的声响、喧嚣挤满全部空间。报纸实际上是信息噪声本身”。在这种情况下，女清洁工似乎在扫除这些妄想侵吞和掌控一切的报纸——信息噪声，而报纸在此也可理解为广义上的集权、专制、一元化，因此进一步说，女清洁工是在消解、破除权威。

第四个层次针对理解普里戈夫创作策略及其关于存在的哲学思考的人。普里戈夫指出，报纸易折损，其生命力短暂。这不仅是因为相对于石头雕塑和画布而言纸张本身的易碎性，而且在于阅读报纸之后报纸因已不再承载新信息而变成废物和垃圾。但具有如此脆弱生命力的报纸却能够煽动人们发起具有强大破坏力的暴动和革命。因此，“在这方面，报纸似乎是人的隐喻，在呼哧呼哧喘气的肉体和易折断的骨头中，在某处隐藏着、酣睡着所有这些异乎寻常的崇高思想、深刻的意义和几乎难以言传的感受、狂喜”。白色的墙喻指存在。人处于墙内，受其束缚和辖制。身形弱小、生命短暂的人面对隔断一切、包围一切、坚不可摧的存在之墙，丝毫没有反抗之力，只能伏身于墙下。墙上的眼既可理解为有灵性的大自然的眼睛，还可理解为进入装置中的观众自己的眼睛，它脱离了观众，注视着渺小的、被抛弃的、已经异于它的肉体之躯。

如果将普里戈夫的“西方的雪”装置艺术作品看作是一个艺术文本，那么我们可将普里戈夫所指的层次视为艺术文本的四个意义层次。当作为文本的装置艺术作品与作为文本的观众对话时，对话、碰撞时刻产生了爆发现象——潜藏的四个层次的意义被激发，并且都有可能凸显。然而，可能观众最终只选择其中一个层次的意义。这种选择是偶然的、不可预测的，因为这取决于观赏装置艺术作品的观众。

2. 对话中的契合——修辞机制

隐喻机制的逻辑基础是类比。先前的研究表明，交际者通过联想将两个完全不同的事物、现象联系起来，通过相似性，以已知的、熟悉的、具体的事物或现象的特征，说明未知的、神秘的、抽象的现象的特征。不同的事物、经验和现象能够因此凭借某个契机相互联系，并在相似性的基础上彼此替换。相似性是联系两个事物、现象的桥梁。这种相似有以下特征，即它一般不通过逻辑思维推导出，具有非常规性、开拓性、独创性、自由性的特点，并且对不同的人来讲往往不同。先前对于隐喻的研究，多是集中在词汇手段上，文化符号学则将这一研究提升到较高的文本层次。不同文本之间的翻译，正是发挥这种隐喻机制作用的翻译。以浑成性和离散性文本的翻译为例，它们之间由于符号结构的截然不同而难以互译，“在明显不可能的情况下，翻译的需要迫使建立随机对应或者具有隐喻性质的对应。在翻译中，多个成分的某个集合可能对应于被翻译文本中的某个成分，或者相反。确定对应往往意味着选择，它伴随着困难并且具有偶得、顿悟的特点。正是这种不可译的翻译是创造新思想的机制。其基础不是同义变换，而是某种大概模式，比拟和隐喻”。在这种隐喻机制的作用下，离散性文本和浑成性文本基于契合点——如离散词汇的意义和形象事物之间的相似——被翻译成另外一种语言。散文与诗歌、音乐与绘画的对话互译，就是如此。只是它们彼此间不可译的程度有所不同。不可译的程度越大，越富有创新性。

契合的另外一种情况是，两个符号结构对话时，一个符号结构将另外一个符号结构引入自身，两相结合，从而产生某种修辞效果。从文化符号学的观点来看，这就是“在一个符号域中，移入另一符号域的结构原则”。例如，在艺术影片中加入新闻，散文中纳入诗歌文本，口语进入书面语文本等或相反。在传统的文化语境中，上述不同符号结构在同一文本中相遇是不可能的。在这种情况下，移入成分与文本中的其他成分处于借喻的关系中。移入成分出现在对它而言反常的文本环境中时，在移入成分同其周围文本成分的相互作用下，出现了新的意义：它们彼此重新编码创造了不可预料的意义资源。需要指出的是，不同结构原则能够共存于一个文本中并且由此产生新义，往往是隐喻修辞机制和借喻修辞机制共同作用的结果。

仍以普里戈夫的“西方的雪”装置艺术作品为例，说明借喻机制。在这一装置艺术作品中，有一些似乎风马牛不相及的东西，如用以替代雪的铺天盖地的报纸，置于报纸堆中的长椅，画在墙上或板子上的流着红泪的眼睛，面对眼睛跪下的女清洁工。这些人或物的组合构成了在日常生活中根本看不到的场景，令人感到荒诞不经，同时也令人对其产生各种解读。这就是创新。

总之，文本创新过程体现在：本身包含各种意义和信息的文本（个体文化），吸纳他文本（这些文本都可视为由浑成性符号和离散性符号构成），两者彼此互动。两种文本原则上不能表达同一内容，因此它们的交界处出现了不对称、不可译的情况。此时，隐喻机制和借喻机制发挥作用，出现了各种翻译活动。浑成性符号和离散性符号相互转换和结合后，产生了新的文本。

第五节 跨文化外语教学的具体策略

一、课程要体现文化品格

外语课程属于一个系统工程，其不仅包含教学内容、教学目标、教学要求，还包含对外语课程性质的理解与把握。传统的外语课程仅仅从外语学科出发来教授知识与技能，显然这样的教学目标是不够全面的，忽视了对学生综合素质的培养。对外语课程的文化品格进行研究可以将外语课程追溯到语言与文化这一本质问题上进行剖析，从而将外语课程放在一个更为广阔的领域进行研究，也是对以往外语课程局限性的突破，可以直接深入外语课程的根本问题。

同时，随着外语课程与教学改革的深化，很多教师迫切要求一种新的理论来指导教学实践。而对外语课程进行文化语言学层面的研究，是更新教学观念、变更教学方法、建构教学新秩序的重要手段，有助于帮助教师走出应试教育的困境，具有实用性价值。也就是说，在外语课程与教学改革中把握外语教育文化的本质，才能在实践中调动学生的主观能动性，真正地实现教育目的。这就是对外语课程的文化品格进行分析的魅力所在。

（一）什么是文化品格

关于“品格”这一词汇，《辞海》中有如下四层含义。

第一，指代物品的质量规格。

第二，指代文学艺术作品的格调、质量。

第三，指代一个人的性格、品格。

第四，指代一个人为官的品格。

对于这四点，最后一点可以忽略不谈，前三种可以将其泛指为品行、性格、质量。

在外语中，与“品格”对应的单词是character，其中《牛津高阶英汉双解词典（第9版）》对这一词的解释为：品格、品质以及特点、特征等。

显然，“品格”一词用于人们对特定对象展开评价，多用于指代人的品性以及对事物特点的分析，是一种评价的标准。“品格”包含了品性、品质、品味等含义，由于研究目的的差异，不同领域对其的研究侧重点也不同。但是，我们这里认为品格包含了风格，对于“风格”，其含义是相对明确的，即特定的类型，风格是作品在整体上呈现的独特风貌，是人的内在特征在作品上的一种反映。可以这样说，风格是通过艺术品展现出来的相对稳定、较为内在的能够将时代、民族、艺术家等的精神气质、审美理想反映出来的外在印记。风格的形成是民族、时代、艺术家的艺术走向成熟的标志。

对于上述对品格的分析我们可以这样认为，文化品格即指的是人或者事物在思维方式、价值观念等层面表现出来的气质、精神、特点与风格，其不仅是对人或者事物文化属性的规定，也是其价值取向的一个重要表现。

从中国知网中对“文化品格”进行搜索，其主要涉及两大研究范畴：一是对某个人或者群体所具备的个性特征展开分析；二是对某类事物或者活动本身在文化层面表现出的属性与特征进行研究。但是综合分析来看，文化品格重在描述事物或者活动主体所展现出来的文化特征与气质，并且这些文化特征与气质是事物以及活动主体的重要体现。因此，本书采用“文化品格”来对外语课程展开描述。

（二）外语课程中文化品格的释义

无论是什么学科，一旦进入了学校教育领域，以一种课程的形式表现出来，其就不可避免地具备“文化品格”，这是由课程的本质属性决定的。就这一意义而言，所有课程都与文化有着密切的关系。但是，由于课程不同，这种文化的存在样态也是会存在差异的。对于外语这门课程来说，学生学习外语不仅仅是为了学习外语知识，更是要理解其隐形的符号系统。对于母语学习者来说，母语课程会浸润在日常生活中，是一种自觉的行为，但是对于外语学习者来说，由于一些场合与场景的缺乏，导致其势必会是一种探寻的结果。因此，笔者认为外语课程的文化品格指的是外语课程作为一门语言教与学的课程，其自身所持有的文化气质、文化性格与文化品行。当然，这主要受外语课程的性质与任务决定。

1. 从课程性质理解外语课程的文化品格

具体来说，外语课程的性质主要可以归纳为如下几点。

首先，外语课程的基础性。21世纪是一个世界各国相互融合的时代，地球已经成为一个村落，在这一村落中，各国语言均是沟通的重要媒介，要想在这一村落中生存，学习外语是必须具备的手段。随着信息技术的发展，计算机网络使人们获取知识的方式发生了改变，21世纪的人才要求具备在网络上获取信息的能力，而外语成了国际网络上的交流工具。显然，掌握外语是新时代对人才的一大要求。我们处于一个多元文化的社会，而在这个社会中的人们需要与不同文化背景下的人们展开交流、和谐共处。外语课程为学生们打开了一扇了解他国文化的窗户，通过这一途径，学生可以接触不同的文化，了解不同文化背景下人们的生活方式，为进一步增进彼此之间的交流与合作奠定基础。显然，外语课程是学生开阔视野、培养智力、锻炼品质的一项重要课程。

其次，外语课程的交际性。实际上，不光是外语这门课程，其他课程也都具有交际性。但是由于受传统教育观念的影响，中国的外语课程过分注重词汇知识与语法知识的讲授，这种观念虽然有助于学生获取外语语言本体知识，但是随着对语言本质认识的深入，人们也认识到应该改变这种传统的课程观念，外语课程对于中国的学生来说是一门缺少真实环境运用的学习，基于这样的情况，一味地教授语言知识是远远不够的，这会让学生降低学习的兴趣，因此需要强化交际性，为学生创设各种交际环境，提升他们的交际能力。

最后，外语课程的人文性。外语作为一种语言，不仅是一种交际的工具，还是一种文化的彰显。学习语言更是为了学习语言背后的文化。因此，除了要注重外语课程的工具性，还需要注重其人文性，不可片面地强调其中的一方面，这样就会使外语课程发展不平衡。实际上，在外语学习的过程中，学生获取的不仅是语言知识，还有价值观念与思维方式。通过外语学习，学生可以从不同角度对世界、对自我有客观的认识。因此，外语课程具有明显的人文性。人文性的凸显是外语课程在实践中需要关注的重要层面。在教学中，将文化教学与语言知识教学相结合，用文化对语言教学实践进行引领，是外语课程的题中之意。

2. 从课程任务理解外语课程的文化品格

外语课程的性质决定了外语课程的主要任务在于培养学生的综合运用能力。美国著名的语言学家巴赫曼（Bachman）对语言能力的理论框架进行概括，具体如图4-1所示。

在图4-1中，人类通过语言展开交流的过程是将所需要运用的一组知识，根据各自的地位与性质、作用与关系等进行组合排列，进而形成语言能力结构的各个要素。显然，巴赫曼研究的语言能力是那些能够在特定交际环境中可以被接受的言语功能，是那些常规的语言功能，并将这些言语按照话语需要以及一定的社会文化习俗要求，构成得体的言语的能力。显然，语言能力包含语言的功能、意义等要素以及这些要素之间的关系。当然，巴赫曼的这一研究也说明了语言能力并不是各个成分之间的简单组合，而是一些相互关联的要素构成的有机整体。这对于外语课程的设置有着重要的意义。

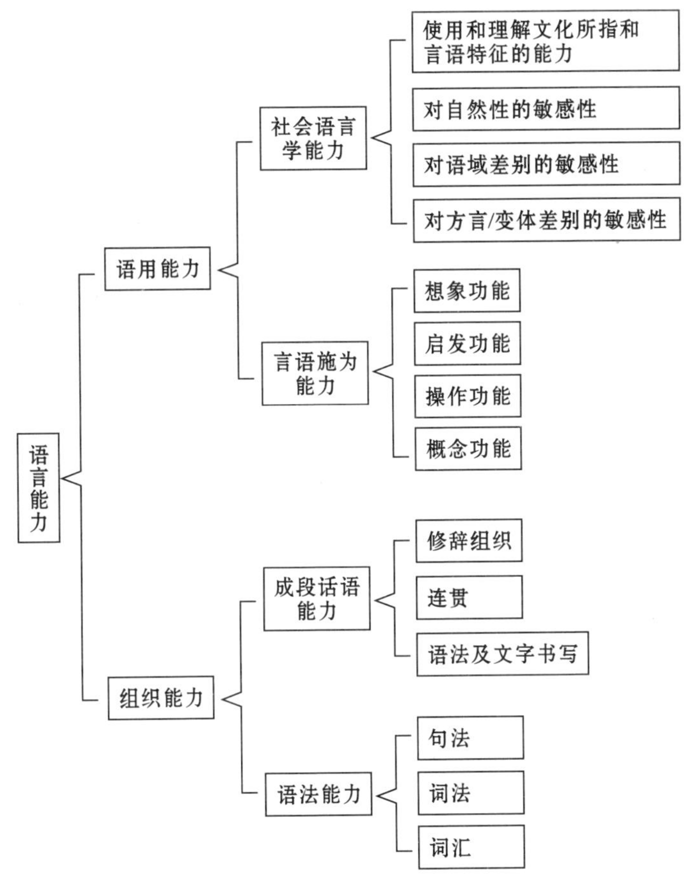

图4-1 巴赫曼语言能力结构图

长期以来，中国的外语教学大纲将对知识与技能的掌握作为课程目标与任务，这无形中就造成了外语课程过分重视知识与技能教学，从而忽视了培养学生的语言运用能力。因此，语言知识不能直接与语言能力等同，而是要平衡语言知识与其他能力的关系。新的教学大纲除了要教授学生语言知识外，还需要教授给他们情感、态度与价值观，还需要让他们了解中西方文化的差异，拓宽视野，从而帮助学生形成健康的人生观。

（三）外语课程文化品格的理论基础

外语课程文化品格的形成是有着强大的理论基础的，其主要表现在以下几个层面。首先，外语课程是一门语言课程，因此其受到语言学的影响。其次，外语课程作为一门学科，其会受到课程相关理论的影响。最后，外语课程是一门语言教学活动，其会受到社会文化理论的影响。而语言学对外语课程文化品格的影响主要体现在语言的特征与语言与文化的关系上，这在前面有详细的探讨，这里就不再赘述，仅从后面两个层面加以分析。

1. 外语课程文化品格的课程论基础

外语课程作为一门课程，其必定具备课程的一些特征，而课程与文化的关系决定着外语课程明显的文化品格。

第一，课程的本质。关于“课程”，很多学者提出了不同的观点，至今未达成共识。1973年，著名学者鲁尔（Rule）对“课程”的概念进行总结，发现多达119种。之后，随着研究的不断深入，“课程”的概念更为广泛，也出现了很多新的定义。本书笔者对这些定义进行总结，大致可以划分为：课程即科目；课程即目标或结果；课程即计划；课程即经验。

第二，课程与文化的关系。课程作为传承文化的工具性角色的解构，让人们认识到课程与文化之间关系的重要性。从表面上说，将课程作为传承文化的工具似乎并未将二者的关系分离，但是如果深层次去分析不难发现，实际上将课程作为传承文化的工具是将二者作为独立的事物看待。在这里，课程的价值在于它的传承与复制文化的功能，但是其自身的文化性被遮盖起来，从而课程的文化性也就丧失了。因此，应该消解人们将课程视作传承文化的工具这一论断，将课程的文化品格彰显出来，这是当前课程研究者的当务之急。

2. 外语课程文化品格的社会文化理论基础

社会文化理论这一概念是近些年在第二语言习得研究中用来对第二语言习得过程进行阐释的重要理论之一。这一理论的基础是维果斯基（Vygotsky）关于学习的思想以及语言与思维关系的思想。

长期以来，认知语言学与行为主义心理学在第二语言习得中有着非常重要的地位，其对于外语教学起着非常重要的作用。但是随着研究的加深，很多学者认为这两种理论在某种程度上未足够重视学生所处的社会文化环境。直到20世纪90年代，维果斯基在传统心智发展理论的基础上提出了社会文化理论，这不仅是加深了对心理学的研究，还对于外语教学与第二语言习得有着重要的意义。

社会文化理论解释了活动在语言交际中的重要意义。社会文化学者将活动定义为心理发展能够实现的一种社会实践。这些社会实践对于语言习得来说，能够为学生提供更多的社会文化背景，而这些文化背景便于人们理解语言。

此外，社会文化理论指出仅依靠语言知识学习并不能帮助学生实现知识的内化，因为在学生的语言学习中，一些社会文化环境因素也会起到制约的作用。如果这些文化因素得不到重视，那么学生在语言学习中会缺失一些社会文化，从而对外语学习产生重大影响。社会文化理论对于社会环境因素是非常重视的，尤其是重视学生与社会环境因素之间的互动，这些都为外语教学研究提供了新的视角，是第二语言习得一个新的研究方向。

（四）外语课程文化品格的属性

将外语课程视作一种文化的存在，是对外语课程文化品格的还原，是对外语课程文化品格属性的确立，但是用这种移植的概念对外语课程文化品格加以阐释，似乎很难让更多的人信服。那么这里有必要更深层次探讨外语课程文化品格的属性。

1. 外语课程文化品格的自主性

就文化意义而言，工具性取向的外语课程是一种缺乏生命活力的课程，更是一种丧失生存根基的课程。因此，其目标只能通过灌输来培养学生，这样的人更倾向于是工具性的人。外语课程文化品格的自主性表明外语课程是一种独立存在的文化样态，其不仅不能将他国文化照搬过来，也不能称为其他文化的附属品，而是一种自我独立的文化形式。

对外语课程的发展历史进行回顾可知，具有独立文化样态的自主性的外语课程还未出现。外语课程的工具性使其文化性被遮盖起来，从表面上看外语课程也有对文化进行选择与加工的过程，但是这种选择与加工仅仅是从形式上来说的，没有彰显其自主性。

外语课程文化品质的自主性价值主要体现在其对人的主体性的观照上。人的主体性并不是天生形成的，也不是进化而来的，而是需要接受教育来逐渐形成的。随着人的主体性的弘扬，人们越来越强调学生的主体地位，培养学生的主动性与个体性，使学生成为独立的个体，不仅是当代教育的主要宗旨，还是外语课程文化品格的题中之意。

另外，外语课程文化品质的自主性价值还体现在其所承载的文化的创新性与批判性上。具体来说，外语课程在传承文化的过程中，应该采用批判与辩证的态度，不应该全盘否定或者全盘接受，这是外语课程所肩负的重要使命。

2. 外语课程文化品格的建构性

作为一种文化的外语课程与作为一种工具的外语课程是存在着明显的区别的。外语课程的文化品格在其建构性上有突出的体现。工具性取向的外语课程是从静态意义上对外语课程展开的探讨。但是，对事物的辩证性思维告诉人们对外语课程的研究不应该仅限于静态层面，还应该从动态的视角来加以研究，实现动静的结合，这样才能对外语课程进行重塑。

外语课程文化品格赋予了课程动态建构的特征，其将外语视作一个动态的过程，其中包含着各种变化与运动，而不是将其作为一种客观的知识体系对学生展开强行的灌输。

外语课程文化品格的建构性对于外语课程而言意义是非常巨大的。具体来说可以从如下几点理解。

首先，其消解了自身的工具性与预设性，对生成性目标予以强调，这有助于调动学生学习的兴趣和积极性。

其次，其将学生视作一种不确性的存在，非常注重学生的个人经验，并赋予课程动态层面的意义，从而不断扩大外语课程的内涵。

再次，其倡导以学生为中心，突出学生的主体地位和作用，这能够更好地发挥课程主体的主动性与积极性。

最后，其使得外语课程摆脱了僵化的特征，使外语课程实施主体不断拓展充满活力的体验过程。

3. 外语课程文化品格的实践性

实践性是外语课程文化品格的一大重要属性，其不仅承担了载体的作用，还是外语课程与其他课程相区别的重要依据。外语课程文化品格的实践性具有较强的自为性表征，如果说一般的社会实践是对改造客观世界的研究，那么外语课程文化品格的实践性主要是对实施主体主观世界的研究。

二、搭建优秀的传统文化交流平台

教师可以组织学生开展“我们的节日”等活动，对中国的传统节日文化进行丰富，使这些传统文化更富有生机。同时，加大宣传力度，如可以组织学生对学校的历史进行定期的学习，在学习校史的情况下，发挥传统文化的作用与意义。

教师可以运用多种文化资源，如图书馆、博物馆、文化遗址等，培养学生的民族认同感，并结合学校的多重优势，举办讲座，提升学生对中国文化的理解与认知，增强他们的爱国情操。

教师可以组织富有中国文化内涵的社团活动，通过这些活动，使学生的校园生活更加丰富多彩，也能够使学生在不知不觉间感受传统文化的魅力。

三、充分发挥新老媒体的传播作用

在新时代条件下，教师要引导学生运用网络，综合书籍、期刊、网站、电台等多种媒体，对宣传形式加以创新，使中国传统文化的传播和弘扬与时代发展的特点相符合，使中国优秀的传统文化更具有生命力。具体来说，可以采用如下几种方式。

（1）创设有内涵的中国传统文化网站。

（2）在校园网中创设传统文化项目，或者可以运用微信平台，将文化融入生活之中。

（3）充分运用学校资源，将学校的人文传统发挥出来，开设名家讲堂。

四、提升教师传播中国优秀传统文化的能力

由于当前很多教师的知识结构相对单一，对中国传统优秀文化掌握的并不充足，因此应该努力提升教师的能力。具体来说，主要可以从如下三点着手。

第一，教师应努力学习中国优秀的传统文化。高校也应该鼓励教师不断对知识结构加以完善，对中国文化的发展情况、历史渊源等有所了解，对中国优秀的传统文化形成全面的认识，尤其是对核心价值观的理解和把握。

第二，教师应该不断提升敏感性。高校应该为外语教师提供出国培训的机会，让外语教师真正地置于文化交际语境中学习。

第三，教师应该不断提升自身的综合能力，真正地做到以身立教，投入到教学之中，培养自身的人格魅力，对自身的品质进行培养，这样才能与学生展开有效的互动与沟通。教师还需要具备广泛的心理学知识，对现代教育技术予以掌握，对不同的内容采用与之相适应的教学手段，真正地实现因材施教。

第五章
跨文化交际视阈下的文化教学

随着文化全球化的逐步深入，世界各个国家都开始重视在教育中融入文化因素，展开文化教学。对于中国而言，学习国外文化有助于更好地掌握和使用外语。为此，本章就针对跨文化视阈下的文化教学展开分析。

第一节　外语课堂中的文化教学

一、文化教学的现状

语言与文化有着密切的关系，因此在外语教学中融入文化有着非常重要的意义。在早期的外语教学中，跨文化交际教学的目的在于让学生理解目的语文化，因此教师教授的也多为目的语文化知识及其相关背景。随着研究的深入，跨文化交际教学的内容也发生了改变，将文化态度、文化观念等内容也容纳了进去。这时跨文化交际教学的目标也相应发生了改变。

（一）频繁的跨文化接触

随着人类社会不断进步与发展，人类的生活向着更加开放的方向发展，不同国家、不同民族可能因为生存的需要，或者是因为偶然，彼此之间不断交往，并且这种交往变得更加频繁。因此，跨文化交际产生了。如果人与人之间的交往是早期的交往形式，以民族化作为特征，那么国家之间的交往就具有国际化或者地域化的特征，从而逐渐转向全球化。随着当今科技的迅猛发展，不同国家与民族之间的交往更加频繁与紧密，这也成了民族兴旺发达的一项重要内容。因此，这也促进了从文化视角研究教学的可能性。

（二）教学具有明显的功利性

基于传统教育体制与理念，中国的外语教学一定程度上呈现了明显的功利性特色，即考试考什么，教学内容就教授什么。这种传统在初中、高中表现得极其明显。在实际的教学中，教师过分关注语言知识的传授，很少将文化知识纳入其中展开教学。

受这一思想的影响，不管是教师还是学生，都将教学的目标看作通过考试，教师的教学主要是为了外语过级服务。当然不得不说，这有助于学生提升自身的应试技能，但却让他们很难学习到文化背景知识。

（三）文化碰撞实战演练较少

中国学生都是在母语环境下学习外语的，这种学习效果显然不如在目的语环境中学习。也就是说，中国学生在学习外语时由于缺乏外语学习氛围与环境，很少与异域文化进行碰撞与接触，这就导致他们的实战操练机会很少。

例如，很多学生在学习西餐时都会学习“开胃菜”这个词，背诵了几遍就记住了“开胃菜”的单词与意义，但是对于其到底是什么，很多学生并不清楚。但是，如果学生是在目的语环境下，他们只要参加一次，就很容易了解与把握。显然，外语文化环境的缺失导致学生的外语学习事倍功半。

（四）教学中侧重语言学立场

所谓外语教学的语言学立场即将外语作为一门语言知识来教授的教育策略。具体来说，外语教学的语言学立场主要教授给学生词汇、语法等语言知识与语言规则，而忽视语言背后的其他内容的教授，外语教学中这种单一的语言学立场明显是具有局限性的。

1. 割裂了语言与文化的内在关联性

众所周知，语言与文化关系密切，语言是文化的载体，文化是语言的灵魂。语言教育肩负着使不同文化得以传递、保存、发展的重要责任，因此外语教学是一种文化传播的过程与手段。

语言与文化具有同构性。从语言的形式构成来说，任何语言都是由语音、词汇、语法等要素构成的；从原因的形成来说，任何原因都是对特定价值观念、思维方式等的反映，每一种语言都与某一特定的文化相互对应，而修辞的运用、语言结构的选择、语言意义的生成等都会受到文化特性、文化价值观的规范与制约。因此，就本质上而言，语言的发展与传播反映的是文化思维方式、文化价值观念等的变革。就教育层面来说，语言学习的过程就是文化理解、文化传播的过程，也是促进学生思维方式与价值观念建构的过程。如果学生的语言学习离开了文化学习，那么学生学到的仅仅是语言符号，只能导致语言学习的符号化。

也有人认为，文化学习是源自于语言学习的。但是如果把文化的东西简单地视作形式化的语言符号，那么文化学习就走向纯粹的原因符号了。传统的外语教学只注重语言形式的学习与技能培养，人为地将语言教学与文化教学割裂开来。这样很多学生即便学到了语言知识，能够说一口流利的语言，但是也很容易出现语用错误。实际上，任何知识都是由三个部分组成的：符号表征、逻辑形式与意义，而逻辑形式与意义不仅在符号表征中呈现，还在语言知识特有的文化元素中呈现。如果将语言的符号知识与其隐含的文化元素割裂展开教学，便是割裂了语言知识与文化内涵之间的关系，这样的外语教学显然也会失去文化立场。

2. 不利于渗透国际理解教育

与母语相比，外语教学为学生打开了另外一扇窗户，其能够引导学生了解另外一个民族的语言文字以及背后的文化与价值观念等，进而提升学生的文化理解力。尤其在当前经济全球化背景下，外语教学需要确立一种开放的思维方式，引导学生逐渐形成国际理解力，但是外语教学这种单一的语言学立场显然并未认识到文化的重要作用，很难让学生认识多元的世界，形成一个开放的思维。

3. 不利于提升学生文化选择力、文化判断力、文化理解力

中国社会就文化背景的构成来说，虽然不像西方国家社会具有那么大的差异，但是内部也会存在一些不同的文化传统。基于这样的现实，如何开展与文化模式相适应的教学呢？随着中国改革开放的推进，国际合作办学不断发展，很多城市开办了国际学校，招收不同国籍、不同种族、不同文化背景的学生，这必然对多元文化教育提出更高的要求。教师如果对不同的文化模式不了解，就很难驾驭多元文化教育课题要求，很难提升学生的文化选择力、文化判断力、文化理解力。

二、文化教学的任务

外语教学的文化立场作为外语教学的一种基本策略与思维方式，并不意味着在语言知识中简单嵌入文化因素，而是将语言知识与文化知识整合起来，更好地融为一体展开教学。显然，外语教学的文化立场的意蕴显现了出来。

（一）实现外语教学的文化立场转向

外语学习不仅是一种语言学习，更是一种对多元文化认识与理解的过程。单一的语言学立场容易造成语言与文化的分离。众所周知，语言与文化是并存、共生的，二者是密不可分的关系，语言是突出部分与表现形式，是文化的载体与产物。世界上没有不反映文化内容的语言，也没有与语言无关的文化。语言本身就属于一种文化现象。一个民族的文化在其民族语言中隐藏，因此语言结构具有民族文化的通约性。如果不了解语言中的社会文化，那么就很难真正地理解语言。因此，就本质上说，语言教学与文化教学有着密不可分的关系，语言教学本身应该将文化内容纳入其中来讲授。而且，学生通过对文化知识的学习，能够了解不同的思维方式与风俗习惯，拓展他们语言学习的知识面，提高自身的文化修养。

（二）克服单一的语言知识教学的局限性

外语教学不仅是一种文化教学，更是跨文化视角下的文化回应性教学。所谓文化回应性教学，即要求在教学目标上培养学生尊重其他文化的态度与意识，帮助学生形成自身文化的自豪感与认同感，使学生能够从

不同视角出发对同样的事件和经验加以审视与理解，提升自身对文化差异的鉴赏力。外语学习其实属于一种跨文化学习。外语与母语有着不同的价值观、不同的文化背景，因此在外语教学中，教师需要他引导学生在了解语言符号知识的基础上，对不同的文化立场与文化背景进行认识和了解。同时，回归母语文化，对不同文化因素的差异性进行判断与理解，对人类共同的核心价值观进行识别，从而有助于培养学生形成尊重其他文化的态度，构建对自身文化的自豪感。

三、文化教学的影响因素

（一）语言差异因素

1. 汉语重形象思维，外语重抽象思维

人类的抽象思维和形象思维是密切联系、互相渗透的。抽象思维讲究秩序，其思维具有系统化、组织化、形式化的特点，其严密的逻辑推理表现在语言上重形合、讲形式，求结构上的严谨；而形象思维重悟性，即不凭借严谨的形式来做分析，表现在语言上重意合。由于文化传统的不同，不同的民族形成了侧重点不同的思维习惯。思维方式是沟通文化与语言的桥梁。思维方式与文化密切相关，是文化心理诸特征的集中表现，又对文化心理诸要素产生制约作用。同时，思维方式又与语言密切相关，是语言生成和发展的深层机制，语言又促使思维方式得以固化和发展。

汉字起源于象形文字，直接从原始图画发展而来，从最初就具有直观性，其意义以字形与物象的相似为理据。

象形文字的突出特点是文字形体可以直接地或在一定程度上体现字义，即可以望形生义，如“抬、拿、扛、打、挖”等的动作都与“手”有关。汉字集意义和音调于一身，是一种三维的表意文字。相反，外语起源于拉丁文字，属于一维的表音文字，或叫拼音文字，其形象性、直观性就比汉字逊色得多。汉字的象形文字，就是形象思维的具体体现。如“月”“山”“火”等都是汉民族对大自然的直观反映。“人”字酷像分腿站立、顶天立地的人的形象，“雨”字中的四点表示雨滴。

汉语中有丰富的量词，量词也是汉语形象化的体现。世间万物，千姿百态，形状各异，汉语中形形色色的量词形象生动，准确鲜明，对事物的姿态一一进行描述，如一朵花、一面镜子、一匹马、一盏灯、一堵墙等。而外语只突出被描述的客体和数量。汉语里量词的大量存在是与中国人擅长形象思维分不开的，一把雨伞、一面旗、两尾金鱼、三艘船，这些量词与该名词的形象有关。外语虽然也有量词，但是数量上远没有汉语多，也没有汉语量词形象生动，并且同一个量词往往可以配上许多不同的名词。

汉语偏重经验感性的思维特点产生于汉民族的传统文化。汉民族文化重视实际生活经验，所以人们常说“嘴上无毛，办事不牢”“老将出马，一个顶俩”。这种文化观念的思维定式反映在语言上，就是重经验直觉，带有较浓厚的感性色彩，词句的表达与理解不太注重语法上的严密思考，而倾向于凭经验进行意合获取，这种特点在古汉语里表现突出。古汉语文章竖行从左至右书写，无标点符号，不分段落，一气呵成。

汉语的词序具有临摹现实的经验感性的思维特点。汉语词语前置或后置反映出生活经验的时间顺序。在叙述动作、事件时，往往按事情发生的自然顺序排列句子，先发生的事件或事物在先，后发生的就在后。

外语词序偏重语法逻辑的理性特点，而汉语词序则是实际生活经验的一种临摹，反映出重经验感性的思维特点。因而汉语的词序在句法中占有重要的地位，相同的词，排列不同则表示不同的意义，造句富有弹性。

总体而言，西方民族重句子的理性分析，语句结构严密，一般而言，每句话必有主语和谓语动词，主语和谓语动词的时态必须一致，受语法的约束，所以其语言的理解较汉语更重语法逻辑。而汉民族思维的内核是具体性、直观性和形象性，汉语语法也具有直观形象的意合特点。

2. 汉语重整体思维，外语重个体思维

外语单词在意义上具有一定的特指性，意义相关的词在词形上毫无相关之处。而汉字的意义通常极为广泛，例如，在汉语中只需一个“车”字即可代表外语中的bus（公共汽车）、car（小汽车）、taxi（出租车）、minibus（面包车）及lorry（卡车）所指的任何一种交通工具。又如，汉语中“笔”可意指各种可以用来书写的用具，而外语中则对每种书写用具都有特定的称谓，如pen（钢笔）、ballpen（圆珠笔）、pencil（铅笔）等。

英汉构词的这种思维差异在表示星期的这组词上体现得尤为明显：汉语中表示一周内第几天的词是用星期加上数字表示（周末“星期日”除外），如“星期一、星期二、星期五”等；在外语里这些只是一个个词形上毫无联系的词，如Monday、Tuesday、Friday，从外语单词的词形看不出单词间的任何顺序关系和具体联系。

（二）文化差异因素

观念是人们经过学习在头脑中形成的对事物、现象的主观印象。观念是通过对感官资料进行选择、组织并加以诠释的方式来认识世界的过程。例如，来自不同国家或者民族的人对个人信用的解释是不同的。对美国人来说，个人信用的主要指标是独立与能力，坦诚与直率、强势与自信、理性与果敢等会赢得尊重。而对中国人和日本人来说，个人信用的主要指标是社会地位，沉稳与含蓄、顺从与谦卑、仁爱与机敏等会赢得尊重。

思想观念往往是由社会教育（包括家庭教育和学校教育）逐步形成的人生观和价值观，属于意识形态的范畴。观念的产生与人们所生活的社会环境关系密切。人们观念的形成主要受到家庭环境和社会环境的影响，因此，观念主要包括家庭观念（包括婚恋观念、亲情关系、家族观念等）和社会观念（包括时间观念、自我认同观念等）。

第二节　跨文化视阈下外语文化教学的原则及策略

一、跨文化视阈下外语文化教学的原则

（一）主体意识强化原则

基于全球化的浪潮，西方国家凭借自身的话语权，采用经济、文化等手段推行其生活方式或意识形态，对包括中国在内的其他文化产生了冲击，导致文化输入、输出出现了严重的失衡情况，也对其他民族的文化造成了严重的腐蚀。

对此，在实施文化教学中，教师必须引导学生对跨文化交际过程中的平等主体意识加以强化，减少学生对西方文化的盲从，增强学生对中国优秀传统文化的认知与了解，主动对中国传统的文化进行整理与挖掘，吸取文化中的精髓，将中国传统的优秀文化底蕴凸显出来，强调中国优秀传统文化在当今世界的价值。

在文化教学中，教师要引导学生遵循“和而不同”的原则，既要对其他文化有清晰了解，又要保持自身文化的特点，让学生能够向世界展现中国优秀文化的精髓。

在文化教学中，教师要不断培养学生自信的气度与广阔的胸怀，让学生学会在平等竞争中，与其他国家互通有无，以多种形式将中国的传统优秀文化传播出去，不仅对西方文化霸权主义的侵蚀加以抵制，还能确保中国文化在世界文化中的地位和格局，从而促进世界文化的多元发展。

（二）内容系统化原则

文化的内容非常丰富，其所包含的因素至今还没有一个定论，因此在实施文化教学时，教师不能一股脑地将所有文化内容纳入自己所讲授的内容之中。因此，中国的教育主管部门应该组织文化领域的专家、学者，从价值性、客观性、多元性等多个层面出发，对中国优秀传统文化的教学内

容体系进行确立，具体包含中国的基本国情文化、社会主义核心价值观、民族文化、节日文化、生活文化等。

（三）策略有效性原则

在实施文化教学时，教师应该采取有效的策略。具体来说，可以从如下两项入手。

第一，教师要用宽容、平等的心态对中西方文化进行对比，通过对比来鉴别。这一策略就是将中国文化与其他文化进行比照，从而将中国文化与其他文化的异同揭示出来，避免将那些仅属于某一特定社会的习俗与价值当作人类普遍的行为规范与信仰。

在运用这一策略教学时，教师应该对跨文化交际中存在的现实问题进行研究，以共时对比作为重点，不考虑褒贬，克服那些片面的文化定型，避免用表面形式对丰富的文化内涵进行取代。也就是说，教师应该引导学生透过现象看本质，通过理性、客观的态度，对不同文化的异同加以分析。

第二，教师要为学生提供充足的空间与机会，让学生感受到中国传统文化的魅力。通过体验，可以将课堂环境与社会环境结合起来，加强文化与社会、学生与社会等之间的关联性，使学生在外语教学情境下不断体验与感悟，从而帮助学生形成文化理解力、文化认知力。

（四）同步原则

这里所说的同步原则是指在利用外语教材培养学生的外语文化意识时应与课本的内容保持一致。在讲解外语文化知识的时候，教师会把中西方文化进行对比。但中西方文化不同的差异体现在很多方面，学生不可能在一节或几节课的时间内解决诸多问题，教师也不可能在一个单位课时里全都讲解文化的差异性或者把体现文化背景的文章都拿出来讲一讲，如果把所有文化习俗的不同都拿出来讲，效果不一定好，学生也掌握不了。当然，学生对外语国家的文化了解越多越好、越广越好、越深越好，这就要取决于学生的兴趣、条件及时间等多方面的因素。

二、跨文化视阈下外语文化教学的策略

（一）实施慕课教学模式

技术是一把双刃剑，任何事物的发展都有其两面性，近几年的研究和实践表明：慕课的出现对全球教育界产生了巨大影响，并因其具有的开放性、资源丰富、不受地域限制等优点吸引了大批学习者，其名校名师资源和新型学习模式更是引起了广大学习者的学习热情。但与此同时也出现了一些弊端，如慕课虽然在线注册率高但完成度不高，不利于教学质量控制

等。而教师如何利用慕课资源优势，将其转化为可利用的教学资源，并将其融合到课堂教学中来改善和提高教学质量，是教师需解决的一个问题。

混合学习（Blended Learning）是近年来受到教育界广泛关注的一种新型学习方式。黎加厚教授对其的定义为：所谓混合学习，是指对所有的教学要素进行优化选择和组合，以达到教学目标；教师和学生在教学活动中，将各种教学方法、模式、策略、媒体、技术等按照教学的需要娴熟地运用，达到一种艺术境界。华南师范李克东教授认为："混合教学是一种借助面授与网络两种学习模式的优势来重组和构建教与学过程的教学理念和组织策略。"为混合教学的结构图如图5-1所示。

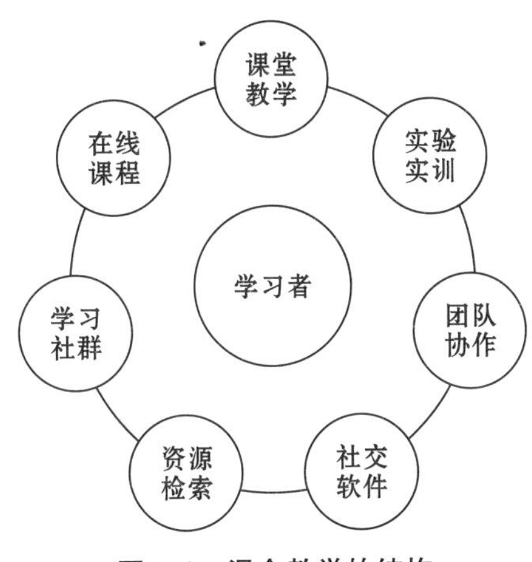

图5-1　混合教学的结构

基于慕课的混合教学能将面对面的课堂教学和网络学习的优势有机结合起来，实现教学效果的最优化。普通人作为非慕课提供者，如何将顶尖的慕课积极而灵活地引入校内本科生和研究生的课程教学中，直接促进本校的课程与国际接轨达到国际水平，又间接促进本校教师教学科研水平以及学校信息化教学的发展，是值得研究的课题。慕课将对现有的教学模式提出严峻挑战，深入研究慕课混合教学模式有助于地方制定有针对性的应对方案。

混合教学是教学信息化发展的新阶段，它体现出信息技术从教学辅助向与教学深度融合的发展轨迹。信息技术应用于教育教学最早始于计算机辅助教学（Computer Assisted Instruction，CAI），并且衍生出了计算机辅助学习（Computer Assisted Learning，CAL）、计算机辅助训练（Computer Assisted Training，CAT）等概念，直到之后互联网时代的网络教学平台（E-Learning）等，这些教学应用的特点都是从属于已有的教学流程，在教学过程中所起的更多是辅助、补充和支持作用。

当前基于慕课的混合学习，以及从教学角度而言的混合教学，使信息技术在教学中发挥的作用不再仅仅是工具或支撑平台，而是对教学思维、教学元素以及完整教学流程的重构。因此，基于慕课的混合教学对于教学系统设计中的信息技术环境和条件、教学参与者的信息技术素养、教学管理的信息化水平都提出了更高的要求。

具体而言，在信息化教学环境中，需要有稳定的有线网络和无线网络接入，慕课平台所在的云计算服务器需要安装在专业的数据中心机房内，教师和学生应该普及智能手机和笔记本电脑等终端，并能够随时随地稳定快速地接入慕课平台；教师和学生对“互联网+”教育教学以及信息化时代教学和学习的新理念、新思维有一定程度的认识和理解，能够适应教学流程重构和翻转对教师和学习者提出的新要求，能够主动调整自己在传统教学和学习模式中的习惯思维和行为，积极融入混合教学的新模式之中；作为教务管理部门而言，在基于慕课的混合教学的教务管理过程中必须继续提高管理的信息化水平，努力消灭数据孤岛，跨越数字鸿沟，重构教务管理规则和流程，避免传统教务管理中的一些规定和流程原样照搬到混合教学的管理之中，以免造成生搬硬套影响慕课混合教学开展的不良后果。

另外，混合教学中的教学绩效考核制度和教学质量评价体系也与传统教学评估的指标和模式存在较大的差异，需要教务管理部门与时俱进，研究制定混合教学的考核和激励机制，从制度上推动基于慕课的混合教学在学校教学中的应用普及与深入发展。

1. 制约教学开展的因素

制约基于慕课的混合教学在教学中推广应用的因素有很多，其中一个突出的问题是当前的教学现状导致教师对信息化教学改革的积极性和参与度不高，具体的原因包括：当前的职称评定考核以科研学术水平为导向，虽然很多学校也试图通过教师教学能力评比等手段促进教师对教学的重视，但总体而言，当前教师对教学的重视程度普遍不足；与公办基础教育对教师从事非职补课进行严格限制相比，对教师兼职授课普遍采取默许或鼓励的态度，使得很多教师在完成教学本职工作量之外还要到其他学校兼职授课，因此对本校教学的时间精力投入非常有限；部分教师的教学内容和教学形式非常固化，课堂教学基本就是通过PPT和投影照本宣科，将课程教学工作量狭隘地等同于课堂教学课时，内心抵触慕课等教学信息化发展带来的教学流程重构，以维持现状作为教学工作的主要诉求，几乎没有任何的教改积极性。

以上这些问题往往会与慕课平台的技术问题、网络问题、教务管理制度问题、师生信息技术素养问题等交织在一起，使得基于慕课的混合教学在推行时面临复杂的问题和挑战。这就需要教务管理部门、教学研究部门、教学单位、信息技术部门等单位紧密合作，形成合力，逐一梳理问题才有可能逐步解决并不断完善。

2. 教学参与者的信息技术素养要求

基于慕课的混合教学与传统的网络教学辅助平台应用最大的区别是，基于网络平台的教学主干流程替代了传统的以课堂教学为主干的教学流程，网络应用已经由课外的辅助应用变成了贯穿混合教学流程的主线，因此在基于慕课的教学系统中，对慕课平台和网络环境等技术支撑环境，以及对所有教学参与者的信息技术素养的要求都比以往的传统网络辅助教学提高了一个甚至若干个层次，因为对网络化教与学的应用已经由可选的、弹性的需求变成了必需的、刚性的需求，这对所有教学参与者的信息技术素养都提出了更高的要求，也是所有教学参与者在慕课时代面临的重大挑战。

因此，在实施基于墓课的混合教学之前有必要对所有教学参与者进行相应的信息技术强化培训，并且建立系统的信息化教学运维支撑体系，在教学过程中持续地为师生提供技术支持服务，从而潜移默化地提升师生的信息技术素养。

基于慕课的混合教学所必需的信息技术素养至少包括：熟练使用各种终端访问慕课平台，包括学校教学环境中的教室电脑和公共机房电脑，以及个人的笔记本电脑、平板电脑、手机等移动终端；学习并掌握互联网相关的法律法规，具备网络安全意识，在基于网络的学习过程中注意保护个人账号和数据，同时不要在教学和学习过程中发布违反法律法规的内容和信息；掌握一些基本的网络技术，包括各种环境内的网络接入，比如学校的校园网认证上网和WiFi接入、家中的宽带接入、VPN接入、运营商的移动网络接入等，并能够对网络故障进行一些基础的简单调试，例如，查看操作系统的网络连接属性、查看是否获得了正确的IP地址，能够通过ping命令和网速测试软件判断网络是否畅通、是否稳定等；在自己的个人电脑和移动终端中确保系统安全，坚持使用正版软件并保持更新，避免使用可能包含木马的盗版软件，随时保持操作系统自动更新并定期手动检查，在系统中安装安全防护软件并定期扫描等；理解当前互联网的主流已经从传统基于PC网页浏览器的网页全面过渡到基于跨平台、响应式、多终端兼容的移动网页，因此首选的网页浏览器应该是对HTMIS和JavSeript支持较好的现代浏览器，这些浏览器包括但不限于Google Chrome、Safari、Firefox、Edge、大部分Android和iOS智能手机和平板中的Web浏览器等，如果选择其他浏览器时应该了解该浏览器是否兼容Chrome或Webki，避免使用老式的、长期不更新的IE浏览器；掌握一些基础的互联网内容和资源开发技术，了解网页的构成元素，清楚适合在互联网中传播的媒体格式，特别是教师除了使用慕课平台中现有的课程视频资源外，建议所有教师都掌握手机录像剪辑和Catasia等录屏软件的操作，从而能够由个人录制一些微课发布给学生作为慕课课程的补充内容，真正体现混合教学的意义和价值。

3. 慕课教学不等于慕课平台

由于基于慕课的混合教学是对传统教学模式的流程重构，这不仅仅是简单的信息技术应用，必将触动教师的传统教学观念和工作模式，甚至是触动教师的个人利益，这些问题与技术问题交织在一起，使慕课教学模式的施行势必会遇到一系列问题和阻力。因此学校教务管理部门和教学单位的首要工作目标应该是区别并梳理各种矛盾和问题，对症下药，多管齐下地予以逐步解决，切忌以点带面，放大次要矛盾而忽视或回避主要矛盾，从而使问题复杂化，导致关键问题更加难以处理。

在基于慕课的混合教学模式的应用过程中，很多学校常见的一个认识误区是将慕课教学模式等同于某一个慕课平台，这种认识的实质是本末倒置，完全曲解了慕课教学模式存在的目的和意义。诚然，一个稳定、可靠、资源丰富的慕课平台是开展慕课混合教学的基础，但换一个角度思考可以很容易得出结论，慕课是一种新型的教学模式，并不是一个特定的课程平台或软件，应该从更高层次进行教学模式设计，也就是说，应该先根据教学目标来确立慕课混合教学的思路和模式，再来寻找和组织合适的慕课资源应用于教学，而不是围绕一个特定的慕课平台软件来进行教学设计，将对特定平台或软件的使用等同于慕课教学。

或者进一步说，即使没有现成的慕课平台，慕课混合教学也应该可以通过教师搜索、选取互联网资源或自己录制课程视频来开展，因此对慕课混合教学的正确认识和教师提高教学质量与效率的内驱力才是推动慕课教学的核心因素，在此之上，学校只有积极完善外部环境和条件，多方并举，多管齐下，才有可能形成合力，促使慕课混合教学顺利施行。

4. 慕课混合教学的目的和意义

时刻保持对混合教学目标的清醒认识，是确保慕课混合教学按照教学规律顺利推进和发展的重要前提。目前一些学校在引入混合教学的过程中或多或少都有追新、赶潮流的跟风心理，但不管出发点如何，都应该时刻反思慕课混合教学的作用和意义，一切以提高教学质量这个根本目的为核心，积极整合各种资源为教学服务。

具体而言，慕课首先为学生提供了优质的学习资源，这对帮助学生掌握学科课程知识，扩展学生的视野肯定有莫大的帮助。其次，慕课混合教学模式极大地压缩了本校教师的课堂讲授式课时，并通过信息化、网络化的软件平台和工具提高教学管理与教务数据处理统计的效率，总而言之，就是将教师从循环往复的机械性教学流程中解脱出来，给予教师更多的时间与空间来组织更加深入、更加丰富的教学内容。在教学效率提高后，节省出来的时间用来干什么，是每一位参与慕课混合教学的教师都应该思考的问题。

自古以来，我国的传统教育理念就强调“因材施教”的重要性，“因材施教”是宋人对孔子教学方法的概括，程颐说：“孔子教人，各因其材。”朱熹写道：“圣贤施教，各因其材。小以小成，大以大成，无弃人也。”简而言之，“因材施教”的核心思想就是承认并正视学生的差异性，在教学过程中根据不同学生的特点有针对性地进行教学，最终的目的是启迪学生，充分发挥学生的潜力。“因材施教”的提出已有上千年的历史，道理也非常简单，但在传统教学中一般很难实施，特别是在当今教育规模飞速扩大的时代，教师机械性地完成讲授式课堂教学，再做一些作业和试卷批改，最后完成成绩统计上报等教务工作，基本就占用了100%的教学工作时间，要想因材施教几乎没有时间和空间条件。因此，推行慕课混合教学是在信息时代实施因材施教的重要途径，教师从机械重复的教学工作中解脱出来所节省的时间和精力，完全可以充分投入到因材施教的差异化教学工作之中，这在高等教育，特别是在通识教育课程中就显得更为重要。

学生，特别是需要学习通识教育课程的低年级学生，正处于从基础教育阶段的应试教育思维向高等教育阶段的实践思维、批判性思维、创新性思维过渡的关键阶段，通识教育课程的选课学生往往来自不同的学院和专业，文理科专业背景也不同，知识结构和学习能力差异也很大，这就更需要教师根据学生的专业背景和知识结构对学生分门别类，有针对性地组织教学内容，布置相应的学习任务。在分类教学的基础上，还可以给予学生更多的人文关怀，根据学生的个体特点，进一步一对一地进行在线或面对面的教学辅导。

需要特别注意的是，慕课混合教学模式通过提高教学效率节省出的教学劳动时间，仅仅是为提高教学质量和精细度提供了一种可能性，具体是否能够真正起到实效，还要看学校和教师是否都有充分的认识并付诸行动，只有教师能够潜心教学，追求教学质量的提升，校方能够积极创造保障条件支持教师投入教学，多方相向而行，形成合力才能产生效果，否则很有可能沦为通过慕课来应付教学工作的投机取巧之举，最终只会因偷工减料而造成教学质量下滑。

5. 慕课与“仪式化”的课堂教学

基于慕课的混合教学如果能够顺利应用于日常教学中，对于教师教学和学生学习而言，都将是时间和空间上的极大解放。学生学习拥有了更大时空上的自主性，教师也可以腾出更多的时间和精力进一步充实教学内容，对学生进行更多的个性化教学，教师的教学活动和学生的学习活动不再是以课堂为中心。这是对传统课堂教学模式的重大翻转与重构，所有混合教学的参与者，包括教师、学生、教学管理者等都应该首先直面并接受这种教学模式的变化。

对慕课混合教学的一个常见认识误区是试图将课堂教学模式的流程和要求原样照搬到网络学习空间中，这种思维是很典型的生搬硬套，其根源是对课堂教学模式的惯性思维和迷恋，这种思维简单地把课堂教学等同于教学，特别是对课堂教学中“仪式化”的授课形式有着较为片面的认识，认为只有通过课堂中“先点名、教师讲、学生听”的仪式感强烈的教学形式，才能保证教学效果。课堂教学的“仪式感”并非不重要，但主要作用是在中小学生的纪律意识的形成阶段规范青少年的行为，使其养成良好的课堂学习习惯。

但在学生步入成年的阶段仍然一味强调课堂教学的“仪式感”，往往适得其反，难以调动学生的学习积极性，更为严重的是，有可能影响对学生实践意识和创新意识的培养。因此，在慕课混合教学设计中，如何在有限的线下教学课时中组织合理的教学内容，设计能够充分调动学生参与度的课堂教学或实验实训形式，是需要每位承担慕课混合教学工作的教师认真思考的首要问题。

无论哪一个门类的课程，线下课堂教学或者说是线下教学活动的设计，都应该明晰的一个思路和目标是活动的“精品化”，或者换句话说是发挥“仪式化”教学中的优点，通过设计和组织内容丰富、参与感强、令学生印象深刻的线下教学活动，使“仪式化”教学在时间和次数上压编、精简，在内容和过程上提高质量，最终实现具有“精品仪式化”特点的线下教学活动。从而弥补纯线上慕课学习在人际沟通、交流、互动方面的不足，同时又可避免过多平淡的、千篇一律的、缺乏设计的“仪式化”课堂教学使学生审美疲劳和觉得枯燥乏味。

6. 慕课混合教学的常见认识误区

慕课的出现和发展与以往的一些信息技术对教学的影响有着很大的区别，在过去电视、电脑、多媒体、互联网等信息技术产生并进入教学领域时，教育界对其都有或多或少的顾忌和争议，但从来没有像当前慕课的出现一样引起轩然大波，教师对慕课的看法和观点可以说是出现了两极分化，除一部分教师认为慕课可以提高教学质量和效率，因而主动接受、参与并开展基于慕课的教学外，还有相当数量的教师对慕课抱有负面的看法和抵触的情绪，甚至在一定程度上对慕课产生了恐慌和焦虑。这些恐慌和焦虑一方面源于对慕课的误解和片面的认识，另一方面源于对慕课的抵触心理面积扩大。具体来说，对慕课常见的认识误区包括以下几种。

（1）替代论　这是一种非常有代表性的论调，随着当前智能化设备的快速发展，很多传统的手工劳动正在被智能设备所取代，随着当前人工智能和大数据技术的发展，对很多传统的脑力劳动造成了极大的冲击，因此“慕课将取代大部分的教师”这种论调在一部分教师之中很有市场，使得很多并没有认真认识思考慕课的教师先入为主地接受了这种替代论的观点，从而加深了对慕课的误解和忧虑。

替代论的出现有着深刻的内在原因，那就是有相当一部分教师的日常教学工作实质是机械性地照本宣科，这种层次的教师的确会受到慕课相当大的冲击，然而这种恐慌和危机感并不是慕课带来的，而是这些教师自身教学存在问题所导致的，即使没有慕课出现，照本宣科式的课堂教学也是不受学生欢迎、不被社会所认可的，长期来看是不可持续的，慕课的出现只是进一步凸显了这些教学顽疾。

然而教师恰恰是最难以被人工智能取代的职业，因为真正能够指点和启迪学生思维的教师，面向的应该是对学生的创造力和创新思维的培养，这完全不会是机械性地重复劳动。因此，要跳出替代论的认识误区，一方面需要向相关教师普及慕课的概念与机制，宣传慕课的积极作用与价值；另一方面也要通过慕课的应用来倒逼教师正视教学工作，转变教学工作态度，提高自身作为教育工作者的职业素养。

（2）助教论　持这种论调的老师认为，开展基于慕课的教学，将使自己从教师沦为助教，自己的教学主导性将无法得以体现，最终导致自己被边缘化。助教论主要存在于专业课教师之中，因为在基础教育的学校中，教师开展教学往往在教育局和学校教研室的指导之下，按照相对统一的标准开展教学，而在高等教育中，除了公共教学课程的统一度较高外，绝大多数的课程均以任课教师为主进行教学，这种以教师为中心的教学模式使得很多教师片面地认为，慕课混合教学的实施会使教师的地位发生动摇，从而产生心理上的落差。

如果冷静地分析之后很容易看出，助教论的实质是替代论的一种变形，归根结底还是认为慕课将替代教师。但如果换一个角度思考，只要教师能够回归从教学目的和目标的角度看待问题，这种所谓教师被边缘化的情况并不存在。

首先，慕课中课程资源实质就是类似传统教学中使用的统编教材，绝大多数的教师都是用统编教材进行讲课，并不一定都是自编教材。

其次，如果慕课课程资源中的内容不能完全满足本校教学的需求，教师也可以运用混合教学设计和组织补充的教学内容，并且需要在教学过程中持续对学生进行个性化的辅导，因此教师的作用并没有被削弱，从某种意义上来看应该是强化了教师的作用，解决了传统教学中的一些弊端，也就是说慕课混合教学最终的模式应该是“以学生为中心，以教师为主导”。

（3）费事论　部分教师认为推行慕课混合教学改变了教师习以为常的教学方式，增加了教师的工作量，内心对慕课相当抵触。这部分教师的心态主要源于两个方面的因素：一是认为对于教师开展慕课教学增加的工作量校方应该予以经济补偿；二是对慕课混合教学的工作量投入存在误解。从短期来看，教师刚进行慕课混合教学时需要投入的时间和精力与传统教学相比可能会成倍地增加，但在经过一轮或一个学期的教学后，混合教学的模式基本建立，教学模式已经可以稳定运行，这时教师的工作量会大幅下降，直到降到比传统教学工作量还低的水平线。

所以从长远来看，慕课混合教学是能够帮助教师大幅提高教学效率的，至于教师要求的经济待遇问题，则需要校方从多个方面予以解决，总体而言应该既有鼓励措施，又有惩罚措施，只有多管齐下才有可能完善解决教师的诉求。

（4）省事论　部分教师对慕课持非常乐观的态度，原因是他们认为慕课可以极大地减少教师的教学工作量，可以腾出大量的时间去做一些“自己的事情”。这种想法的实质是认为采用慕课教学后，教师可以不再讲课，甚至可以不再关注教学工作，这其实是非常值得商榷的，或者说是非常危险的。因为教师的天职就是教学，如果不能长期坚持这一主业，最终难免被边缘化。所以省事论看似是对慕课持支持的态度，实质还是一种替代论，如果坚持这种观点的话，最终还是要走向慕课的对立面。

（5）无关论　与以上一些态度鲜明的观点相比，更多的教师其实对慕课并没有太多的认识和看法，这部分教师作为“沉默的大多数”几乎没有去了解和思考慕课的意义和影响，更多的是抱有一种“以不变应万变”的心态，在教学中继续延续自己习惯的教学方式。作为慕课混合教学改革而言，能够让更多教师理解并融入新的教学模式才是教改工作的重点。因此各个学校应该加强对广大教师的宣传普及，并结合本校实际尽快出台一些鼓励支持政策，吸引这部分对慕课缺乏了解的教师去认识慕课、理解慕课、运用慕课，从而让教学改革全面展开并健康发展。

7. 慕课混合教学的技术支持要素

基于慕课的混合教学在学校的实施是一个复杂的系统工程，因此需要教务管理部门、教学单位、信息技术部门等各方密切配合才能顺利开展，在此过程中各方参与者既要分工，更要合作，但无论面临哪些具体工作，有一个原则必须自始至终全程遵循，那就是必须将固定的、机械的、重复的工作流程程序化，并通过计算机执行，而教学过程的所有参与者，也就是人，应该去做复杂的、创新的、迁移变化的工作，简单地说，就是“机械的事交给机器，人应该做人做的事”。

具体来说，在基于慕课的混合教学中，有两项必备的系统功能需要从技术平台构建时就予以解决，否则会严重影响到后期慕课混合教学的正常开展。

第一，统一认证接口。慕课教学平台的基础数据是所有教学参与者的账号和信息，需要保证所有教师、学生、助教能够顺利无障碍地登录慕课平台，而且必须避免在慕课平台中出现新的“数据孤岛”，也就是说，慕课平台的用户数据库不应该是独立运行的，必须通过统一认证接口与学校已有的教务管理系统或一卡通系统对接，用户不能在慕课平台中修改自己的账号密码，确保任何教师和学生不因账号问题影响对慕课教学平台的访问。

第二，通用数据接口。在校园信息化系统的构建和整合过程中，每个学校都应该把通用数据接口作为一个核心的刚性功能需求，确保不同的信息系统间能够无障碍、实时、自动同步数据，从而彻底打通校园内的各个数据孤岛，确保教学和教务管理工作顺利进行，不因数据问题影响慕课混合教学的开展，让教师的精力与时间专注到教学内容的组织和设计上，而不是浪费时间去手工处理本应由计算机系统自动完成的数据同步问题。通用数据接口不是简单地开放数据库的远程访问接口，而是应该设计并实现一个通用的数据协议格式标准，实质是对数据库中的数据进行提取和抽象表达，避免不同的系统间由于数据库类型不同造成不兼容问题，以及通过对数据和字段的读/写权限划分确保各信息系统的相对独立，从而显著提高系统的安全性。

简言之，通用数据接口就是不同信息系统间的一个中间件，各系统都用约定的协议对授权的外部系统提供约定格式的数据，各系统在读取外部系统提供的数据之后，解析并写入自身内部数据库。通用数据接口的通信协议可以用HTPS实现，既保证了协议的通用性，又通过加密数据传输保证了安全性。通用数据接口的数据格式可以使用通用性较强的XML或JSON。在当前主流的Web开发生态中，JSON已经成为事实上的工业标准，所以建议各学校优先采用JSON格式作为数据接口的数据格式。对通用数据接口常见的认识误区是认为各个信息系统只要提供了数据导出/导入功能，能够导出/导入XIS或CSV格式的表格数据就算是有数据接口功能了。

其实即使具备了手工的导出/导入功能，数据孤岛仍然存在，真正消除数据孤岛的方法应该是实现自动实时同步的数据接口，用地理孤岛来类比，即使孤岛与大陆间有定期往返的渡轮，仍然改变不了孤岛的性质，因为渡轮无法保证实时的、双向的运输（数据同步），只有在大陆和孤岛间修建跨海大桥或海底隧道（数据接口）才是彻底消除了孤岛效应。通用数据接口的作用在于自动同步教务系统中的学生名单、教师名单、课程名单等数据，并将慕课教学过程中产生的形成性评价和终结性评价数据推送回教务管理系统，最终完成学分认定，全程避免无谓的手工操作，有效提高教学和管理效率。

8. 慕课混合教学的门槛

推进基于慕课的混合教学的应用与发展，需要建立全方位的保障体系，除了学分政策、技术平台、网络环境、教学设施设备等保障措施外，还需要重点考虑建立鼓励教师参与混合教学的配套激励政策。实践经验表明，所谓的激励政策更确切的表述应该是混合教学工作考评机制，不能片面地强调激励，更应该以教师教学理念的转变为目标，多管齐下地使教学理念和教学模式转变，从而避免出现“有钱才干，没钱不干”的窘境。

另外，校方也应该对主动接受慕课教学模式、积极开展慕课混合教学的教师及时给予工作量认定和多层面的鼓励，以免出现“干了白干”的问题，以至于教师的积极性受到打击。

当前对于开展基于慕课的混合教学的一个常见的错误认识是，认为慕课混合教学必须前期进行大量的经费投入才能开展。这种错误观念非常容易导致一些起点较低的学校贻误发展时机。诚然，构建完整的慕课混合教学需要先期建立完善的信息化教学环境，包括校园网网络、云计算数据中心、慕课平台和课程资源、电脑教室等，每一项都需要巨额的投入，使得开展慕课教学门槛看似很高，让很多学校感到望而却步。

然而，慕课教学的门槛也可以极低。甚至可以说人人皆可参与，因为从慕课诞生的那天起，就一直存在两种发展路线：一种是以Counsera、edx. Udaeity等大型慕课平台为代表的高等教育学历学分认定体系；另一种就是以可汗学院为代表的教学资源共享体系。可汗学院体现了慕课开放、共享、普惠的核心价值，是典型的“草根”路线代表，其创始人可汗甚至不是专职教师，他的初衷只是把自己的学习经验通过电脑录屏视频的形式上传到视频网站分享给所有网友，直到这种形式在网民中引起了巨大反响，互联网巨头才注资将其包装为一个专门的慕课平台。

所以当前任何学校无论其信息化教学条件如何，都可以通过可汗学院的模式进行基于慕课的混合教学，教师和学生可以直接访问互联网慕课平台的资源，教师可以用一些简单的设备和工具，如手机、摄像头、Camtasia

录屏软件等录制自己的授课视频，再将视频上传到优酷等开放的视频网站，并利用QQ、微信等免费的实时通信工具与学生进行线上的教学交互。简而言之，慕课是一种教学思维与理念，并不等同于昂贵的设备和软件平台，只要学校和教师真正有开展慕课教学的意愿，随时都能够低成本、低门槛地迈出第一步。如果举步不前，一味等待资金投入，那么必将丧失发展良机，与先期已经开展慕课教学的学校的差距只会越来越大。

（二）构建多模态互动教学模式

从语言学习的特点出发，20世纪90年代，西方学者提出了多模态话语理论。这一理论指出，语言属于一种社会符号，音乐、绘画等非语言符号对语言意义的生成起着重要的影响作用。各种语言符号与非语言符号模态之间是相互独立也是相互影响的关系，共同生成语言意义。根据多模态语言理论，语言的输入、输出会受到多种符号模态的影响，因此在外语教学中，可以将多种符号模态融合起来，结合音乐、图像、网络等形式，对外语课堂进行丰富，调动学生学习的积极性与主动性，从而交互式地学习外语语言，达到对外语语言的充分记忆以及恰当应用的目的。

在大数据驱动下，教师采用多模态互动教学，可以充分运用网络多媒体等手段，创设各种语言学习情境，让学生真正体会到语言学习的乐趣，多渠道地激发学生的听觉、视觉等感官，为学生提供全方位浸染式的环境，促进学生不断提升自身的语言技能。

多模态互动教学强调采用多种手段，具体来说是运用网络多媒体技术，开展角色扮演、图片展示等多种互动方式，调动学生学习的积极性，将听、说、读、写、译各项技能结合起来，激发他们学习的兴趣，对旧知识进行巩固，对新知识进行拓展。

1. 外语多模态互动教学的意义

在外语教学中，网络技术与大数据技术的作用日益凸显，可以说这些技术改变了教育的理念与方式。在大数据背景下，外语教学应该充分利用网络与多媒体技术，将多种符号模式如图像、语言、网络等融入教学之中，利用多种模态将学生的各种感官激发出来，调动学生的学习积极性。

外语是多种学科中一项重要的公共基础课，但是对于大部分学生来说，原有的外语课堂是非常枯燥的，导致他们的学习效果也不理想。当前，随着网络与大数据的出现，在一定程度上突破了教学的界限，采用音频、视频、微信等资源开展外语教学，这为外语教学注入了新的活力，也为学生增添了学习的自信心与动力。

在外语教学中，对网络资源的合理运用可以刺激各种感官，让学生参与到学习之中，更深层次地理解外语词汇、语法、语言学等知识。学生成为外语课堂的主人，积极主动地探索知识，才能学会知识。

另外，在传统的外语教学中，教师提供的信息是非常有限的，很难与学生的个性需要相符合，多模态化网络的融入，可以解决教师的这些问题，教师可以利用大数据资源，为学生创设真实的平台，让学生调动多方感官，自主、轻松地提升个人的语言能力。

互联网已成为教师教学的重要工具，充分利用互联网及多模态教学模式势必对外语教学产生巨大的影响和推动作用。

2. 外语多模态互动教学的基本原则

（1）客体适配原则　在外语教学中，师生分别处于教授与学习的主体地位，对应的客体则是教授与学习中使用到的工具，如多媒体、教材等。所谓的客体适配，即根据多模态互动教学的需要，提前选择能够对教学工作加以支持的材料。例如，在听力课堂上，教师需要提前下载一些听力材料，然后运用多媒体进行播放；在阅读课堂上，教师可以为学生推荐一些阅读性强的著作。

当然，日常的教材讲解，需要教师在备课时制作多模态PPT。从教材内容出发，将其中涉及的重难点知识，在PPT上配合动画、图片等加以展示，这能够将教材这一客体的适配性发挥出来，并能够激发学生的学习积极性，提高教师教学的质量和效率。

（2）主体适配原则　如前所述，教师与学生处于教授与学习的主体地位。

就教授层面而言，教师在对多模态符号进行收集与整理的过程中，应该转换自己的身份与角度，尽量从学生的视角出发对多模态符号内容进行选择。例如，所选择的动画、图片等要与当代学生的认知规律、兴趣爱好等相符合。这样才能使课堂更具有吸引力，进而便于教师展开教学工作。

就学习层面而言，学生需要在接收到PPT的模态符号之后，将自己的感官调动出来。例如，当教师在PPT上播放听力材料时，学生需要将自己的听觉感官调动起来；当教师在PPT上展示图片等内容时，学生需要将自己的视觉感官调动起来。

一般情况下，坚持主体适配原则，对于构建多模态的互动教学模式，提升师生之间的默契度非常有益。

（3）阶段适配原则　外语学习本身是一个循序渐进的过程，阶段不同，学生的水平与理解能力必然也不同。为了更好地将多模态互动教学的优势体现出来，教师在运用这一策略时，需要坚持阶段适配原则。也就是说，教师要从实际出发，对模态组合的形式与教学模式进行不断的调整。例如，听力部分是英语四六级的重要测试内容，也是学生英语核心素养培养的一项重要内容。运用多模态互动教学模式展开听力教学时，第一阶段需要根据班级学生自身的水平，选择恰当的听力材料，不宜过难，也不宜过于简单。同时，教师需要提前检查一遍，尤其检查里面的信息是否全面，语速快慢是否适中，问题的设置是否合理等。第二阶段是在听力时，教师要时刻观察学生的注意力情况，是否出现眉头紧锁等情况，这样有助于教师对难度加以判断。第三阶段是从听力材料出发来讲解。这一教学模式实现了音频模态、口语模态、文字模态的多方组合。

3. 外语多模态互动教学的构建策略

外语多模态互动教学作为一种新型模式，充满着活力，在大数据背景下必将日趋完善。那么下面就来具体分析外语多模态互动教学的构建策略。

（1）充分利用多媒体资源 多媒体技术被引入外语教学中，是外语教学的一项重要变革。多模态教学强调将学生的各个感官调动起来，实现外语学习的目标。多媒体课件正是能够将文本、图片、音频、视频等相结合的资源，教师如果制作一个多媒体课件，需要精心地准备，需要从不同的教学内容与任务出发，搜集各种资料，进而进行整理与设计，制作出符合学生需求的、真实的多媒体课件。

（2）建设多模态化外语网络空间 随着网络技术与大数据技术的不断发展，当前我们的“信息高速公路”“论坛”“校园网”等日益丰富，也被人们熟知。显然，网络时代与大数据时代已经到来。当前，各学校开始对自己的网络空间进行构建。网络空间教学指的是师生运用网络平台，展开师生交互活动。他们可以在网络平台上创设实名认证的空间页面，师生在空间平台上进行学习和互动交流。

2015年河南牧业经济学院创建了网络教学平台系统，这一系统是在Sakai教学平台的基础上研发的远程教学系统，该系统采用“引领式再现学习”的理念，通过课程空间、课程大纲与资源、论坛等形式，在师生的学习内容之间建构多元化的交互渠道，将学生的多个感官激发出来，为学生创设一个真实的虚拟课堂体验环境，从而有效地实施多模态互动教学。

实施外语网络空间教学之后，师生之间可以摆脱时空的限制与障碍，在即时问答、论坛等多个项目下展开有效的互动，这样不仅加深了教师对学生的了解，还能够使彼此的关系更为融洽。通过网络空间，教师可以批改学生的作业，学生也能够在规定时间内随时将自己的作业提交上去，实现作业的先交先改、及时反馈。这不仅节省了纸张，还为师生提供了一个互动的平台。

当然，网络空间平台发挥作用的关键在于学生能够积极参与，学生需要登录到网络空间中完成作业、书写心得，也可以同其他伙伴分享自己的学习音频、视频等资料，这就让学生真正成为学习的主体。在网络空间平台上，学生将自己的感官调动起来，激发自己学习外语的兴趣，提升自己的学习效果，实现自己的有效学习目的，这也是多模态互动教学有效实施的体现。

（三）建构生态教学模式

21世纪被认为是生态世纪，生态学的思想被人们所熟知，成为人们生活与工作的新方法。很多教育工作者也将视角转向对生态学理论成果的研究，并将这些理论成果用于外语教学之中，这就是所谓的外语生态教学。谈到外语生态教学，首先来谈一谈生态课堂，进而分析外语生态教学的本质与生态课程的构建。

生态课堂是从生态学的视角出发，对生态状态下的课堂加以研究的学科，其强调教师、学生、教学信息与组织、教学环境、教学平等等环节要实现和谐统一，是对师生关系、课程结构等进行的新型建构，是一种各个环节之间彼此联系与和谐共生的教学形态。

教育要以人为本，因此外语生态教学也应该这样。人的生命发展具有多元性，而学生个体的发展具有多样化，这包含他们身心和谐的发展、个人的求知欲、与他人和谐相处的能力等。但是，学生个体的发展不能牺牲他人，因为教育面向的是全体学生，因此要兼容并包，对其他学生要予以尊重。

1. 外语生态教学的理念

无论对于教师还是学生而言，外语生态课堂都是一个全新的教育观念，需要每一位教师付出自己的心血来经营和追求。要想构建一个完整的外语生态课程系统，这个过程是十分困难的，包含创设课堂环境、和谐师生关系、加强课堂互动、构建多元评价机制等。下面就来具体分析这几项内容。

（1）创设和谐生态课堂环境　对于师生而言，课堂是他们演绎生命意义的舞台。创设一个和谐的课堂环境，是师生完整生命能够自由成长的基础与前提。生态课堂创设，不仅涉及物理环境的创设，还涉及心理环境与文化环境的创设。

1）物理环境创设。外语生态教学中生态课堂的物理环境，是由自然环境和一些教学设备构成的，自然环境包含照明、光线、噪声等，教学设备包含教师布置、书桌布置等。这些在课堂教学互动中发挥着不同的生态意义与功能。

①适当的光线和照明。在课堂中，适当的照明与光线对于教师和学生都有重要作用，尤其是对学生的健康与心理等。例如，如果光线太弱，那么学生在学习中就会感到视觉疲劳，甚至产生厌倦心理；如果光线太强，

那么学生就会受到过度的刺激，对健康产生影响等。

②降低噪声。噪声会对人的生理机能产生影响，这是不容置疑的，而且会让人感觉到非常的不舒服，也会影响学生的心理，如使他们感到焦虑，记忆力下降，甚至思维变得迟钝等。在教室中，噪声大小与教室位置、班级学生密度有关，与位于城市的位置有关。也就是说，班级人数多，那么噪声就偏大；离城区越近，噪声就越大。

另外，学生对噪声的承受能力会因为个性、性别等产生差异。因此，要想构建一个外语生态课堂，在位置上要远离城市中心或者比较喧嚣的地方。其次，对于班级的规模也应该予以控制。一般来说，公共外语的班级较大，教师应该根据具体的情况，对不同形式的教学活动进行安排，从而减少噪声。

③布置教室。作为课堂活动的场所，教室的教学设备、内部构架等都需要精心的设计与安排。教室内课桌的摆放以及墙壁等的布置整洁干净，会让师生精神上感觉到舒适与愉悦。

形状不同的教室有着不同的优点。一般来说，梯形的教室适合讲座；长方形的教室适合课堂讲授，因为这样的教室便于安排座位；圆形的教室适合小组交流与讨论，这样座位的布置也是圆形的。

2）文化环境创设。在外语生态课堂中，文化环境包含物质文化环境与精神文化环境两类。前者指的是符号化与物化的结果，属于一种表层的文化环境；后者指的是态度、情感等，属于一种深层的文化环境。

在外语生态课堂中，物质文化包含课本、教室、教学设备等这些硬性文化，或者可以称为显性文化，这些文化会对人的行为产生不知不觉的影响，因此在创设生态课堂文化时，要能够运用各种物质文化，如班训、班报等，这样可以使课堂更富有气息等。

生态课堂中的精神文化环境包含学生个体的思想与个性发展、学生群体的精神风貌与其他学生之间的关系、师生关系等，这种文化是隐性的，属于一种软文化。对生态课堂中精神文化环境的创设需要将课堂中各个力量凝聚起来，形成具有特色、集体观念的生动课堂。

3）心理环境创设。在外语传统课堂中，很多学生受学业压力的影响，存在一定的心理问题。因此，为了减轻学生的压力，教师需要考虑学生的健康情况，为学生创设一个自由、轻松的环境。

首先，家长要转变教育观念，对孩子的期待也要有一个限度，不能给孩子施加过多的压力，这样才能让孩子成为一个健全的人，而不仅仅是一名“好学生”。

其次，教师要做到以德育人、以理服人、以知教人，做到与学生和谐共处，平等相待。

最后，学校应该设立心理辅导课，发现学生的各种心理问题，并给予恰当的解决方法。

（2）确立民主平等的师生关系　在外语生态课堂中，要保证师生关系的民主与平等，可以考虑从如下两点着手。

就教师层面来说，应该充分考虑学生的实际需求，对每一位学生的问题都要认真对待，发挥学生的主动性与积极性，尊重每一位学生的人格与个性发展，并多与每一位学生交流，真正地了解每一位学生的情况。

就学生层面来说，应该充分尊重教师，并接受教师的指导与帮助，在日常学习中也要积极地配合教师。

总之，师生之间应该建立一种平等对话的关系，彰显课堂的活力，彼此之间没有压力与猜疑，共同探讨与研究，学生可以畅所欲言，从而使课堂呈现一种和谐之美。

2. 外语生态教学的模式

外语教学植根于中国社会文化语言生态环境之下，学生需要将外语语言知识作为载体，外语教师应充当引导者的身份，帮助学生在对外语语言文化了解与接受的基础上，对语言概念体系加以构建，从而培养学生语言与思维“天人合一”的思维方式，促进他们形成和谐、统一、动态的交际模式。

外语生态教学模式下的教学环境不仅涉及课堂教学环境，还包含学校环境、社会语言学习环境等，但是课堂教学环境占据主要位置。

外语生态教学是集合整体性、系统性、动态性、协调性为一体的一种教学模式，其从多个视角对教师、学生、语言、语言环境的作用进行分析和研究，并探讨了这些层面对语言习得的影响。因此，采用突现理论对语言生成进行整体的认识，采用多维时空的流变性对语言学习过程进行研究，采用符担性对语言学习与环境之间的关系加以探讨，这样才能对外语生态教学与研究有全面的认识，也才能更好地指导外语生态教学。下面就从这几个层面入手进行分析。

（1）生态语言生成观——突现论　近些年，“突现”已经成为语言学研究、复杂性科学研究的热点话题。美国圣菲研究所最著名的就是对复杂性科学的研究，在他们的研究中，他们提出：复杂性实际上就是一门与突现有关的科学。2006年12月，国际权威期刊《应用语言学》（Applied Linguistics）出版了一个突现理论专刊，这就意味着这一理论开始进入语言学研究的范畴。但是，当前对于“突现”的概念还没有一个明确的解释。

语言是一个复杂、动态的系统突现出的特征的集合，语言学习是特征突现的表现。语言这一系统在人与世界的交往互动中生态地形成，并且其是一个在不同集合、不同层次、不同时间相互影响、相互作用、相互适应的复杂系统。其中不同的集合包含网络、个体、团体等，不同层次包含人的大脑、身体、神经等，不同时间包含新生、进化、发育等。

那么，语言是如何实现突现的呢？著名学者迈克温尼（B. Mac Whinney）指出，对于语言突现这一问题，现在的描述还不够完善，但是不得不说的是突现论已经对很多语言现象进行了分析和描述。例如，人的发音过程主要依靠喉头、舌头等多个器官的协同作用，同时成人发音会对儿童产生影响等，因此，音系结构就是对声道的生理制约而突现出来的。

史密斯（Smith）通过自己的研究证明，儿童学习新词是经过一段时间的学习之后，采用某种特殊的学习机制学到的。之后，史密斯又进行了许多实验，其研究结果证实了，在语言学习的初期阶段，儿童遇到新词时往往是通过瞎猜来理解词义，等到他们具备了一定的语言知识之后，他们往往会理性猜测，当儿童的猜测能力逐渐突现之后，他们就能使用语言框架对词汇加以准确的猜测。

贝特（E. Bates）和古德曼（J. C. Goodman）采用与史密斯同样的方式进行研究，他们发现儿童在对句法形式进行学习时，依然是在词汇学习过程中加以突现的，不过这一观点之后引起了质疑。

20世纪80年代，厄尔曼（J. L. Elman）和迈克温尼等学者提出语言学习突现论。这一理论提出，语言表达是人类大脑深入到社会的各个层面而发生突现产生的。当人类在语言材料中出现时，简单的学习机制就会从感知、肌肉运动再到人类对语言材料的认知系统中展开。这就可以使得复杂语言表达得以突现。

（2）生态语言学习过程观——多维时空的流变性 一般来说，空间包含长、宽、高三个维度，时间包含过去、现在和将来三个部分。对于空间维度，人们是非常熟悉和了解的，但是对于时间维度，还未引起人们的重视，因为人们常常使用自然时间对人文时间、心理时间进行遮蔽。实际上，无论是人文角度，还是心理角度，都能够体验到现在、过去和将来，也能够对三者的区别与联系加以确认。

如果离开了过去、现在和将来，那么时间流程和时间观念就没必要提及了。从人文时间中的历史时间来说，可以划分为古代、近代、现代、当代，有些人也将当代称为后现代，但是后现代并不是时间概念，而是一种价值取向。人文社会科学不仅涉及过去与现在，还会谈论到未来，如人类学、历史学等都是对人类文化、历史等的未来进行预测与预期，而新兴学科“未来学”更是以未来作为时间坐标。

就心理时间来说，现在往往与目前、当下、此刻等有着密切的关系；过去往往与回顾、回忆等心理活动有关；未来往往与期望、预测等心理活动有关。

普通语言学的研究一直都以时空语言研究为重点，但是自从索绪尔提出历时语言学与共时语言学之后，语言学对时空的理解都存在一定程度的偏差。因此有学者将时空观念引入语言学研究之中，便于人们从时间与空间视角对语言系统进行整体性理解。在时空观念之中，时间与空间被认为是概念的存在，而这一概念只能从语言系统整体性生态存在中获知与体现。

通过这一观念对语言加以认识，可以帮助人们追溯语言及其语言流变，进而将语言时空结构统摄下的语言特点揭示出来，以语言流变所展现的时空特征对其过程状态加以解析，从而理解与探析语言整体状态。

外语生态教学观从时空观的视角出发指出，语言学习在时间上的流变性较为明显，如现时语言学习模式必定是以前学习模式的复制与改造，同时对语言形成的经验与思维加以学习，构建以后语言学习的经验与思维。这样，以后的心智结构投射能力必然是与当前的经验与思维相关。

（3）生态语言学习者与环境关系观——符担性　著名心理学家吉布森（Gibson）在对环境与特定动物间的对应关系加以描述的时候，用afford一词作为例子进行分析。众所周知，afford的含义是买得起、花费时间与金钱等，但是该词只能表达能力，而不能传达意愿。吉布森在对自然界中生物的知觉行为加以探索的过程中，发现动物与栖息环境的共存关系，当然这是从生态心理学角度出发考虑的，企图解释动物如何通过知觉判断供给他们生存的食物、环境与水源，并能够根据这种知觉判断采取一定的行动，实现真正的繁衍生息。

但是，对于环境与特定动物之间的特定关系，并没有专有的名词去阐释它，因此吉布森提出了“符担性”这一名词。之后，很多学者对符担性进行了研究和探讨。

凡·里尔（V. Lier，2000）在他的一篇文章中指出，现代语言教学应该从对语言输入的强调转向对语言符担性的注重。因为从语言输入的理论考虑，语言仅被视作固定的语码，而学习仅仅被认为记忆的过程，从而将学习者对语言符担性的生态理解予以忽视。

韩礼德（M. A. K. Halliday）从语言习得视角出发指出，符担性的内涵即所谓的潜在意义。他指出，意义并不是在潜在行动中隐藏的，而是从行动与行动者对环境的理解与感知的基础上突现出来的，这可以从图5-2中体现出来。

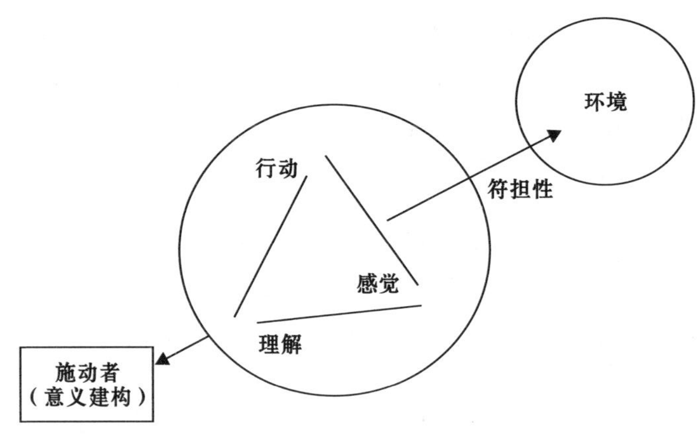

图5-2　符担性

从图5-2中可知，我们可以这样定义符担性，即学习行为者从自身理解方式出发，对环境进行感觉，尤其是自然环境，其潜在意义在于使语言教学设计更为合理，使语言教学实施更具有针对性，使语言教学反馈更加及时，并为对学生的发展进行审视提供参照。

3. 外语生态教学的优化

（1）外语生态教学的优化原则　外语生态教学的优化需要按照一定的原则展开，从而保证优化目标的明确。具体来说，需要坚持如下几项原则。

1）稳定兼容原则。随着信息技术逐渐融入外语生态教学之中，必然会对一些教学环境产生干扰，进而影响系统内部各个教学要素的关系。这时候，本身兼容的各个要素之间也会因为新要素的引入呈现不和谐现象，这时候就要求教师、管理人员、学生等都需要进行一定程度的改变，从而促进信息技术与各个要素之间的融合与发展。就教学管理层面而言，要改变传统的管理模式，给予教师充分的知识，优化教学的环境，从而使信息技术与各个要素更好的融合与发展。就教师层面而言，教师要不断转变自身角色，不能仅作为分析者与讲解者。就学生层面而言，学生也应该发挥自身的主动性与积极性，从而主动探究知识。

可见，各个要素只有在自己的生态位上发挥应有的作用，才能实现兼容，才能保证教学结构的稳定与平衡。

2）制约促进原则。信息技术的介入使学生能够自主学习、个性学习。实际上，在教学中出现很明显的信息技术误用情况，如对信息技术的过度使用、滥用、低值使用等，这些误用对学生的个体发展是极其不利的，导致中国学生的自主学习能力与应用能力下降。信息技术的使用要考虑具体的教学目标，以学生为中心，运用恰当的方法，不可过度使用，也不能不使用，从而促进学生的发展，保证各个要素都能在各自的生态位上发挥作用，并且彼此之间相互依存。当然，功能的发挥需要设定在一定的范围内，不能随意扩大，也不能丧失他们的作用，要综合看待各个要素的功能，从全局出发进行把握，也不能失去微观意识。

总而言之，制约是为了更好地促进，促进又是合理制约的结果。这样外语生态教学才能更自然地进步与发展。

3）可持续发展原则。可持续发展是21世纪教育的根本。1992年，巴西里约热内卢召开的联合国环境与发展大会上提出了《二十一世纪议程》，其中明确了应该面向可持续发展对教育进行重建，从而将这一理念融入教育之中。

外语系统是高等教育的一个生态系统，要求应该坚持可持续发展原则。而社会的可持续发展主要归结于人的可持续发展，因此外语生态教学的发展也必然依赖师生这些教学主体的可持续发展。就学生而言，要想培养学生的可持续发展能力，教学的目标应不仅在于知识的传授。

现代教育包含四大支柱：教会学生认知、做事、共同生活、生存。学生的能力也是随着这些理念逐渐发展起来的。外语教学改革的目的在于提升学生的外语学习可持续发展能力。这种能力指的是学生在以后的学习和生活中，应该不断完善自我，不断发展。

从学科性质上说，这种能力指的是学生自主学习与自觉学习的能力。教师应该对学生的个性特点予以尊重，发挥学生学习的积极性与主动性，培养他们的探索意识与自身潜能，完成教学实践。

从教师层面上来说，要想实现教育的国际化，教师也需要遵循可持续发展原则，即如果仅仅是一些传统的教学理念，显然不能满足当前教学的要求，因此教师应该考虑国际化的形式，努力拓展自己的视野，拓宽自己的知识领域，培养自身的学术能力与思辨能力。

但是需要指出的是，教师、学生与其他生态因子都是教学生态系统可持续发展的重要组成成分，因此这些因子之间不能损害各自的利益，任何一个因子的缺失都会影响其他因子的发展，影响稳定性与和谐性。

（2）外语生态教学的优化策略　外语生态教学系统的优化需要在坚持上述原则的基础上，结合各个生态因子之间的关系，采用恰当的优化策略。当然，这是一个复杂的过程，在这一过程中，需要以教师作为突破，因为教师在外语生态教学中的作用非常关键，教师教学的态度、理念等如果发生改变，那么就会影响具体的教学情况。因此，只有保证教师的生态化发展，才能保证教学的优化。具体来说，需要从如下几点做起。

1）促进教师的生态化发展。教育是国家大计，只有拥有好的教师，才能搞好教育。因此，要努力打造一支技术精湛、道德高尚的教师队伍，这是当前教育改革与发展的重要目标。

就教育生态学上而言，教育生态系统主要由教师、学生、环境等构成，在这一系统中，教师是一个完整的生态主体，其对整个生态系统起着非常重要的作用。教师与其他环境之间要多进行能量与物质上的交换，因此，其生存、发展必然是周围环境相互作用的结果。同样，外语教师在整个生态教学系统中也发挥着巨大的功能，教师的行为、理念等会对学生、教学等其他因子产生巨大影响。当然，要促进教师的生态化发展，需要做到如下两点。

①优化教师的生态位。在教育生态系统中，各生物主体之间与环境间是直接、间接的关系，这种关系可能是竞争关系，也可能是共生关系，他们共同对系统中的资源进行消耗。在系统中，每一个生物主体的位置都是特定的，这就是所谓的生态位。在生态环境中，教师要服从学校中的各种要求与规则，从而保障生态系统的稳定，同时还需要不断发展自我，不断适应变化的环境。显然，教师几乎与系统中的各个部分都有着密不可分的联系，生态位在这之中起着中介的作用。

在外语生态教学中，教师需要明确自己的地位，以学生作为中心点与出发点。在信息技术背景下，教师需要有强大的适应能力。可见，教师是信息技术与外语生态教学整合的关键层面，对外语生态教学的发展起着十分重要的作用，并且随着环境的改变而不断完善与发展。

②提高教师的专业素质。

一名合格的外语教师需要具备的素质有：专业知识扎实，专业技能充足，即词汇、语法知识与听、说、读、写、译能力；人品修养与个人性格较高，即好学、谦虚等品质；现代语言知识具有系统性，也就是外语教师要系统了解语言的本质与规律，并能够用语用知识对教学进行指导；外语习得理论知识要把握清楚，尤其是要了解外语习得与外语教学的特殊性质；掌握一定的教学法知识，将教学法的优劣把握清楚，并取长补短。

当然，进入21世纪，除了具备上述素质外，教师还需要具备信息技术知识，不断转变自己的观念，提升自己的专业素质，从而向生态化方向发展。从内部来说，教师需要培养自身的反思精神；从外部来说，教师需要创建外在生态学习网络，通过参与与分享，不但提升自己的科研意识与水平，实现外语知识结构的更新，促进个人生态的进步与发展。

2）建立和谐的师生关系。外语生态教学系统是相互联系的整体，在这一整体中，师生之间通过不断的交互，构成一个整体。在外语生态教学中，师生无疑是最重要的环节，是一种和谐共生的关系，他们通过交流与对话达成一致。教师以特殊的方式对自己的灵魂进行塑造，学生在教师的心理留下印记。

美国人本主义心理学家卡尔·罗杰斯（Carl Ransom Rogers）指出师生关系的三个要素。

第一，真实，即真诚，要求师生之间在交往时应该坦诚相待，诚实表达自己的观点与看法，教师不能将自己的意愿强加给学生。

第二，接受，即教师要相信学生能够进行学习，接受学生遇到问题时的那种犹豫和恐惧，同时要接受学生的冷漠。

第三，移情性理解，即教师要对学生的内心世界、生活环境等有所了解与把握，从学生的角度看待问题，真心地为学生着想。

可见，师生之间的交往活动不能仅依靠教师的话语来实现，还与学生紧密相连，如果没有学生的发展，教学的价值荡然无存。外语生态教学不仅是为了传输知识，还是师生之间情感的互动，而要想实现教学目标，这样的互动是必不可少的。

外语生态教学属于一种人文教学，即培养素质与人格的过程。就语言学习层面来说，学是首要的任务，而不是教，因为学习的过程就是在教师的指导下传递情感与信息的过程。师生之间要建立和谐的关系，需要做到如下两点。

首先，师生之前的地位要平等。这是开展课堂教学的前提条件，也是外语生态课堂的基本特征与心理环境，能够保证课堂生态系统的平衡，激发学生学习的动力与积极性。在外语生态教学中，师生这两大教学主体是有思想、有感情的人，彼此作为独立的生态因子，应处于平等的地位。

其次，师生之间要不断增进交往，拉近彼此之间的距离。由于中国学生谦虚、不张扬的性格使得他们很少与教师展开交流。尤其是当学生进入大学之后，教师上课来下课走的情况更使得彼此之间交流减少，师生之间比较淡漠，缺乏互相了解，这让教学活动很难真正地展开。既然学生不能主动找教师，那么教师就需要多和学生接触，努力创造了解每一位学生的机会和时间，使学生对教师产生依赖感与信任感，或者他们可以通过邮件、QQ、微信等进行交谈，这样避免了面对面的交谈，也使得学生减少一些尴尬。

3）转变教学环境中的限制因子。教育生态学中的限制因子定律具有自身的特殊性。在教育生态学中，所有的生态因子都可能被认为是限制因子，如果某些生态因子的量比临界线低时，就可能出现限制作用；如果某些生态因子的量比临界线多时，也可能会产生限制作用。教育生态系统中的有机体不仅对限制因子具有适应性的作用，而且能够采用恰当的方法，创造条件对限制因子进行转换，成为非限制因子。这一定律对于外语生态教学是非常适用的，即在外语生态教学之中，每一个生态因子都可以进行转换，限制因子也同样可以转换成非限制因子。

教学生态系统即将复杂人际关系包含在内的系统，是一个集合智力、非智力等因素的系统，也是一个复杂的信息管理系统。要想对外语生态教学过程中的失衡现象加以调节，不断提升外语生态教学的质量，就需要明确这些限制因子，并将它们找出来加以改善，只有找准这些因子，才能对其进行转化。当然，要想找到这些限制因子，首先就需要进行观察，要认识到这些限制因子的限制界限，以及这些限制因子是如何阻碍教学发展的。

就目前的外语生态教学而言，教师需要从当前形势出发，使用信息技术展开教学，当然使用信息技术并不是说过多使用信息技术，而是要把握好使用的度。实际上，信息技术就是一种限制因子，如果学生不能进行网络自主学习，也同样对其自身发展不利。

当然，只找到限制因子还不充足，还需要将这些限制因子转变成非限制因子，这样才能将这一复杂过程进行简化，发挥师生的主观能动作用，加强交流与合作，创造有利条件，消除限制因子的不利方面，推动外语生态教学健康、和谐的发展。

4）构建开放和谐，多维互动的语言环境。在生态系统中，生物并不是孤立的成分，而是与其环境有着紧密的联系。环境对生物产生影响，生物也会对环境产生影响。受生物影响发生变化的环境又可以对环境产生反作用，二者是不断地协同进化的过程。因此，在外语生态教学中，要对自然、社会中的物质环境、人文环境展开分析和探讨。

课堂是教学的主体，是教师、学生与环境组成的基本系统。外语生态课堂的物质环境不仅对师生的身心健康产生影响，还会对学生自主学习能力的发展产生影响。因此，良好的课堂物质环境能够使课堂更有活力。外语生态教学的课堂可以被认为是一个小的自然生态系统，其不仅需要广阔的场地，还需要光线、温度等因素，还不能有噪声的影响。只有这些物理环境达到标准，才能实现彼此之间的协调。同样，教室内座位的编排也是非常重要的，因为在课堂这一系统中，需要时时刻刻的交互活动，这样才能保证课堂的动态性。

构建开放互动的语言环境，还需要为语言学习营造氛围。在外语生态课堂上，只有愉快、和谐的氛围才能让学生在学习的过程中得到解放，才能将自己生命的活力展现出来。在具体的教学过程中，教师应该考虑外语学习的特点，通过演讲、小组活动等，为学生创设语言交际的情境。

语言教学并不是将知识机械地传输给学生，而是多种因素综合的结果和行为。用语言展开交际是语言学习的目的，其需要语言来参与其中，因此教师需要从教材出发，做到将教材中的教学情境真实化，这样才能让知识的教授更加生动。当然，在外语生态教学中，还需要为学生创设轻松的心理环境，这样有助于师生之间的交往，促进班级的和谐，教师要为学生营造一个有助于互动的班风，从而打造有助于多维互动的心理环境。

第六章
跨文化交际中的文化意识培养

在跨文化交际的过程中，交际双方需要具备一定的跨文化意识，然后采用对方的交际习俗展开交流。由此可见，跨文化意识的培养对跨文化能力的发展而言至关重要。本章主要研究跨文化交际中的文化意识培养。

第一节　文化意识基础理论

一、意识形态

大众文化的意识形态功能研究是按照提出问题、分析问题、解决问题的思路来进行的。大众文化研究的一个重要视角就是意识形态视角，这一视角与理论来自于马克思和恩格斯。马克思主义意识形态理论是进行大众文化意识形态分析的重要理论支撑。中国是以马列主义为指导思想的社会主义国家，文化指导是以马克思主义意识形态理论为主要原则的，因此进行大众文化的意识形态建设研究，更要坚持以马列主义意识形态理论为基本指导。

马列主义意识形态理论是由马克思、恩格斯创立，经过列宁的丰富和发展，所形成的一套完整的意识形态学说，它是马克思主义重要的理论部分，是文化研究建设的指导原则。

马克思、恩格斯的意识形态学说在意识形态理论发展史中是里程碑式的理论。当法国哲学家特拉西创造出法文中的“ideologie”一词来表示观念学时，英文、德文中也相应出现了ideology和ideologie两个新名词，而马克思就是德语中ideologie的创制者。正是通过这个德语名词的创制和传播，马克思展示了他意识形态学说的基本内容。

《德意志意识形态》是标志着马克思意识形态学说基本形成的代表作。在这本著作中，马克思主要从社会存在决定社会意识的历史唯物主义的基本理论出发，指出了意识形态的真正来源——人们的物质生活过程。“意识在任何时候都只能是被意识到了的存在，而人们的存在就是他们的现实生活过程。如果在全部意识形态中，人们和他们的关系就像在照相机中一样倒立呈现的，那么这种现象也是从人们生活的历史过程中产生的，正如物体在视网膜上的倒影是直接从人们生活的生理过程中产生的一样”。马克思不仅指出了资本主义社会意识形态的来源，而且也指出了这种意识形态的虚假性，马克思认为，意识形态的虚假性来源于它的阶级性。

马克思从物质生产方面来解释意识形态，“思想、观念、意识的生产最初是直接与人们的物质活动，与人们的物质交往，与现实生活的语言交织在一起的。人们的观念、思维、精神交往在这里还是人们物质关系的直接产物”。意识形态是在精神劳动与物质劳动分工的基础上产生的，根据马克思的观点，阶级社会中充满着各种利益冲突，统治阶级为了维持社会正常运转，就利用意识形态思想家制作有利于实现统治的思想观念，这些思想观念就是意识形态。

马克思、恩格斯的意识形态学说，是在对资本主义意识形态的批判中建立起来的，它有如下的特征：第一，意向性，意识形态总是指向一定的对象，它能以一些方式反映出人们现实生活中的一些方面；第二，意识形态没有绝对的历史，它是伴随着人类的物质生活发展而出现的，人们的物质生产与物质交往是意识形态形成与发展的物质前提；第三，意识形态带有阶级性，本质上意识形态是统治阶级的思想；第四，意识形态带有虚假性，它总是掩蔽或扭曲现实关系；第五，意识形态主张“观念统治着世界”。

《德意志意识形态》奠定了马克思意识形态理论的基本框架，在随后的《共产党宣言》《资本论》等多部重要著作中，马克思则进一步阐述和发展了他提出的意识形态理论。马克思通过对资产阶级意识形态的政治经济学的批判，重点批判了物化意识和拜物教观念，这是马克思的意识形态批判的重要成果。对于物化，马克思认为是在资本主义社会中劳动者创造了劳动产品，这些劳动产品构成了巨大的物的权力，但是这些物的权力不但不归劳动者所有，反而倒过来支配劳动者。

这种物化是资本主义社会的普遍现象。而这种普遍的物化现象在资本主义社会占统治地位的意识形态中的表现就是拜物教观念。马克思揭示了这种观念掩盖下的基本事实，资本主义生产的根本目的是获取剩余价值，从根本上粉碎了资本主义意识形态的核心观念，把整个意识形态的批判引向了对社会现实的批判。马克思的意识形态理论阐述对后世的影响很深远。

列宁的意识形态学说是马克思主义意识形态理论发展的重要阶段。列宁继承了马克思意识形态学说的基本精神，根据革命斗争的需要，对意识形态做出了新的说明。列宁提出科学的意识形态这样的新说法。他这样表述：“任何意识形态都是受历史条件制约的，可是，任何科学的意识形态都和客观真理、绝对自然相符合，这是无条件的。”列宁认为，马克思主义作为无产阶级求解放的学说，为无产阶级的根本利益服务，具有鲜明的阶级性，是受一定的历史条件制约的；同时无产阶级的解放是社会发展的必然趋势，马克思主义阐明了社会发展的客观规律，因而是“科学的意识形态”。列宁的科学的意识形态的概念为社会主义意识形态建设指明了方向。另外，列宁肯定了社会存在是一切意识形态和观念的基础和来源，重申了无产阶级意识形态和资产阶级意识形态之间的对立是理论界不可回避的事实。在列宁那里，意识形态的阶级属性是一个重要的问题，他始终是从工人运动的根本利益出发来思考意识形态领域内的一切问题。在十月革命胜利后，列宁在社会主义意识形态建设过程中得出联系实践的理论。他坚持认为，无产阶级在进行新社会建设过程中，一定要遵循马克思意识形态的指引，认真地吸收和借鉴人类历史文化成果中的精华部分，促进无产阶级文化更好的发展。列宁对意识形态问题的高度重视和重要见解，不仅对苏联革命斗争和社会主义建设起了重要的决定性指导作用，而且对于后来意识形态问题的探讨也是最有影响的学说。

西方马克思主义学者对意识形态问题的关注热度始终不减，但他们对意识形态的看法各不相同。卢卡奇认为，科学、真理和理论是特定阶级意识形态的表征，意识形态尤其是资产阶级意识形态的虚假性产生的主要原因，是它不能改变已经产生错误的现实，因而资产阶级的意识形态不能以正确的意识来表现现实。安东尼奥·葛兰西批评了把每一种政治和意识形态都解释成经济基础的直接作用，他从列宁和俄国革命那里得到启发，将意识形态与领导权（hegemony）概念联系起来，认为意识形态在特定的历史条件下可以成为历史的首要因素。

无产阶级通过掌握文化领导权，为最终的无产阶级革命胜利奠定思想基础。阿尔都塞从人的社会存在方式的角度，考察了主体性，提出了著名的意识形态的概念。他认为，意识形态是再现想象性社会关系的机制。任何国家和社会都不能没有意识形态，任何人都生活在意识形态中。在对意识形态理解的基础上，阿尔都塞还阐述了主体性建构理论，意识形态把个体作为主体召唤到社会的象征秩序面前加以“质询”，主体通过意识形态话语形成，同时主体又体现了意识形态的功能。

二、文化哲学

马克思主义哲学的创新发展就是要以马克思主义的本质精神去直面当代中国的现实问题。文化哲学是沿着这一道路直面当代中国问题、推进马克思主义哲学创新发展的一个典型的范例。展示人类历史发展进程的文化哲学认为，马克思所实现的哲学革命变革在于，超越传统“实体形而上学”，把人的本质理解为人通过对象性的实践活动不断地自我生成的过程。由此，贯穿马克思学说始终的是以人的实践超越本性为核心的自觉的历史性、实践性、批判性的文化精神。以此为基础，文化哲学认为，文化作为人类对象性实践活动的结果，是人类历史凝结成的稳定的生存方式和活动方式。

虽然文化不具有独立的外观，但是文化作为人的对象性实践活动的机理、价值、规范、图式、机制、内驱力等，熔铸于现实的社会生活的各个不同的层面、不同的领域，影响和制约着文明的总体进程和人的发展。基于对文化概念的这种理解，文化哲学将自身定位为“范式性的文化哲学”，即通过对人类社会生活各个不同层面内蕴的文化精神及其内在机理的研究，形成对各个不同的人类历史发展阶段的文化模式的建构。由于人的对象性实践活动的内在性、超越性，必然使任何确定的文化模式都置于被扬弃的对象的位置，即任何文化模式本身都内在地包含着反思和批判的维度，其结果就是通过文化批判实现文化转型。这样，文化哲学通过文化模式、文化批判、文化转型的研究，展示出来的就不仅仅是文化自身的发展，而是整个人类历史的发展进程。正是在这个意义上，我们说文化哲学既是一种哲学研究范式，也是一种历史解释模式。

作为一种哲学研究范式和历史解释视角，文化哲学要求直面现实的社会生活本身，将自身定位为理论理性与实践理性交会处的文化批判。其目的就是要以理论的态度直面现实的社会生活，通过对人类文化精神的演进及文化模式、文化危机与文化转型的深入研究，从理论上对当代人类社会发展进程进行理论定位，并通过对文化危机的根源的深入分析和批判，以推动现实社会的文化转型；从而推动人类社会的发展。

作为一种历史解释模式，文化哲学要求从总体上把握人类的历史进程，通过透视稳定的生存方式和社会历史运行的内在机理的演变，构造微观视阈和宏观视阈相结合的社会历史理论，从而实现对人类历史和人类社会发展的丰富性、现实性的把握，实质性地丰富马克思的实践哲学和历史辩证法。从宏观视阈来说，文化哲学把人自身的生存发展与人类文化精神的演进结合起来，在阐明人类历史进程的同时，确定当代中国社会发展中的文化定位。具体来说，文化哲学根据马克思的人自身发展三阶段理论，从文化模式演进的视角将人类社会的发展划分为原始的文化模式、传统的农业文明的文化模式和现代资本主义的文化模式，从而形成对人类历史发展进程的总体理解和把握，并通过文化危机与文化转型的研究来阐明各种文化模式演进的内在机制。

文化哲学致力于当代中国社会发展进程中多样文化精神并存及其相互关系的分析，阐明了当代中国社会发展从传统的农业文明向现代工业文明转型的特征，从而为研究当代中国现实问题确立基本的历史方位。

从宏观视阈来说，文化哲学通过对现代性文化精神的研究，揭示了现代性文化精神的实质，阐明了当代中国文化建构面对艰巨任务时所具有的多种自主选择的可能性，为探索当代中国社会发展的道路问题寻求出路。文化哲学通过对现代性文化精神的分析指出，一方面，现代性文化精神的建构对人自身的形成和发展来说具有重要的理论意义和现实意义，是现代人类社会发展取得如此巨大成就的根本所在。正如马克思所说，“政治解放当然是一大进步；尽管它不是一般人的解放的最后形式，但在迄今为止的世界制度内，它是人的解放的最后形式”。另一方面，现代性文化精神自身的内在矛盾，同时也是当代人类生存危机的根本根源。因此，对现代性的反思和批判就不仅仅是如何理解和阐释当代人类的生存危机问题，同时也是当代中国新型社会建构过程中面临的现实问题。这决定了当代中国特色社会主义建构既要成为现代性文化精神的积极因素的催生剂，同时也要成为现代性文化精神的消极因素的解毒剂。

从微观视阈来说，文化哲学要求深入到社会的日常生活领域，通过对日常生活史、微史学、微观政治哲学等领域的研究，阐明当代中国社会转型过程中的文化阻滞力，推动当代中国社会的转型。文化哲学对中国日常生活世界的研究就是要揭示内蕴于其中的文化图式及其运行的内在机理，以阐明自在自发的日常生活世界对于现代性社会建构的阻滞力。同时，力图通过对传统的日常生活世界的批判，承接传统文化意义与价值，并推动日常生活世界的现代性转型，为现代性文化的建构提供历史根基。

第二节 跨文化教学中的“中国文化失语”现象

一、中国文化

中国文化尤其是中国传统文化，是相较于新文化形态而言，是文明演化而汇集成的反映民族特质的文化，可以简单地将中国文化理解成全体中国人民的文化遗产。

2014年的中共中央政治局第十三次集体学习中，习近平主席指出：“博大精深的中华优秀传统文化是我们在世界文化激荡中站稳脚跟的根基……积淀着中华民族最深层的精神追求，代表着中华民族独特的精神标识。”也就是说，中国传统文化就是在中华民族的发展历史中产生、形成和发展的，具有浓厚民族特色的各种人类文化活动的总称。一般来说，中国传统文化具有以下特点。

（1）世代相传，在不同时期有不同变化，但本质没变。

（2）民族特色，民族特有，区别于其他民族。
（3）历史悠久，传承千年，影响至今。
（4）博大精深，内容丰富。普及广，有深度。
（5）融入百姓生活。

二、“中国文化失语”

“中国文化失语”这一概念是2000年由南京从丛教授提出的，其同时发表了《“中国文化失语”：我国外语教学的缺陷》一文。在该文中，从丛教授多次表示中国很多学生的外语水平很高，但是无法与外国人打交道，即无法运用恰当的外语与外国人进行交流，无法将中国文化表达出来。

自从“中国文化失语”这一概念被提出，很多研究者也进行了深层次的研究，并取得了丰硕的成果。外语教学也顺应了时代变革，将文化教学引入外语教学之中，但是大部分学生在跨文化交际中仍旧不能用目的语将中国文化准确地表达出来。

文化教学没有优劣之分，只有区别，在对西方文化进行学习的同时，不要忘记将中国优秀的传统文化传达出去。基于中国当前的背景，我国的外语教学必须进行改革，如在外语教材中补充中国文化内容，英语四六级考试中增加中国文化的翻译等。

三、外语教学中“中国文化失语”的产生原因

（一）对“文化”概念的理解有误

众所周知，外语教学不仅是语言教学，还是文化教学，并逐渐成为现在外语学界的共识，因此在外语教学中导入文化显得尤为必要。但是，根据近些年对文化教学的研究不难看出，大都对如何导入目的语进行研究，而忽视了母语文化的导入。同时，外语教材中也多涉及目的语文化，很少介绍母语文化的相关题材。当然，外语教学中重视目的语文化的教学是无可厚非的，但是对母语文化的忽视将会让人们走入一个误区：外语文化教学即目的语文化教学。

李岚清曾经说：我们的学生学了多年的外语，但是连“What do you usually have for breakfast？”都很难回答上来。这是因为，学生不知道如何用外语表达馒头、稀饭等。现在，很多学生一提到西方的情人节、圣诞节，就滔滔不绝，但是提到中国的节日就很迷茫，不知道如何用外语进行表达。这不得不让我们反思一下当前的外语文化教学，是否真正达到了文

化教学的实效。

显然，任何外来语言的学习都离不开母语文化的学习这一基础，如果脱离了对母语文化的学习，那么就会让学习变成无本之木。当然，在过分强调目的语文化导入的时候，我们是否应该对“文化”的概念进行反思，考虑如何实现母语文化与目的语文化的并重。

（二）教师欠缺本土文化修养

对于外语教学而言，教师始终是策划者与引导者，他们自身的文化修养对学生具有潜移默化的作用。在现实条件下，很多教师由于受自身的教育背景与固有意识的影响，既不能在语言文化教学中提升自身的本土文化意识，也很难对学生进行恰当的、有效的文化输入，并且未展开对学生汉语技能的训练。显然，我们当前的教育体系使人们形成了一个定势：学习外语即学习外语国家文化，而汉语文化似乎与外语学习无关。但是，这恰恰是一个本末倒置的现象。著名学者束定芳教授认为，随着全球化进程的加快，中国学术与文化已经成为国家战略的重要组成部分，也是当今人文交流与世界融合的一部分。因此，当前的外语教学必须是培养能够服务于“中国文化走出去”的人才。

第三节　“一带一路”提出及其跨文化交际人才培养要求

一、“一带一路”倡议的提出

2018年是马克思、恩格斯发表《共产党宣言》170周年。尽管苏联已经解体，冷战已经结束，但该宣言继续以新的理论光芒让读者叹服。该宣言具有巨大的历史和现实意义，其对资本主义——这一无休止扩张现象的持久洞察，为我们深刻分析和解释当今世界上最基本的现象——全球化和跨国资本主义，提供了一个有效工具。

从过去几十年的全球发展和世界格局走向来看，当今世界正处于一个历史性的时刻，我们有必要回归到马克斯·韦伯的经典论述中。马克斯·韦伯在1958年指出，与人类文化学和社会学研究一样，市场资本主义的历史进步和海外扩展，也是一个历史过程，它包括文化和宗教的维度。然而包括韦伯在内的许多学者都认为，资本主义的建立并不是因为文化和宗教的活力，而是一个政治与经济互动的结果。资本主义生产方式诞生于欧洲，其最早是通过强制封闭和强制形成新的财产关系与法律制度来强加无情的压迫。随着产业转型对土地的限制性准入，开始了以原始资本主义积累为基础的新型生产关系。与此同时，欧洲的海外扩张开始于征服和贸易关系，这导致了资本主义生产系统的延伸。可以说，资本主义世界体系的全球化是通过三个历史发展阶段来实现的：早期贸易阶段、产业扩张阶段、金融资本扩张阶段。

苏珊·斯特兰奇指出："结构性权力将决定人们如何行事，框定国家与国家之间、国家与个人之间、国家与公司企业之间的基本关系"。现在所谓的霸权，从根本上讲，就是建立在拥有这种"结构性权力"基础之上的。

苏珊·斯特兰奇的这种"结构性权力"理论并非首创，实际上早在第二次世界大战结束后不久，乔治·凯南就已经很清楚地表达了类似思想。他指出，美国如果要保持其霸权地位，就要努力维持一种特殊的"全球关系格局"（Pattern of Global Relationships）。但这种国际格局带来的是国际秩序的严重不平等，以及美国巨大的特权，还有全球的贫富悬殊。正是这个原因，美国格外关注新崛起的国家，特别是中国，如何在现有的世界秩序中运用它们的权力。历史教训似乎证明，新兴大国在建立新秩序的过程中，可能带来剧变甚至暴力。

中国的经济崛起是经济全球化过程中的一个不可分割的组成部分，这一现象必须在资本主义世界体系中加以理解，而不是在外部。国际政治经济学的研究意在呼吁人们关注全球社会、政治和经济的历史演变进程，它不仅研究机构或组织的全球权力关系，而且还要探讨思想、规范和价值观。国际政治经济学的前提假设是，所有国家和市场都在全球生产、交换和分配系统中有关联，国际政治经济学就是要弄清世界各国政府和市场在这种相互关联中的作用与影响。中国和其他新兴大国的崛起确实"打破"了传统的权力分配和国家与市场之间的相互关联方式。

现有的全球秩序不仅受制于权力与政治，还受制于历史、文化和价值观。然而这些因素都在改变，将来还会继续改变。冷战的结束、苏联的解体、经济自由主义的胜利、美国单边主义的衰落、国际金融危机，以及新兴大国形态的崛起，特别是中国的崛起，都在方方面面地影响着各项国际事务。目前，由于"新兴国家""新兴市场"和"新兴社会"等新兴力量的崛起，世界秩序安排正不断发生变化。世界是否见证了西方霸权的终结？世界秩序是否正在转变成更横向的关系？中国的复兴是否会导致另一种发展模式的出现，从而使政府角色在地方、国家和世界经济中发挥更大的作用，更倾向于建立一个横向的"南南"关系体系，以及一种新的东西方大国关系模式？

今天，我们正目睹着国际政治经济关系发生的新变化，这种变化源于世界对新形势的回应，以及现存霸权国家与新兴国家之间的新型关系。

“金砖国家”和“第二世界”“一带一路”“丝绸之路”“金砖国家开发银行”“亚洲基础设施投资银行”（简称“亚投行”）等，现在都是国际关系和国际政治经济学词汇的重要组成部分，这象征着世界秩序正在发生日新月异的变化，而且这个变化不再由美国主导的战后条约体系所统领。

从现实主义的角度来看，新兴大国的崛起，特别是中国的崛起，被认为是对苏珊·斯特兰奇“结构性权力”与乔治·凯南“全球关系格局”理论的严重挑战。现实主义学者将世界看作一个无政府主义的状态，认为所有的国际关系行为都是“零和博弈”，他们往往预言中国崛起将最终与现存霸权国发生冲突。中国的崛起被视为一个霸权过渡的重演，在这种转变中，崛起的大国最终会对现有“结构性权力”拥有国所定义和设定的规则和制度形成不满。因此，中国的生产和资本向外扩张将不可避免地挑战“全球关系格局”下的地缘政治和地缘经济现状。

然而强调各国通过经济交流和国际机构相互依存，并相信国际关系是“正和博弈”的自由主义学者则倾向于承认这一事实——中国的经济增长是在国际体系内部合作不断扩大和一体化不断加强的基础上实现的。因此，当前，中国似乎不可能从现存的资本主义世界秩序中脱离出去。自由主义倾向于强调中国的国家利益和外交政策行为日益反映和接受世界秩序的现状，因为它的经济增长和财富积累是由资本主义世界体系内部引发的而不是外部。

世界体系理论则从长周期的历史视角看待新兴大国的崛起。“现代世界体系”被定义为受资本无止境积累驱使的资本主义世界经济，这也被称为“价值法则”。这个世界体系已经扩展了几个世纪，先后将世界各个地区纳入其分工之中。资本流动和生产变迁导致了地域上的资本积累和权力转移，而并不改变系统内部不平等的根本关系。当今世界经济的特点是资本的全球流动、财富积累的全球融合、生产的区域化和国际化，以及资本和投资在国家与全球层面的融合。新全球经济地理学的出现、变化中的经济相互依存格局，以及新的国际分工，都是周期性全球秩序变迁的结果，而全球秩序的变迁则伴随着霸主国的兴衰循环。每个崛起的大国都有自己独特的治理模式，新兴大国的崛起将重新界定国际关系和国际政治经济的游戏规则，无论是核心国家，还是半外围和外围国家，都将受到它的影响。

中国“一带一路”倡议的构思来源于两个方面：一是中国古代的“丝绸之路”，这是一条从中国内陆和西部省份跨越中亚，经过中东，终结于中欧地带的陆路通商路线。另一个是15世纪中国明朝的历史航道。当时中国的皇家舰队在郑和将军的指挥下，七次出航，打着“奉天承命”的旗帜，探索外部世界，并试图与之开展贸易。“21世纪海上丝绸之路”几乎与这一航道相吻合，它从中国东南沿海的福建省开始，穿过马六甲海峡，环绕非洲之角，穿过红海进入地中海，结束于意大利威尼斯。

“一带一路”倡议，涵盖了世界人口的65%和世界国内生产总值的1/3。“一带”主要包括中国周边国家，特别是那些原丝绸之路经过的中亚、西亚、中东和欧洲的国家；“一路”则将中国港口与非洲海岸相连，并通过苏伊士运河延伸到地中海。官方的“一带一路”倡议内容集中体现在2015年3月中国政府发布的《推动共建丝绸之路经济带和21世纪海上丝绸之路的愿景与行动》中。这份文件给外部世界传递的关键信息是“和平、发展、合作和互利”。“一带一路”倡议涉及数以亿计的中国主导投资项目，覆盖了包括高速公路、铁路、电信系统、能源管道、港口等在内的基础设施项目网络。这将有助于加强在欧亚大陆、东非和六十多个伙伴国家之间的经济互联和共同发展。中国认为“一带一路”在促进经济增长、边境安全与和平等方面具有巨大的潜力，同时将中国西部地区定位为未来经济发展的中心。换一句话说，“一带一路”倡议的最大目标无疑是重新定位中国与全球经济的关系，并将中国界定为未来世界新秩序的主要参与者之一。

中国国内对“一带一路”倡议的总体反应是积极和热情的。尽管有少数意见领袖表达了一些批评和担忧，但大多数中国学者、决策者、智库和商界都认为，“一带一路”倡议是实现中国官方声明目标的新平台——“为世界和平与发展注入新的积极能量”。此外，它被视为实现“中国梦”的有效工具，而“中国梦”为中国重新崛起为世界强国提供了一条行之有效的路径。

近年来，“一带一路”倡议一直是中国媒体和学术界最热门的话题之一。作为中国最活跃的学者之一，王义桅教授认为，这一倡议标志着中国的根本性转变，中国从一个规则的追随者变成一个规则的制定者或规范的塑造者；这一倡议是通过国际合作创造的国际公共产品，使中国周边国家和地区将从中国经济“外循环”过程中受益匪浅。

2017年5月14—15日，中国政府举行了第一届“一带一路”国际合作高峰论坛。28名国家元首和来自六十多个国家和十多个国际组织的高级官员出席了首脑会议，其目的是讨论中国的新丝绸之路倡议。此次峰会与20国集团（G20）和亚洲太平洋经济合作组织（简称“亚太经合组织”，APEC）会议同样重要，是2017年中国的主要外交活动。中国国家主席习近平在2013年首次提出“一带一路”的宏伟构想，随后在亚洲、欧洲和非洲推出一系列基础设施项目。随着“一带一路”倡议的发布，中国正在努力将自己塑造成自由贸易和全球化的新拥护者，而当时世界经济正受到国际金融危机的负面影响，受到孤立主义政策和美国新政府的负面影响。

二、“一带一路”与中国文化传播

中华文化在“一带一路”沿线国家的顺利传播几乎可以说涉及人类生活的各个方面，任务重，头绪复杂，障碍多。为此，我们必须以科学挖掘梳理适合“一带一路”背景下要传播的中华文化的内涵为基础，以充分客观了解“一带一路”沿线国家国情、舆情为前提，以科学规划中华文化在“一带一路”沿线国家的国际传播路径为手段，以推动建立“一带一路”沿线国家中华文化国际传播质量标准体系、效果评估体系和保障机制为支撑，以培养可在“一带一路”沿线国家可持续传播中华文化的中外专门人才为未来保障，以推动中华文化与“一带一路”沿线国家价值观的和谐共生为原则，着眼长远目标，立足现实需要，在对当前“一带一路”沿线国家中华文化国际传播现状细致调查分析的基础上，从发展和具体实施层面，探索“一带一路”背景下中华文化国际传播的内涵、原则、方法、目标及与沿线国家的文化外交、文化产业、文化生态建设、媒体、对外汉语教学、翻译、经济的关系，探讨建立具有中国特色、世界价值的中华文化国际传播理论话语体系、运行机制和效果评估体系，从而更好地服务于“一带一路”倡议，并推动世界各民族文化借力“一带一路”实现和谐共生。

（1）“丝绸之路”精神是“一带一路”精神的源头　“一带一路”倡议不仅有利于推动中国自身发展，对提升世界经济发展繁荣与和平进步也具有深远意义。而要实现这一造福于世界各国人民的宏伟蓝图，必须沿线各国互信合作，共享和平，共同发展。

“丝绸之路”迄今已沉淀为一种世界文化和谐交融的遗产，成为中华文明贯通世界的通道，也是中华文明世界胸怀的象征和不屈不挠的精神体现。这种“丝绸之路”精神也感染了沿线国家，礼尚往来，相互浸润，逐渐形成了世界文明交流的基本原则，成为世界文化遗产。

古代“丝绸之路”作为一种国际合作与交流的象征，对建设21世纪的“一带一路”具有直接的借鉴价值，也能提供很多和谐生存、发展上的启示。“一带一路”首先应该是连接沿线国家的文明之路，也是世界多元文化平等展示的平台，虽有矛盾与冲突，但最终将推动世界和平，形成新的“一带一路”精神。

（2）国情、舆情事关中华文化国际传播的量与质　“一带一路”沿线国家的国情、舆情，就是“一带一路”背景下中华文化国际传播的“硬环境”和“软环境”，事关中华文化国际传播的质量。目前，沿线国家国情复杂，价值观差异性大，对“一带一路”倡议和中华文化的接受度不一致，应该分别调研分析，进而采取针对性措施，才能保证中华文化在“一带一路”不同国情下的顺利传播。

目前，“一带一路”沿线国家关于“一带一路”的舆情也同样复杂，但都一致认为“中国将受益于‘一带一路’贯通”。在这种统一认识下，舆情又分化为两类。一类为“利益分享”型，认为自己的国家或所处地区将会从中国的发展中受益；另一类是“利益博弈”型，体现在过度担心“合作利益分成”中自己的国家没有足够的主动权，或自己的国家不得不通过出售土地、不可再生资源等不可持续的方式加入“一带一路”倡议的合作。

鉴于此，中国应在强化与沿线国家建立“商业伙伴”关系的同时，进一步强化对中华文化的客观阐释，坚持与沿线国家建立“拥有共同命运归属感与文化共性的朋友”关系。

（3）以当代视角和世界视角挖掘中华文化的时代内涵　“一带一路”背景下中华文化的国际传播要取得成功，需要研究中华文化在“一带一路”沿线国家传播的历史、方法、问题与对策，探寻中华文化国际化的规律，构建相关理论，并通过实践加以验证。只有这样，中华文化才能更好地助推中国走向世界。

中华文化要走向世界已成社会共识，但中华文化博大精深、多元共生，因此，要保证中华文化在“一带一路”沿线国家国际传播的质量和效率，必须基于全球化的背景，从“文化强国”的角度认真分析，从国家价值观、社会价值观和个人价值观三个层面明确“一带一路”背景下中华文化国际传播的基本内涵，明确社会主义核心价值观是中华传统价值观时代性转化的自然结果，从组织和实施主体方面研究中华文化在“一带一路”沿线国家国际传播的任务与方法、主导者和实施者的关系，并建立相关标准和传播效果评估机制，从而才能有针对性地、有条不紊地、张弛有度地、效率最大化地机制最优化地传播中华文化，并能牢牢掌握主动权，保证传播的长期性和稳定性。

（4）语言文化政策是中华文化国际传播的关键因素　当今世界，任何一种语言文化要想在其他国家传播，需要具备很多前提条件，主要包括源语国的综合国力和人口，源语国和传播对象国语言文化政策的支持，语言、文化自身的特点和价值，语言人口等。

历史证明，“一带一路”沿线各国汉语、中华文化教学的兴衰与各国语言、文化政策密切相关。如新加坡、泰国、菲律宾、马来西亚、印度尼西亚、越南、柬埔寨等国的汉语教学与中华文化传播，都经历过政策性涨落。

事实证明，语言、文化的国际传播受制于传播对象国的语言和文化政策，政策决定了语言、文化传播的盛衰荣枯。一国语言、文化政策的出台，与该国的独立历史、对世界一体化的认知和接受程度密切相关。语言、文化政策越开放、国家越包容，政治上越不孤立，经济上越能快速发展，文化上越能兼容并包，价值观多元共生的可能性越大。在世界一体化的今天，狭隘的民族主义语言、文化政策将会造成国家的孤立和闭塞，也会阻滞本民族和国家融入国际大家庭，也就难以汲取到发展的能量。

因此，汉语和中华文化在"一带一路"沿线国家的发展历史与语言、文化政策的关系，既是一面历史之镜，可鉴一国世界化的发展历程；也是一面未来之镜，可以预测一国未来发展的趋向是宽还是窄。我们则可以根据一国语言、文化政策把握中华文化融入所在国的时机，设计一国汉语与中华文化传播的路径和方法，制定科学可行的未来规划。

（5）政治生态复杂使中华文化传播面临风险　"一带一路"是和平的、开放的、无限的，但也有重点，其核心区域是"陆上丝绸之路"的中亚五国（哈萨克斯坦、吉尔吉斯斯坦、乌兹别克斯坦、塔吉克斯坦、土库曼斯坦）和"海上丝绸之路"的东南亚（印度尼西亚、马来西亚、菲律宾、新加坡、泰国、文莱、越南、老挝、缅甸、柬埔寨、东帝汶）、南亚（尼泊尔、不丹、印度、巴基斯坦、孟加拉国、斯里兰卡、马尔代夫）诸国。"一带一路"跨线长、跨界大，沿线各国政治文化生态迥异，与中国的历史渊源和当代交集各不相同。

总之，"一带一路"是踏着历史足迹的荆棘之路，有经验借鉴，更多的是在"无"中走出"有"来，充满着巨大的风险。作为铺路先锋，"一带一路"沿线国家中华文化的国际传播也必然会面对各种复杂的风险，必须积极应对，先生存后发展，再快速发展。

（6）中华文化国际传播易被视为国家安全威胁　文化是国之根基，是国家安全的组成部分，这是世界上所有国家的共识，是我们沿"一带一路"布局中华文化传播格局时必须要面对的现实问题，也是需要"一带一路"沿线国家共同努力面对和解决的问题。只有在和平、共存、共赢的原则下，贯彻"己所不欲，勿施于人""和而不同"的理念，以消除中华文化的传播给沿线国家带来的"不安全感"，把中华文化的国际传播工作建设成"一带一路"沿线国家多元文化和谐共存的"和平"平台，推动相互理解和共赢，才能更好地解决这一问题。

（7）中华文化国际传播应缓解沿线国家主流文化与其他民族文化之间的矛盾　"一带一路"沿线国家的文化具有一定的"阶级性"，客观上造成了不同民族文化之间的不平等，造成了民族矛盾，进而会影响到国家的整体发展。目前，越来越多的国家已逐渐意识到不同文化之间和谐共存的必要性，这为中华文化的国际传播营造了良性的环境。鉴于此，要在“一带一路”沿线国家传播中华文化，就必须发挥中华文化的和谐观，推动各国文化“和而不同”“求同存异”，共同发展。这本身就是中华文化融入沿线国家文化生态系统的途径，也是目的。

一国文化的国际传播也是一国国际形象的国际传播，是一国经济文化的基本环节。“一带一路”沿线各国都视文化的国际传播为一种资源，所以都采取各种方式推广“本民族的文化”。如阿联酋通过建立翻译学院和阿语教育学院传承阿拉伯语，并在海外建立阿语推广机构，推动阿拉伯语的国际传播；沙特阿拉伯则于2013年成立了“阿拉伯语国际服务中心”，推动阿拉伯语和伊斯兰文化的世界传播。中华文化的国际传播应基于自身的现实需求和战略目标，汲取“一带一路”各国文化国际传播的经验和教训，探索构建为“一带一路”各国所了解和理解的中华文化国际传播的“中国模式”，形成可资“一带一路”各国文化国际传播借鉴的“中国经验”，这是中华文化在“一带一路”沿线国家传播的体制保证和质量保证。

（8）“外语文化”对中华文化国际传播仍是巨大威胁　历史证明，只有政治和经济发达地区的语言和文化才会对处于相对落后地位的语言和文化产生强大的辐射与影响，并且基于客观的市场需求，通过主观推动得以实现语言和文化的传播。在世界上占据强势地位的西方语言和文化，都有过快速传播的历史机遇期，由此导致的西方中心主义，不但表现在经济、技术和政治方面，也表现在语言、文化和价值观方面，而且至今仍在影响着世界的文化格局。

（9）华侨华人是中华文化国际传播的重要桥梁　“一带一路”倡议引起了海外华侨华人的关注和支持。事实上，目前已达数千万的海外华侨华人，在知识结构上越来越成为所在国的重要智力资源，他们了解所在国的语言、文化、政治、民风、社会、法律和族群关系，知道如何融合中华文化与所在国文化，这种独具的身份优势，决定了他们将为“一带一路”的顺利实施提供丰富的人力资源、雄厚的资金支持和宽泛实用的人脉网络。

华侨华人既是“一带一路”倡议的实际设计者，也是具体实施者，是“一带一路”的桥梁和隧道。我们在主动推广中华文化的国际传播时，一定要发挥海外华侨华人的先驱和先锋作用，通过他们以当地文化所能接受和理解的方式讲中国故事，更好地做到中华文化国际传播的“润物细无声”，实现与世界各国文化的无缝对接。

三、“一带一路”的人才培养要求

（一）科学布局孔子学院

“一带一路”首先是经贸合作之路、文化交流之路，其开放性和务实性为中华文化的国际传播带来了新机遇，规划好了实施路径。但“一带一路”沿线国家文化生态、政策、历史矛盾等的复杂性，使得中华文化目前在沿线国家的传播情况并不乐观，准备不足，发展不够，规划不到位，距中华文化的传播目标要求差距很大。

孔子学院作为沟通中国与世界的心灵之桥，可以积极推动中华文化在“一带一路”的国际传播。然而，目前“一带一路”沿线国家孔子学院主要集中在经济比较发达的国家，而中国能源主要进口国家如沙特阿拉伯、伊朗等，孔子学院数量都严重不足，有的国家一所都没有。而“一带一路”倡议是与各沿线国家平等相处、协同发展、均衡发展，这就要求孔子学院的布局也要与此一致。尤其要与“一带一路”的产业合作格局保持一致，重点布局在中亚和西亚目前孔子学院力量较弱的区域，以及对维护中国国家安全极其重要的中西亚国家。截至目前，我国在中亚地区仅开设了9所孔子学院，且分布不平衡，如塔吉克斯坦和乌兹别克斯坦都只有1所孔子学院，根本无法满足本国学习汉语和了解中国的需求。

在“一带一路”沿线国家布局孔子学院，必须正视这种不利因素并积极采取措施，立足于“一带一路”倡议围绕孔子学院建设，进一步合理布局，增砖添瓦，谋划新局，再开新篇。

（二）孔子学院与华文教育资源并轨可远行

“一带一路”沿线国家中华文化的国际传播，孔子学院和华文教育是两条主渠道。在“一带一路”倡议推动过程中，中国政府应秉承设计中华文化国际传播的政府资源的配置机制，一方面要通过孔子学院和海外文化机构主动推动中华文化走向世界，另一方面也要更加关心、支持海外华文教育，让华人教育更多地分享到中国改革开放的成果，从而使海外华文教育机构和孔子学院相辅相成、优势互补，成为建构“一带一路”中国形象的双子星。

（三）“一带一路”文化协同传播研究中心保和谐共进

“一带一路”沿线国家决策机构应通力合作，达成共识，成立“一带一路文化协同传播研究中心”，本着各民族平等、和谐共存的基本原则，通过“一带一路”倡议在沿线国家的有序实施，逐步形成一个以中国主导、各国家共同遵守的“一带一路”文化平等传播规则，不强势推广或指定某一种文化，保证“一带一路”各国文化多元共生、协同传播。

“文化协同传播研究中心”应加强对“一带一路”沿线国家文化的研究，并充分运用现代技术，搭建立体化、层级化互通平台，将研究成果有计划、有步骤、多语种地出版、发行，推动“一带一路”国家之间的相互了解和理解，为双方或多方在多领域的合作铺一条平坦之路。

（四）创新中华文化国际传播专门人才培养体系

“一带一路”建设的关键是人才，人才培养事关“一带一路”实施的速度和质量。“一带一路”“五通”事业日益发展，对人才数量和质量的要求也日益提升，而且迫切。“一带一路”中华文化国际传播专门人才具有较强的针对性，是指对“一带一路”、中华文化有深入了解和理解、能较好地服务“一带一路”建设需要、具有开阔的国际视野、熟悉多种文化、具有跨文化交际能力，并接受过某一领域较高的专业知识和技能训练的人。

“一带一路”涉及国家多，各国地理、民族、历史、文化、宗教、政治复杂多变，国情、民情差异大，而“一带一路”倡议和中华文化的国际传播又具有相对统一的总体目标。因此，应科学规划、统筹设计培养方案，培养出既能适应“一带一路”沿线国家复杂的文化生态，又能服务于实现“一带一路”总目标和中华文化国际传播目标的专业人才。目前，这一研究课题已成为中国人才培养领域的一门“显学”，解决了这个问题，不但可推动“一带一路”倡议和中华文化国际传播的健康发展，而且会推动中国高等人才培养体制的改革与创新。

（五）中国主导培养中华文化本土研究者和传播者

目前，来华国际学生已经出现“一带一路国”现象，中国政府已基于“一带一路”倡议规划，设立了“一带一路”来华国际学生专项教育基金，但同时应更多争取沿线国家的配套资金支持，以吸引更多“一带一路”沿线国家的国际学生来华学习。同时，针对这些专项基金助力国际学生未来服务“一带一路”建设的总目标，在课程设置、文化活动等方面进行专门设计，培养出既懂汉语和了解中华文化，又深度认同中华文化的“一带一路”专门人才。这是推动“一带一路”沿线国家中国价值观深入本土、扎根本土、融入当地的关键。

（六）发挥中国学研究界的头雁作用

借助“一带一路”沿线国家中国学研究者，用本民族所能接受的形式，向所在国客观介绍中华文化，显然更容易为外国人所接受和理解。事实证明，这也是中国走进世界的一种有效形式。

在全球中国热的大背景下，中国学研究者的研究目前正从主要关注中国传统的思想、文化、宗教向关注当代中国转变。这是中华文化借力走向世界的良机，我们应把握好、利用好这个转变，辩证分析，知己知彼，科学研究，合理布局，创新途径，占据主动，在充分保证中华文化传播质量的前提下，有效、适当、适度借助沿线各国中国学界力量，助推中华文化自然地成为世界文化的一部分。

事实证明，世界的“中国学”发展史，就是一部世界中国形象的塑造史，是中国实力在世界上地位的试金石，也是影响着中国走向世界的途径与步骤的重要参考。在“一带一路”倡议驱动下，我们更应该掌握言说的主动权，并借助沿线国家中国学研究界，讲清楚、讲好我们的故事。中华文化在“一带一路”沿线国家的国际传播过程中，还应以中华文化滋养、培育未来的中国学学者，为中华文化国际传播的未来持续积蓄人才。

（七）统一中华文化国际传播话语体系是保证

目前，关于“一带一路”的阐释丰富多彩，对外传播的途径也多种多样。但因为没有统一的话语体系，很多阐释在语气、表达方式方面采取了国内惯用的方式，而没有有效采取国际通用的表达方式，为“一带一路”倡议的顺利实施增加了很多不必要的麻烦。

因此，应在对已有的“一带一路”相关研究全面梳理的基础上，对核心词汇进行详细分类，甚至可以采取层级制，明确规定相关词汇的使用范围，尤其是对外宣传时，要有统一的审核机制，统一话语出口，只有这样，才能尽量避免因语言表达而造成的阐释混乱，这不但能维护中国尊严，也从语言层面保证了“一带一路”倡议的严肃性，增加了沿线国家对“一带一路”的信任度，有利于推动“一带一路”倡议的顺利实施和实现。

“一带一路”沿线国家中华文化的国际传播也应在上述框架内形成统一的话语体系，以保证对外传播的一致性，同时从国家层面规范“一带一路”背景下要传播的中华文化所涉核心词汇在沿线国家的规范译文，以规范英译为基础，进而规范沿线各国官方语言和主要民族语言的译文，从而保证中华文化在“一带一路”沿线国家的传播始终保持内核统一，不变色、不走调、无歧义。

第四节　外语教学与中华文化传播

一、发挥跨境语言文化优势

跨境语言是指不同国家、同一族群共同的母语，但因为“跨境”，同一语言处于不同的历史、文化语境之中，跨境语言的内涵和外延也会产生明显的差异，在不同国家的交际功能、社会功能和地位也不同。但总体来说，跨境语言天然具有族群联系纽带优势，更有利于打破地理空间限制，形成一条看不见的情感交流渠道，这对不同国家之间的文化交流，无疑是不可忽视也不会被忽视的重要资源。

跨境语言是跨文化交流的重要媒介，也是沟通民心的有效渠道。“研究跨境语言，掌握好跨境语言，发挥好跨境语言的作用，不仅可以迅速提升国家的语言能力，而且可以沿边境建立多功能的语言带，增强跨境的语言文化沟通，也增加边境的语言文化安全”。

中国的少数民族和民族地区自古以来就与丝绸之路息息相关，也是文化建设实施的重要节点和关键枢纽。已建成或规划中的中国和巴基斯坦、孟加拉国、塔吉克斯坦、缅甸、老挝、柬埔寨、蒙古国等邻国的铁路、公路互联互通项目，大多以民族地区为基点。

中国的民族地区与沿线国家具有语言文化互通的优势。中国有30多个跨界民族与境外同一民族毗邻而居，其中8个民族建有民族国家、4个民族在邻国建有一级行政区。中国民族地区与这些沿线国家语言相通、习俗相近、宗教相通，成为文化建设实施的天然优势，也构成了中华文化国际传播的天然桥梁。中国要深入挖掘民族地区文化的特色优势，利用跨境文化优势，向沿线国家展示中国各民族文化和谐共生的文化内涵。

中国跨境语言有近30种，如蒙古语、朝鲜语、维吾尔语、哈萨克语、苗语、瑶语、壮语、傣语等。这些跨境语言基本分布在边疆，属少数民族语言，与邻国跨境通用。但跨境语言的数量有别，社会功能有别，既有官方语言，如朝鲜语、蒙古语、哈萨克语等，更多是非官方语言，这也影响到跨境语言的活力，一般是跨境经贸文化交流活动活跃的地区，所使用跨境语言活力就强，反之亦然。

目前中国的跨境语言使用人群分散，使用人口数量日趋减少，语言活力趋缓。

文化建设的实施，为中国的跨境语言注入了新的发展血液，打通了中外贯通的新渠道，只要有序推动合作，充分发挥跨境语言的跨文化交流优势，就不但可以推动文化建设更加顺利，而且会为人类命运共同体的实现提供区域性的典范经验和模式，从点到面，星星之火，渐成燎原，逐渐把人类命运共同体的理念与世界不同国家的文化实现交融。从这个角度也可以说，文化建设为激活中国跨境语言的新价值提供了新的机遇，而跨境语言的活力则为文化建设的顺利实施提供了新的助力。

文化建设同时还为保护跨境语言提供了机遇。任何语言都具有社会性，都是历史发展的阶段性产物，并且是始终处于发展变化中的文化现象，因此，语言的社会功能也与历史性密切相关，即使同一种语言，若处于不同的社会、历史、文化环境，天长日久，也会表现出不同的形态和社会功能，而且会因为使用人口数量的增减而表现出不同的生命力和社会影响力。语言具有自生功能，但必须能与社会发展同步，且不断从社会中汲取新的生命养料，在适应社会发展的同时获得自身发展。

全球化时代，语言的社会影响力也与其国际化水平息息相关，越开放的语言越具有社会影响力，也就越具有活力。但全球化是双刃剑，对某些族群的语言文化是催化剂，而对另一些族群的语言文化可能就是熔化剂，虽然并不是每一个族群都主动融入国际，虽然并不是每一个族群都有能力融入世界，但融入世界作为一种世界趋势对世界不同语言文化的影响是普遍存在的，虽然影响强弱有别。在这种情况下，外力拉动对一些渐渐失去活力而又希望恢复生命力的语言就显得尤为重要。中国与文化建设沿线国家的跨境语言的语言功能正逐渐减退，已经出现濒危态势。文化建设连通亚欧，重视中国与沿线国家的双边、多边经贸合作，对跨境语言的需求在增加，这对中国和沿线国家的跨境语言都是一种新的发展机遇，使跨境语言的价值重新回到人们的视野，并且受到前所未有的重视，相应的保护措施、经济支持也得到了一定的保障，政治地位和社会地位也得到了一定的提升，只要科学规划，借风行船，在搭文化建设顺风车、顺风船的同时，也更深入融入文化建设本身，成为文化建设的助手和运输船、润滑剂，切实发挥跨境语言的民心沟通作用，为文化建设的顺利实施铺好路、建好港，就完全可以实现与文化建设的共享共荣，同舟共济。

文化建设沿线国家文化构成复杂，表现形态各异，政治和经济体制差别巨大，发展路径也不同。中国作为主导国，要在众声喧哗、充满着各种不确定性的沿线国家顺利贯彻文化建设的建设计划，面对着许许多多无法预料的阻力和障碍，而跨境语言独具的跨文化交流优势，则可以在一定程度上缓解针对文化建设的各种负面压力和阻力，就如为不同的门设计的一把把钥匙，可为中国和沿线国家打开一道道相互理解之门、互信互惠之门、协同发展之门。与此同时，也可借助文化建设的语言需求，加快整理、规划跨境语言的传承和发展计划，提升跨境语言的活力，储备相关人才，建立相关资源数据库，全面掌握跨境语言的动态和状态，并与文化建设发展路径有机结合，实现资源共享，共促共进。

在文化建设总体发展框架下，中国跨境语言独特的跨文化沟通功能可以发挥积极作用。跨境语言是一种亲情语言、根源语言，有助于提高中国与跨境语言所涉国家或地区的交流与合作。跨境语言虽然分属不同国家和地区，但就语言本身来说，又属于同一民族的共同语言，既是族内交际语，又是外语，让同族人群相对容易找到同源同根的认同感，从而提高沟通的效率，增强中国与沿线国家之间的相互信任、相互理解、相互认同，这对区域安全，尤其是边境的稳定，也极其有利。

中国之所以能够坚持改革开放，与国际国内和平安定的政治、社会环境是分不开的，而只有和平，才能在推动中华文化“走出去”的同时吸引更丰富的外来文化“走进来”，从而进一步推动中国的改革开放和经济发展、国力提升，这也是中国能够提出文化建设并得到广泛响应的基本前提。可以说，中国与文化建设沿线国家的跨境语言，既是文化资源，也是经济资源、外交资源；既是软实力，也是硬实力。

总之，中国作为多民族国家，跨境语言丰富，应结合文化建设，发挥与沿线国家的跨境语言优势，使跨境语言成为国与国之间感情与文化的纽带，进而构建以跨境语言为基础，以普通话为标准，有利于中华文化国际传播的语言、文化和社会生态环境。

二、非通用语人才培养是瓶颈

“非通用语”是与“通用语”相对而言的。“通用语”是指联合国的6种工作语言，即汉语、英语、法语、俄语、阿拉伯语、西班牙语，其他语言相应地被称为“非通用语”。

中国的非通用语专业建设始于中华人民共和国成立之初的外交人才需求。中华人民共和国成立之初，随着亚非民族解放运动蓬勃发展，亚非拉国家纷纷与中国建交，导致相关翻译人才奇缺。为了国家建设需要，1961年7月，北京外国语大学正式设立了5个亚非外语专业，1965年增加到19个语种，以亚非语种为主，包括柬埔寨语、老挝语、僧伽罗语、马来语、缅甸语、印尼语、日语、泰语、越南语、阿拉伯语、斯瓦希里语和豪萨语，为今天文化建设沿线国家非通用语种发展打下了基础。目前，北京外国语大学共开设了98个外语语种，覆盖了世界上所有国家和地区的官方语言或主要使用语言。

文化建设目前处于全面实施新阶段，面临新形势、新任务，“六廊六路多国多港”主骨架初具规模，基础设施“硬联通”扎实推进，人文交流“软联通”节节贯通，这一切的成绩，实际上都建立于民心相通的基础之上，也是民心相通的目的和结果。

作为文化建设“五通”目标之一，语言相通还是“五通”的前提和基础，因此受到中外相关各方的高度重视。但文化建设辐射跨度大，涉及的国家或地区多，且很多是发展中国家，这些国家的国语或民族语言多为所谓的小语种，即非通用语，而文化建设速度快，与之相应的语言人才却远远不能满足建设需要，中国和沿线国家的语言教育和培训在这方面明显准备不足，培养体系不健全或根本没有建立相应的培养体系，导致“非通用语”人才培养成为中国和沿线国家语言文化教育的瓶颈问题，并且已经影响到中国与沿线国家的民心相通工作。但解决这个问题并非易事，因为文化建设沿线国家民族语言200余种，官方语言近60种，其中除阿拉伯语外，其他语言基本上都属于非通用语种。中国高校设立的外语语种主要是7种通用语，虽然目前开设的文化建设小语种在增加，但就读的学生严重不足。

为此，必须加快根据文化建设中华文化国际传播目前和未来的布局，相应布局中国文化建设非通用语人才培养格局，同时加强对现有外语类学生和非语言类文化建设急需专业学生进行文化建设非通用语能力培养。

目前，“非通用语”人才培养已是中国高等教育的基本构成部分，对中国外交、全球治理做出了主要贡献。语言作为一种重要的沟通交流资源，其价值也得到普遍认同和重视。《国家中长期教育改革和发展规划纲要（2010—2020）》明确提出要“培养大批具有国际视野、通晓国际规则、能够参与国际事务与国际竞争的国际化人才”。《关于做好新时期教育对外开放工作的若干意见》（2016年4月中共中央办公厅、国务院办公厅印发）将非通用语种人才培养与拔尖创新人才、国际组织人才、国别和区域研究人才、来华杰出人才置于同等地位。《推进共建文化建设教育行动》则将“促进沿线国家语言互通”作为中国与沿线国家教育互联互通的基础。这一系列重要文件的出台，既是对中国现有语言教育，尤其是外语教育工作成绩的肯定，积极推动了文化建设中的语言文化交流，也带动了中国和沿线国家越来越重视“非通用语”人才的重视和培养。

但文化建设也将“非通用语”人才匮乏问题凸显出来了，主要表现在高等教育领域开设的非通用语种少，师资缺乏，培养机制固化，实践性弱，交流渠道窄，经费不足，制度保障不力，国别针对性不强，宽泛化现象明显，人才使用机制不健全，发展空间小。正是因为文化建设将这些问题突出了，所以才逐步得到各方重视，上述问题才在一定程度上逐步得到解决和缓解。中国出台了相关政策，鼓励高校围绕文化建设的语言需求开设一些急需的非通用语种专业，目前相关语种已基本涵盖了与中国建交国家的官方语言，同时扩大招生规模，并在文化建设急需相关专业领域加强非通用语能力培养，波兰语、乌尔都语、印度尼西亚语、波斯语等纷纷新增专业布点，新的非通用语专业不断新设。同时，中国与沿线国家不断拓展非通用语合作培养项目，支持相关师资在已有语言基础上学习非通用语，如北京大学2015年秋季正式启动的文化建设课程项目；北京外国语大学的“通用语+非通用语”建设模式；上海外国语大学的“多语种+”卓越国际化人才培养机制，即基于文化建设的语言需求推行“外语精英人才培养计划”和“领域精英人才培养计划”，将语言能力和专业能力培养有机结合。从国家层面，国家留学基金委持续外派外语非通用语种人才到沿线国家，涉及近50个非通用语种。除此之外，在教材、实践基地、数据库建设等方面，非通用语领域都取得了明显的发展，国别化特色也越来越突出，多样化探索越来越具有针对性，教材编写理论越来越科学，国际影响力越来越大，结构性矛盾逐渐弱化等。随着文化建设布局更加合理，与之相应的非通用语人才培养也应在文化建设整体规划和设计的框架内做好国内外的专业布局和人才培养及使用机制规划，有重点、有节奏、有取舍、有轻重、有缓急，以文化建设的开放性指导“非通用语种人才”培养的开放性和可持续性。文化建设走到哪里，就为那里培养出合适的非通用语人才，最终形成机制健全、科学合理的文化建设非通用语学科集群和人才集群，并在与文化建设推进紧密结合的同时，实现自足发展、自主发展。

三、复合型技术人才是文化前线的“哨兵”

文化建设的基础工作之一是联通中国与沿线国家的基础设施，包括航空、高铁、航海、输气管道、跨境电缆等，最终建成亚、欧、非一体的基础设施网络，大量中国技术人才也随之生活在沿线国家，成为传播中华文化的“哨兵”。为此，在对交通、通信、航空航天等专业的学生进行专业培养过程中，应加强中华文化知识和传播能力的训练，把技术型人才打造成传播中华文化的复合型人才。

技术人才是文化建设基础建设的生力军，不但对设施联通至关重要，也是民心相通的前锋和播种机。但要完成这种使命，技术人才显然就不能只懂技术，这要求我们在培养服务于文化建设的技术人才时必须打破传统的专业设置，建立多层次培养机制，推动文化素质和技术能力相结合，跨文化交流技巧和专业技能训练相结合。同时加强与沿线国家合作，加大技术人才培养方面的合作，共建技术人才教育实践基地，校企合作基地，切实让技术人才复合成长，综合发展，使科技文明与人文精神在他们身上得以有机融合，并在文化建设之路上不断播撒复合之光、文明之光。

目前，文化建设所需技术人才缺乏，尤其是文化建设速度快，辐射范围广，技术人才出现供不应求现状，如按照印度尼西亚基础设施计划，每年所需技术人员至少6. 5万名；马来西亚到2020年的科技人才缺口在20万左右；2010—2020年间，亚洲投入到基础设施建设的费用大约是8万亿美元，其中包括68%的新建项目，目前估计技术人才缺口巨大；而在信息技术产业、高端数控机床、人工智能、航空航天装备、海洋高技术装备及船舶、先进轨道交通装备等制造行业，高端工程科技人才更是严重不足，缺口以千万计。文化建设的海外投资项目大多分布在技术含量要求较高的行业，如设计制造、质量监控、产权交易、国际物流、技术转化、电子商务等领域，所需要的技术人才也相应应具有较高的技术能力、专业素质和国际视野，而人才培养又具有周期性，在技术能力培养时间都不充分的情况下，如何有效融入文化知识和跨文化交际能力培养，也是中外教育机构培养文化建设技术人才时必须妥善解决的问题。

当前，文化建设项目投资快、项目多、额度大，除了中国外派技术人员外，还需要大量所在地的技术人员加盟，有些项目甚至以所在地人才为主。如何在吸纳和雇佣当地技术人才的过程中实现中华文化的在地化，这个问题目前还没有得到充分的认识，更没有得到很好的解决。尤其是一些中资企业，在海外投资项目时往往主要重视经济收益，而忽略了中资企业传播中华文化、代表中国形象的使命，没有形成以中华文化为主的企业文化，导致中华文化资源的浪费。要解决这一问题，就应从政策层面整体规划，对海外投资的中资企业进行文化传播资质审核，并将传播中华文化作为中资企业海外投资的基本要求，同时投入一定的资金和人员，对海外中资企业外方员工进行汉语和中华文化方面的培训，并在条件许可的国家或地区实行外方职工入职汉语能力测试工作，制定汉语准入制，这不但能使中资企业内的外方员工更加重视汉语和中华文化，而且可以带动当地民众认知汉语和中国的积极性与主动性。最重要的是，可以真正实现经济与文化的相互促进，使中资企业真正成为中华文化海外传播的“桥头堡”，为汉语与中华文化的当地化铺好路、搭好台，最终形成星火燎原的中华文化海外传播态势。

文化建设的实施过程，也是以中国技术提升沿线国家和地区技术能力的过程，这个过程可以加强中外企业、教育领域的合作，优化文化建设技术人才结构和所在国技术人才结构和层次。沿线国家和地区中大多国家经济力量薄弱，技术设施落后，相关人才缺乏。文化建设的推进为所在国或地区提供了就业机会，但也提出了技术要求，这就有利于激发出所在国或地区的技术人才的成长，以经济驱动带动人才培养，在促使当地技术人才重新整合优化的同时，提升所在国或地区技术人才的能力，而对这些潜在技术人才的培训，又可为中国和所在国的教育发展提供机遇，也能为中华文化的当地化提供机遇。

“设施联通”是中国与沿线国家文化建设合作的抓手，也是很多国家真诚欢迎文化建设的初衷，解决了这一问题，就解决了困扰很多沿线国家多年的发展瓶颈，而解决这一问题的关键，则是人才，尤其是一线的技术人才。人才培养靠教育，尤其是靠中国主导的中外合作教育培养，这是很多沿线国家的经济和教育水平所决定的。文化建设沿线国家只有少数的经济发达国家，很多国家的教育水平与文化建设技术需求不对等，无法培养出素质高、能力强、专业化的技术人才。中国可依托文化建设过程中的经济优势和政策优势，在培养当地产业人才和技术人才过程中与沿线国家加强合作，尤其是有意识地推动人才培养过程中的教育合作，其中最关键的是语言和文化教育，适当地将科技教育与人文教育相结合，以科技合作促汉语和中华文化当地化，以中国人才标准提升所在国人才培养质量，以文化浸润技术，在沿线国家培养出既懂技术、又知华友华的未来技术骨干和科技精英，形成所在国独有的文化建设所需要的复合型技术人才成长渠道，从而引领文化建设合作的可持续健康发展，并能及时获得所需要的技术人才。

四、人才培养模式要形成动态调整机制

中国和沿线主要国家现有人才培养模式包括三个环节：政府宏观指导，高校培养人才，社会使用人才。但这三个环节之间并无直接的关联，而是各自拥有一套独立的管理体系，从而造成人才培养与政府需要、社会需要的脱节。

文化建设背景下中华文化的国际传播工作战略实践性强，时效性和效率性高，涉及面广，现有人才培养模式已无法满足相关人才要求，中国和沿线国家都应及时抓住文化建设机遇期，以挑战为要求，及时创新人才培养模式，加大与文化建设背景下中华文化国际传播的具体实际需要相结合，及时推动现有人才培养模式围绕文化建设中华文化传播需求创新内容与形式，实现高校人才培养与文化建设背景下中华文化国际传播对人才需求的无缝对接。

文化建设是中国与沿线国家互学互鉴之路，文化交流与经济、金融、外交、科技领域的交流密不可分，但在某一点上这些领域实现了交叉，那就是教育，因为这些领域所需要的人才，主要通过系统教育得以成长，尤其是高等教育。在目前人才仍以高校培养为主的情况下，应优先考虑将文化建设中的经验、教训及时反馈到大学课堂教学中去，使课堂教学内容紧跟文化建设的动态而调整，并利用高校的科技资源优势和国际合作优势，

及时将经验概括提升为理论，然后及时应用于文化建设实践，这样不但可以及时发现并调整文化建设中的偏差，而且可以更准确地规划文化建设的未来。

当然，对高等教育来说，动态调整教学内容和计划是一种巨大的压力，不是每所高校都有能力做到，实际上也不需要每所高校都这样做。可以在一些有基础的高校设立专门的学院或培训机构，或中外合作建立“‘一带一路’学院”，制定专门的课程计划和培养方案，作为试点先期进行探索，待形成相对成熟的经验再推而广之，以文化建设的动态性引导相关人才培养机制的动态调整，以高校的理论优势及时指导文化建设规划的科学性和稳定性。

中华民族五千多年文明史也就是五千多年教育史，但进入现代社会以来，科技主导下的教育发展使中国教育落后于西方，中国现代教育从无到有的过程，也是中国在与世界的博弈中不断学习、不断创新、不断提升的过程。中国现代教育与中国现代化发展的这种唇齿相依关系，影响了中国高等教育的与时俱进、与国家发展同步的特性，这实际上也是世界上所有国家的教育的特性，在服务国家或民族发展中获得自身定位和价值。从这个意义上说，中国高等教育服务文化建设也是自然而然的选择，而文化建设则为中国高等教育提供了新的发展机遇，在人才培养方面也获得了更广泛的交流与合作机会。不经历风雨，怎能见彩虹！文化建设既是对中国现代教育百年发展成果的检验，也提供了中国高等教育未来发展的平台，是源自西方现代教育的中国现代教育走到世界舞台中央接受验证的机遇，这对中国教育的现在和未来，尤其是创办新时代中国特色的高等教育，都能提供新的借鉴和启示。

高校是科技、人才与创新的集散地，必须主动对接文化建设，潜身研究文化建设做什么事，需要什么样的人，如何培养这样的人等基本问题，把服务文化建设行业发展作为学科建设、课程体系建设的前提，从培养理念、师资队伍建设、校企结合等方面下功夫，从被动向主动转变，以差异性研究为参考，切切实实找到文化建设中的人才问题，老老实实解决人才需求与培养之间的“一米真空”，在提升人才服务文化建设能力的过程中提升高校人才培养质量，推动高等教育改革。

文化建设为中国高等教育人才培养获得世界话语权提供了难得的机遇。文化建设是中国发起的，服务于文化建设的中国和沿线国家的教育，也首先要考虑对中国文化、制度的适应性。中国高等教育要抓住时机，从学习者变身为设计者、组织者、指导者，通过组建文化建设教育共同体，完成转身和突围，并在新的平台上主动发声，带头合唱，逐步掌握教育话语权，以中国智慧，与沿线国家和世界分享中国教育经验和成果，让五千多年的中华文明，重新在教育领域引领世界向文明和谐发展。

五、“政府—高校—企业”自循环培养模式

文化建设的实施需直面沿线国家复杂的政治、社会和文化现实，因此，服务于文化建设的人才必须纳入中国的相关政策体系和人才使用体系，也必须贯彻统一的培养标准及目标。

中国目前的人才培养，仍以知识型为主，学校和学生都因为主观或客观原因，把知识的获得作为学习的主要任务和基本目标，忽视或无法进行从知识到技能的转化和自我创造能力的开发，导致学生的创新意识和能力相对不足，陷入了高学历低能力的人才培养怪圈，引起社会的广泛关注和担忧。

文化建设的实施，为中国和沿线国家的教育，尤其是高等教育的改革提供了契机。中华文化在沿线国家的传播是一项综合工程，对人才的需求也是复合多元的。而当前中国及沿线国家传统的人才培养模式和实际效果都与文化建设沿线国家快速增长的对中华文化的实际要求和认知需求有一定差距。

文化建设始终处于动态发展之中，对中华文化国际传播人才的需求也相应处于动态调整之中。为了满足文化建设对人才知识结构和实际工作能力的要求，中国和沿线国家政府、高校及企业应主动合作、积极合作，首先建设文化建设背景下中华文化国际传播人才需求动态数据库，以加强对文化建设背景下中华文化国际传播人才和专业需求的动态预测，并以大数据分析供需矛盾，指导国内外高校根据文化建设背景下中华文化国际人才需求动态设置新专业或调整现有专业。同时打破既有学科布局，动态调整专业设置和培养方式，统筹不同专业学生按文化建设背景下中华文化国际传播人才的标准优选课程，集中强化培训，以保证培养的学生既符合文化建设的专业要求，又具有扎实的中华文化知识素养。

人才培养的关键首先是理念，然后是过程，过程的体现则是完整的学科体系、教学体系、教材体系、管理体系等。符合文化建设需求的人才培养体系必须以创新人才培养课程体系为基础，必须突破现有专业人才培养“以学为主”的传统模式，以创建文化建设专门实践平台为手段，以拓展政府—高校—企业相结合的培养方式为实施路径，实现“教”“学”“练”“用”四位一体、无缝衔接、相互融合、互为补充、零时差同步，使专业课学习、实践技能与跨文化交际技能培训实现有机统

一；使学生的学习与实践实现知识集中化、效果最大化、效率最高化，形成“学习—实践—内化—提高—再实践”自循环高级专门人才培养创新模式，进而提炼出行之有效的创新经验，引领文化建设人才培养的新路径，推动中国与沿线国家中华文化国际传播人才培养的创新改革既扎根中国大地，又能引领世界人才培养的新方向。

“纸上得来终觉浅，绝知此事要躬行”。鉴于文化建设人才的服务功能和行业特点，中国和沿线各国教育机构要充分发挥教育的功能，基于文化建设人才需求结构，以企业为需求主体，使高校的教学资源优势与企业的实践资源优势相结合，实现课程教学和技能训练的“双主体”负责制，构建一个立体的人才培养自循环模式，即政府对中华文化国际传播人才需求提出预期—高校根据政府宏观指导实施培养过程—社会使用人才并检验和反馈人才的社会适应情况—高校和研究机构综合反馈意见调整人才培养方式，并及时向政府提供决策咨询建议—政府调整指导意见反馈给高校。其中每一次再循环都是人才培养层次的一次再提高，而培养内容、培养目标和培养途径却能始终保持协调一致。这种自循环人才培养模式，可以驶入文化建设中华文化国际传播人才培养的快车道。

文化建设人才需求的复合性，决定了任一所高校、单独一个国家都不可能培养出适合文化建设在某一国家或地区推进过程中所需要的专门人才，因此，中国和沿线国家高校可以精准对接文化建设需求，采取“订单式”培养方式，或成立区域性的人才培养联盟，量体裁衣，协同合力，在推动文化建设人才更能满足建设需要的同时，实现中外大学、不同类型的大学、不同学科和专业之间的合作，为中外教育改革提供一种思路。

六、建构中华文化国际传播学术话语体系

话语体系是人文社科学界的一个基本术语，涉及语言、文化、传播、政治、经济等领域。最初仅局限于话语分析，现在已成为学界热点，尤其是建设中国特色话语体系理念的提出，将这一概念提升到中国综合能力的代表性概念层面，引起了高度重视。

“哲学社会科学的特色、风格、气派，是发展到一定阶段的产物，是成熟的标志，是实力的象征，也是自信的表现”。随着中华文化国际化时代的到来，越来越迫切需要我们立足于深厚的中华优秀传统文化资源，在继承和发扬民族文化优秀传统的基础上，汲取世界不同文化的优秀成分，在新的发展机遇期，构建出中国特色的中华优秀传统文化国际传播理论体系，为中华民族的伟大复兴，提供精神支撑和文化自信。

习近平总书记始终重视中国话语体系的建设，重视中国的国际话语权。2013年12月，他在全国宣传思想工作会议上具体指出了中国话语体系要“着力打造融通中外的新概念新范畴新表述，讲好中国故事，传播好中国声音”。这实际上也是建设中华文化国际传播话语体系的基本原则。

作为新时代的新课题，中华文化国际传播学术话语体系具有跨学科、跨国别的特点。我们应“加强国际传播能力和对外话语体系建设，推动中华文化走向世界”。因此，中华文化国际传播能否由中国主导，关键在于能否建立中国特色的中华文化国际传播学术话语体系。这种体系必须“具有中国特色、中国风格、中国气派”。中华文化国际传播学术话语体系能在现有条件下提升中华文化国际传播能力，也是中国综合实力强弱的晴雨表。中国全面崛起，意味着更有能力承担世界责任，也就意味着更有机会拓展中国的国际话语权，从而更好地将中华文化与世界各国文化交流融合，而世界所期待于中国的，也逐渐由经济为主过渡到中国经济和中国智慧并重，因为中华文化走向世界的影响之一，就是促使世界越来越相信中国智慧是独具科学体系的一种理论，可以为复杂的世界提供切实有效的解决方法，也就是说，世界也在期待中华文化国际传播学术话语体系的建构，以为世界和谐提供更科学合理的理论支撑和解决方案。

新时代需要新的阐释，这对世界认知中国、中国融入世界都是至关重要的，因此，新事物、新现象、新思想必须形成新理论体系，从而保证对新时代中国的阐释自身一致、内外一致。这也使得新的话语体系能够与世界不同的话语体系更容易沟通，消除意识形态的固有敌意，达成新的和谐，实现相互认同。这种具有世界性的中国话语体系，将是中国特色哲学社会科学话语体系的新形态和新特点。

习近平总书记一直重视中华文化的传承和保护工作。他一再强调：中华优秀传统文化是中国特色哲学社会科学成长、发展十分宝贵的资源和深厚基础，是马克思主义中国化和中国特色社会主义核心价值观的基础，是民族之根。以中华优秀传统文化为基础的中国智慧、中华文化，已与世界各国人民创造的丰富多彩的文明一道，共同构成了世界发展的基础。中华文化是中华民族对世界文化的独特且伟大的贡献，是中国各民族文化的总和。它富含人和自然和谐的追求，实现道德理想的追求，济人济事济天下的满腔热情，世界上一切关心人、关心世界的人都会喜爱中华文化。

中华文化历史积淀深厚，多元共存，意蕴丰富，要传播好，首先就“要加强对中华优秀传统文化的挖掘和阐发”，理清和明确中华优秀文化的内涵和原则，只有“不忘本来”，从无比深厚的历史底蕴中汲取精神营养，才能坚定文化自觉和文化自信，获得深沉持久的力量并推动“中华民族最基本的文化基因与当代文化相适应、与现代社会相协调，把跨越时空、超越国界、富有永恒魅力、具有当代价值的文化精神弘扬起来”，从而“推动中华文明创造性转化、创造性发展，激活其生命力”。也就是说，中华文化要走向世界，就要以“传统文化的现代化”为前提，避免文化的“古董化”“博物馆化”“异国情调化”及“原生态化”，要形成鲜明的中国特色，能体现中国立场、中国智慧和中华文化，在保持中国传统文化精髓的前提下传播不断创新的中华优秀文化内涵。

要让世界知道“发展中的中国”“开放中的中国”，我们必须不断创新发出中国声音的方法，做到“中国立场、国际表达”，避免“有理说不出，说了传不开的境地”，并通过充分发掘中国传统和当代文化的世界价值，增进国际社会对中国基本国情、价值观念、发展道路、国际政策的了解和认识，展现中国文明、民主、开放、进步的形象。同时注重研究世界各民族文化国际传播的规律，加强语言文化国际传播的比较研究，用外国人听得进、看得懂、感兴趣的语言和文字及各种其他方式，传播中华文化的内涵和精髓，做到“既向内看”“又向外看”“古为今用，洋为中用”，最终形成中华文化国际传播的“中国模式”，推进中华文化走向世界，最终推动世界和谐，使中国智慧成为全人类的智慧。

中华文化“体现了中国人几千年来积累的知识智慧和理性思辨”，其本身就是一种不断推陈出新的文化，是人文精神与科学思维、执着入世与淡泊出世、关注已知与探索未知、修身齐家与治国平天下等“软文化”与“硬实力”和谐一致的文化。在加快构建中国特色哲学社会科学的今天，中华优秀传统文化仍为我们提供源源不竭的精神动力和创新启迪。

独立、完善的学科规划是文化建设背景下中华文化国际传播事业发展的前提，也是可持续发展的基础。随着中华文化的日益世界化，学科建设的迫切性也日益明显。文化建设背景下中华文化的国际传播要形成新的学科体系，必须基于对文化建设沿线国家文化的认知、批判、反思、比较、选择，并在促进沿线各国对本民族价值观高度认可与信赖的基础上，实现中华文化与沿线国家价值观的求同存异，共同发展。

目前，中华文化在文化建设沿线国家的国际传播已经成为学术界的“显学”，但研究的问题看似集中，实则分散，研究者多基于自身学科背景进行研究，使得相关研究虽星光闪烁却未能集光成束，从而分解了珍贵的学术资源，消解了研究成果的国际影响力。

中华文化的教育与传播理论目前严重滞后于实践。在未来很长一个时期内，世界范围内对中华文化的需求将持续快速增长，中国政府应主导建立以文化建设背景下中华文化的国际传播为研究对象的学术规范和话语体系，并以此为旗帜，整合国内外相关学术力量，在沿线国家设立系列研究机构，整合国内外实践经验，时机成熟时纳入学科规划，设立相关专业，逐步推动文化建设背景下中华文化的国际传播成为中国和沿线国家的大学、研究机构的独立专业，完善文化建设背景下中华文化国际传播学术话语体系。

参考文献

[1] 张红玲. 跨文化外语教学[M]. 上海：上海外语教育出版社，2007.

[2] 庄恩平. 跨文化外语教学：研究与实践[M]. 上海：上海外语教育出版社，2012.

[3] 梁镛. 跨文化的外语教学与研究[M]. 上海：上海外语教育出版社，1999.

[4] 刘艳秋. 跨文化交际与外语教学[M]. 北京：中国科学技术出版社，2007.

[5] 肖仕琼. 跨文化视阈下的外语教学[M]. 广州：暨南大学出版社，2010.

[6] 吴进业，王超明，张加民，等. 跨文化交际与外语教学[M]. 郑州：河南大学出版社，2005.

[7] 杨宏，田志强，杨晓峰. 跨文化交际与外语教学[M]. 咸阳：西北农林科技大学出版社，2005.

[8] 蒋晓萍. 中国外语教学中的跨文化教育[M]. 广州：广州出版社，2006.

[9] 姚君伟，张向阳，张伊娜. 跨文化语境下的外语教学[M]. 徐州：中国矿业大学出版社，2002.

[10] 蒋晓萍，康兆春，罗赛群，等. 跨文化教学之重：外语教学的跨文化化诠释[M]. 广州：广东人民出版社，2010.

[11] 王振亚. 以跨文化交往为目的的外语教学：系统功能语法与外语教学[M]. 北京：北京语言大学出版社，2005.

[12] 赵芳. 跨文化外语教学理论与实践[M]. 西安：未来出版社，2019.

[13] 李宏强. 跨文化交际与外语教学[M]. 长春：吉林出版集团股份有限公司，2019.

[14] 张璇，梁欢. 跨文化交际与外语教学研究[M]. 北京：台海出版社，2018.

[15] 张洁清. 跨文化交际与外语思维教学研究[M]. 北京：现代出版社，2018.

[16] 牟新贵，张媛，杨爱研. 外语教学与跨文化阅读翻译[M]. 北京：北京工业大学出版社，2018.

[17] 钱立新. 跨文化交际与外语教学实践探索[M]. 郑州：郑州大学出版社，2018.

[18] 邹菁菁，杨淑芬. 外语教学与跨文化交际[M]. 长春：吉林大学出版社，2016.

[19] 刘天宁. 跨文化交际教学理论与外语教学研究[M]. 长春：吉林大学出版社，2018.
[20] 刘冬霞，郭春燕. 跨文化交际教学理论与外语教学研究[M]. 北京：中国农业出版社，2018.
[21] 张雷，范婷婷，宋金花. 跨文化交际与外语教学[M]. 哈尔滨：黑龙江教育出版社，2015.
[22] 林大津. 福建省高校一带一路跨文化研究丛书：语言言语文化——跨学科视阈下的外语教学与研究[M]. 福州：福建人民出版社，2019.
[23] 车春英. 文化建设背景下外语专业跨文化交际教学与实践研究[M]. 北京：北京工业大学出版社，2019.
[24] 贺一舟. 跨文化交际理论与外语教学的关联性研究[M]. 武汉：武汉出版社，2016.
[25] 王秀文. 当代外语教育教学改革研究：以日语与跨文化交际为中心[M]. 大连：大连理工大学出版社，2007.
[26] 郭娟. 外语教学与语言文化[M]. 长春：吉林文史出版社，2017.
[27] 刘莉. 外语教学与语言文化[M]. 北京：九州出版社，2017.
[28] 霍然. 跨文化外语教学研究[M]. 长春：吉林出版集团股份有限公司，2019.
[29] 李明秋. “汉堡教学论模式”的跨学科外语人才培养研究[M]. 沈阳：东北大学出版社，2018.
[30] 章兼中. 章兼中外语教育文库：外语教育学[M]. 福州：福建闽教图书有限公司，2016.
[31] 郑春华. 跨文化交际与外语文化教学[M]. 北京：国家行政学院出版社，2018.
[32] 郭敏. 外语教学与文化融合[M]. 北京：九州出版社，2017.
[33] 张健坤. 跨文化交际外语教学与研究[M]. 北京：冶金工业出版社，2019.
[34] 韩选文，张丽丽，李慧. 外语教学和文化交融[M]. 长春：吉林文史出版社，2017.
[35] 张美玲. 中西文化认同与外语教学范式研究[M]. 长春：吉林大学出版社，2017.
[36] 李旦，周萍萍. 从语言文学到国别区域：专业外语教学新探索[M]. 北京：新华出版社，2018.
[37] 汪玥月. 外语教学与跨文化交际[M]. 长春：吉林出版社，2016.
[38] 刘艳，曹艳琴，兰英. 现代外语教学与语言文化研究[M]. 北京：光明日报出版社，2016.

[39] 林琳. 跨文化教育视阈下的外语教学研究与实践[M]. 北京：中国原子能出版社，2019.
[40] 尹凤先. 跨文化传播教育研究[M]. 北京：九州出版社，2018.
[41] 隋虹. 跨文化交际：理论与实践[M]. 武汉：武汉出版社，2018.
[42] 王珊，马玉红. 外语教学的跨文化教育及教学模式研究[M]. 武汉：武汉出版社，2018.
[43] 郭敏，余爽爽，洪晓珊. 外语教学与文化融合[M]. 北京：九州出版社，2018.
[44] 王鸣. 外语教学与语言文化（2011）[M]. 天津：天津教育出版社，2011.
[45] 赵艳. 跨文化交际与外语思维教学研究[M]. 长春：吉林大学出版社，2017.
[46] 曾莉，杨惠芳. 外语教育探索与研究（第1辑）[M]. 武汉：武汉出版社，2019.
[47] 韩德顺，王鸣. 外语教学与语言文化（2008）[M]. 天津：天津科学技术出版社，2008.
[48] 徐春娥，郑爱燕，杜留成. 跨文化理论对外语教学的影响研究[M]. 长春：吉林人民出版社，2018.
[49] 韩德顺，王鸣. 外语教学与语言文化（2007）[M]. 天津：天津科学技术出版社，2007.
[50] 隋虹. 跨文化交际与文化习俗[M]. 武汉：武汉出版社，2016.
[51] 叶兴国，朱跃. 华东外语论坛（第12辑）[M]. 上海：上海外语教育出版社，2017.
[52] 周志柏，朱莹莹，余倩. 现代高校外语教学和改革探索[M]. 长春：吉林大学出版社，2017.
[53] 董娟，柴冒臣，关茗竺. 第二语言习得与外语教学研究[M]. 长春：吉林大学出版社，2017.
[54] 潘亚玲. 跨文化能力内涵与培养：以高校外语专业生为例[M]. 北京：对外经济贸易出版社，2016.
[55] 彭云鹏. 医学情景跨文化交际能力研究[M]. 石家庄：河北人民出版社，2018.
[56] 崔校平，史成周. 语言教学研究文库：外语能力标准和外语能力培养[M]. 上海：上海交通大学出版社，2015.
[57] 赵德全. 民办高校外语教学研究[M]. 上海：上海交通大学出版社，2018.